慶應義塾の近代アメリカ留学生

文明の「知」を求めた明治の冒険

小川原正道

慶應義塾大学出版会

慶應義塾の近代アメリカ留学生　文明の「知」を求めた明治の冒険　目次

慶應義塾の近代アメリカ留学生　文明の「知」を求めた明治の冒険

序　章　本書の射程と概要

本書は、明治期において、慶應義塾に学び、アメリカ東海岸の大学に留学した日本人学生について、その象徴的な事例を検討したものである。

近代の日本人にとって、アメリカは主要な留学先の一つであった。一般に、政府の資金、いわゆる「官費」による留学生はドイツを中心とするヨーロッパに留学し、「私費」、すなわち自己資金による留学生はアメリカを目指した、といわれている。アメリカでは働きながら学ぶことができ、主に西海岸が、国内の中等教育機関から溢れた人々の受け入れ先となった。統計的にみれば、ドイツ留学生に比して、アメリカ留学生の数は圧倒的に多く、近代日本の海外留学生の大半を占めている。その意味で、エリートはドイツへ、一般庶民はアメリカへ、といった傾向があったことがうかがえるが、それは一八八〇年代以降のことで、幕末から明治初期においては、こうした区分は明確ではなかった[1]。

実際、幕末に密航し、帰国して同志社を創立した新島襄のように、アメリカに信仰の祖国、理想郷を求めて渡航した人物もいたし、明治初期には法律を学びに東京開成学校（のち、東京大学）から渡米した文部省留学生も多く、斎藤修一郎（ボストン大学留学。のち、農商務次官）、菊池武夫（ボストン大学留学。のち、中央大学学長）、小村寿太郎（ハーバード大学留学。のち、外相）、鳩山和夫

（コロンビア大学・イエール大学留学。のち、衆議院議長）といった、その後、政治家や外交官、官僚、法学者として活躍する人々の名前を確認することができる[2]。

もっとも、慶應義塾は、こうした一般的な傾向にはあてはまらない。義塾に学んだ人々は、幕末・明治期におけるエリートではあったが、明治初期のみならず、中期以降も、多くがアメリカに留学し続けた。彼等は働きながら西海岸で学ぶ苦学生ではなく、東海岸の名門大学で、福沢諭吉や義塾などの支援を受けて、先端の学問に専心している。その背景には、福沢が幕末に二度、アメリカに渡り、帰国後も基本的に肯定的なアメリカ観を維持したことに加えて、多くのアメリカ人の友人と出会い、深い親交を築いて、彼等に大きな信頼を寄せていたことが影響している。

一八七二（明治五）年六月には、慶應義塾で初の外国人教師が採用されているが、それは、クリストファー・カロザスという、アメリカ人宣教師であった。福沢の長男・一太郎と二男・捨次郎は、カロザスが義塾に赴任する前から、その自宅で英語を学んでいた[3]。この二年前に、福沢が発疹チフスに罹患した際、アメリカ人医師のデュアン・B・シモンズの治療を受けて完治し、以来、シモンズは福沢と親しい交遊関係を築いた[4]。一太郎と捨次郎が一八八三年にアメリカに留学したのも、当時帰国していたシモンズに二人を託した、といった面が強く、実際にシモンズは二人に多くの助言をしている[5]。福沢は、アメリカ人動物学者として知られるエドワード・S・モースとも親交があり、捨次郎はアメリカ留学中に、モースの世話も受けた[6]。

一八八三年八月二七日付の一太郎・捨次郎宛書簡で福沢は、「一太郎ハ性質人ニ交るの機転ニ乏しく、動もすれハ引込思案ニ出候間、能〻心掛ケ米国人之気象ニ倣ひ、朝夕アミエーブルニ他人ニ交り候様、意を用ひて習、遂ニは性と為り、生涯ハピネス之源を深クする事専一」であると記しており、一太郎の引っ込み思案な性格を改めるべく、「米国人之気象」にならって、「アミエーブル」、すなわち、愛想・気立てよく他人に交わり、生涯を幸福に過ごす原点を構築してほしいと期待している。[7] アメリカに対する好意的評価と、子どもたちへの留学への期待がよくあわれている資料といえよう。

この一太郎がアメリカ留学中に出会ったのが、ユニテリアンのアメリカ人宣教師アーサー・M・ナップである。[8] ナップは一八八七年にアメリカ・ユニテリアン協会から日本に派遣されることとなり、一太郎から約二ケ月間、日本の事情について教えてもらった。捨次郎はボストンで開かれたナップの壮行会で外国人宣教師について演説を行い、ナップを応援している。福沢は来日したナップと親しい関係を構築し、ユニテリアンに接近、一八八九年にナップが帰国する際には、慶應義塾大学部設置にあたって教師の選任を委任し、その母校であるハーバード大学の総長チャールズ・W・エリオット宛の親書を託した。結果、ナップはエリオットの推薦を受けたギャレット・ドロッパーズ、ジョン・H・ウィグモア、ウィリアム・S・リスカムを連れて、翌年に再来日する。三名はそれぞれ、大学部の理財科、法律科、文学科の主任教師となった。[9]

こうして一八九〇年に開設された慶應義塾大学部の一期生であった池田成彬（のち、蔵相）は、同年から、事実上、義塾から派遣される形で、ハーバード大学に留学している。[10] 福沢の四男である大四郎も、一九〇四年からハーバードに留学しており、以後も、一太郎の長男で、のちに父や祖父と同じく慶應義塾社頭を務める八十吉をはじめ、義塾で学んだ多くの学生がハーバードに留学し、また、ハーバードからの教師の招聘も長く続いた。[11]

なお、ハーバード大学と福沢との関係について、その橋渡し役となった日本人についても付言しておきたい。日本人としてはじめてハーバードを卒業したのは、一八七四年にロースクールを出た井上良一と目賀田種太郎（のち、枢密顧問官）である[12]。石河幹明によると、井上は帰国後、「福沢先生の人格識見は日本学者中の第一人者であるといつて深く先生に傾倒し、新来の原書があればこれを先生に贈り、若し自から読まるゝ暇がなければ其大要を語つてもよいといつて、常に三田に来て先生に親近してゐた」[13]。井上は一八七七年に東京大学法学部教授となり、福沢は一太郎と捨次郎の教育を井上に任せようとしたところ、「神経衰弱のため俄に発狂」したために中止し、井上を引き取って、自らの別邸に病室を作り、そこに住まわせたという[14]。

一八七九年一月、井上は自殺を遂げてしまい、福沢は二月四日付の藤野善蔵宛書簡で、「井上良一氏死去、実は番町平賀氏の深井に投じたるなり。何とも申様も無之、残念至極の事に候」と嘆いている[15]。福沢は、おそらく井上を通じてハーバード大学の話を聞いていたに違いなく、その上で井上を高く評価し、また、その死を惜しんだのである。大学部設置における教師招聘の近因はナップとの出会いにあるが、遠因の一つとして、井上との邂逅を挙げることができよう。

同志社から東京帝国大学に学び、一八九六年にイエール大学に留学した松本亦太郎（のち、東京帝国大学教授）は、「米国で最も名声のあつた大学はエールとハヴァート《ママ》の両大学であつたから、日本から行く者は其孰れかを選んだのである」と証言しているが[16]、そのイエールにも、慶應義塾からは明治初期の田尻稲次郎（のち、東京市長）、津田純一（のち、兵庫県師範学校長）、箕作佳吉（のち、東京帝国大学教授）、岡部長職（のち、司法大臣）をはじめとして、中期から後期にかけても、数多くの留学生が学び、義塾は明治期を通じて、同志社に次いで二番目に多くの留学生をイエールに送り出した[17]。

このように、福沢とアメリカ人との交遊を縁として、慶應義塾からは数多くの留学生がアメリカに留学し、現地で人文社会科学から自然科学まで、幅広い分野の学問に取り組んで、帰国後、各界で活躍する人材となっていった。では、こうした義塾からの留学生が具体的には、どのような動機でアメリカに渡り、現地でどんな生活を送りながら何を学び、帰国して、その経験や知見をどう社会に還元していったのか。本書は、留学生を事例別に取り上げ、こうした点を深く掘り下げて検討しようと試みるものである。

すでに述べた通り、近代日本のエリートの留学先は主にドイツであり、これまで、留学を通じて知的影響を受けた「模範国」として位置付けられてきたのも、ドイツ、あるいは、フランスやイギリスといったヨーロッパの大国であった。独・仏・英の思想的重要性はあらためて問うまでもないが、アメリカの知的影響も無視することはできないのではないか、という問題意識から、本書では慶應義塾を切り口として、その内実を分析していきたい。それは、アメリカを舞台として、西洋文明の「知」を求めた明治の留学生たちの冒険を振り返る営みとなろう。

なお、本書は、アメリカ留学生の全体像を、統計的に描き出すことを目的とするものではない。留学をめぐる制度、あるいは統計的な概要については、すでに石附実[18]や渡辺實[19]による通史的研究が存在し、『幕末明治海外渡航者総覧』[20]や『海を越えた日本人名事典』[21]といった総覧・事典も刊行されており、それらを導き手として、把握することが可能である。本書で検討するのは、主として慶應義塾関係の留学生であり[22]、補論として、アメリカを仮想敵国とし、そこから多くを学び取ろうとした海軍の事例を取り上げたい。

以下、本書の概要を記しておこう。

第一部では、慶應義塾に学んでアメリカに留学した人物について、事例研究を試みる。

第一章では、旧中津藩主で、福沢諭吉の斡旋により、慶應義塾からアメリカに留学した奥平昌邁を取り上げる。幕末から明治に入り、国家からまず、海外留学を促されたのは、旧大名や旧公卿といった「華族」であった。奥平はさっそくアメリカに渡り、ＢＰＩ（Brooklyn Collegiate and Polytechnic Institute）に学んだ。いうまでもなく、福沢は幕末に三度洋行した海外渡航の先駆者であり、西洋文明を日本に紹介した開拓者である。奥平は旧中津藩士であった福沢の主君だった人物であり、福沢はその「殿様」を渡米させ、旧中津藩の人々の学習意欲を喚起しようと考えた。では、奥平はＢＰＩで何を学び、帰国して何を発信したのか。明治初期の義塾には多くの華族が学んだが、ここでは、華族の海外留学の一事例を取り上げたい。

第二章では、奥平昌邁の渡米に際し、随行者として福沢に選ばれた津田純一について論じる。もともと、奥平には、すでに慶應義塾を代表する洋学者であった小幡甚三郎が随行していた。しかし、小幡は英語が通じないことや奥平の世話、現地での学習などに難儀し、ついに心身を病んでフィラデルフィアで客死した。その代わりに福沢が選んだのが、義塾に学んだ旧中津藩士の津田であり、津田は渡米してイエール・ロースクール、そしてミシガン大学ロースクールに学び、法学士の学位を取得する。明治初期には、ハーバード大学でもイエール大学でも、ロースクールに留学する日本人が多かったが、津田はその成功例の一人である。津田が現地で習得した法学知識は、帰国後の日本にいかに還元されたのか。法学留学生の一例を、ここでは論じていく。

第三章では、福沢の長男である福沢一太郎の留学について取り上げたい。一太郎は、幼少期から泣き虫で気が弱く、引っ込み思案で父を心配させてばかりであった。先述の通り、アメリカの社交的な雰囲気のなかで、その性格を改善させたい、そんな父の期待を受けて、一太郎は留学生活を送った。コーネル大学で農学を学ぶものの中途で挫折し、特定の大学を卒業することのないまま、もっぱら英米文学の読書にふけって、一太郎は帰国する。しかし、その後、社頭・塾長という慶應義塾を代表する立場に就いた一太郎は、英米文学などへの深い造詣に基づいて、義塾の指針を内外に発信していくことになる。

第四章では、兄・一太郎に比して、幼少期から成長が早く、性格も明朗で、数字にも長けていた福沢の二男・捨次郎の留学について検討する。捨次郎は、父の期待を受けて、設立後間もない、マサチューセッツ工科大学（ＭＩＴ）に入学し、鉄道工学を専攻して卒業、帰国後は鉄道会社に勤務したあと、父の興した新聞である『時事新報』の社長職に就くこととなる。その紙面では、鉄道に関する捨次郎の専門的な知見も開陳された。鉄道は、日本近代化の一つの象徴であり、福沢が富裕層の投資先として期待し、多くの門下生を就職させた、当時の成長分野であった。

第五章では、一太郎の長男で、のちに父や祖父と同じく慶應義塾社頭となる福沢八十吉のハーバード大学留学と、彼を中心としたボストンの日本人留学生の群像を取り上げる。第一次世界大戦勃発を受けてヨーロッパ、特にドイツ留学が困難となり、留学生の渡航先がヨーロッパからアメリカへとシフトし、ハーバード留学生も急増した。八十吉もその一人であり、彼等は日米の大戦景気に押されて、現地で主に経済学や経営学を学んだ。八十吉たちの修学はその後、どのような意義を持ったのか、ハーバードと義塾との関係を含めて、若干の検討を試みたのが本章である。

第二部では、アメリカの大学の中でも、明治期に特に多くの日本人留学生を受け入れたイエール大学の事例について考察し、慶應義塾に加え、同志社と東京専門学校についても取り上げたい。

第六章では、一九〇一年に二〇世紀を迎える前後、慶應義塾からイエール大学に入学した留学生の群像を取り上げる。一八七〇年代に、第二章で取り上げた津田純一をはじめ、四名の義塾関係者がイエールに学んだが、その後、義塾からのイエール留学生は途絶え、世紀転換期に集中的に留学して、法学や哲学、文学などを学ぶことになる。なぜ彼等はこの時期に渡米し、その留学はどんな意義を持ったのか。第五章でも論じたように、義塾というと、ハーバードと縁が深いことが知られているが、ここでは、イエールとの関係を掘り下げたい。

第七章では、やはり世紀転換期に、多くの留学生をイエール大学に送り出した同志社について分析する。同志社からは、小崎弘道、横井時雄、原田助、牧野虎次という、社長・総長を歴任することになる四名を含む三七名が、この時期にイエールに留学している。同志社からは、ある者は哲学を、ある者は神学を、またある者は心理学を求めて留学し、その経験は帰国後、教育現場から学校経営まで、多岐にわたって影響を与えた。その具体像を検討する。

第八章では、明治期にイエール大学に留学した東京専門学校（のち、早稲田大学）の事例を検討する。同校からも多くの留学生がイエールに学んだが、その学問的傾向や動機はいかなるものだったのか、全体像を考察した上で、同校出身でイエール大学教授となった朝河貫一に着目し、朝河がイエール大学の学生時代、また、教員時代、日本人留学生とどのように接していたのか、それが彼のキャリア構築とどう関わっていたのか、といった点について叙述していきたい。

補論では、太平洋戦争期に日本海軍を率いることになる、山本五十六、山口多聞、伊藤整一という三人の海軍士官に焦点をあて、彼等が大正期から昭和初期にかけて、それぞれハーバード、プリンストン、イエールの各大学に留学した経緯、そこで身に付けたもの、そして、その体験が日米関係に与えた影響について考察する。彼等のアメリカ留学の系譜は、太平洋戦争直前まで引き継がれ、日米関係において見過ごせない痕跡を残した。

以上、本書で考察の対象とする人物たちは、海軍軍人を除けば、あまり世には知られていない人々である。しかし、それぞれが、華族の海外留学、法学・哲学・文学・経済学・歴史学・鉄道工学の継受といった、日本の近代化に欠かせない思想形成を象徴する人物であった。慶應義塾社頭の地位にあったのは、福沢諭吉、小幡篤次郎、福沢一太郎、福沢八十吉の四名のみで、基本的には福沢とその嗣子が世襲で務めたが、一太郎や八十吉については、これまでほとんど研究されたことがない。義塾とイエール大学との関係も、ハーバード大学とのそれに隠れて、具体的に検討されたことがなかった。その意味で、それぞれの章が留学生史、思想史、大学史、といった文脈において、少なからぬ意義を持つと考えるものである。

本書は、拙著『明治日本はアメリカから何を学んだのか—米国留学生と『坂の上の雲』の時代』(23)の姉妹版でもある。同書では、新島襄、吉原重俊、小村寿太郎、金子堅太郎、團琢磨、内村鑑三、新渡戸稲造、朝河貫一などから松岡洋右に至るまで、慶應義塾とは関係なく、近代日本においてアメリカに留学した著名人を幅広く取り扱っている。彼等のアメリカ留学が日露戦争の終結をはじめ、戦前の国際政治や日米関係に与えた影響については、同書を参照されたい。

この両書をもって、アメリカに留学した日本人が、明治初期から昭和初期にかけて、日本の近代化、日米関係の発展にどう貢献したのか、その一端を明らかにできれば幸いである。

注

(1) 辻直人「留学の日本近代化に果たした役割」(『近代日本研究』第三六巻、二〇二〇年二月)、一―三五頁。
(2) 拙著『明治日本はアメリカから何を学んだのか―米国留学生と『坂の上の雲』の時代』(文春新書、二〇二一年)、第一章・第二章など、参照。
(3) 拙稿「慶應義塾初の外国人教師採用について―旧掛川藩主太田資美の事蹟」(『福沢手帖』第一一三号、二〇〇二年六月)、参照。
(4) 西川俊作「シモンズ、デュエイン」(福沢諭吉事典編集委員会編『福沢諭吉事典』慶應義塾、二〇一〇年)、五〇八―九頁。
(5) 詳しくは、本書第三章および第四章、参照。
(6) 松崎欣一「モース、エドワード・シルベスター」(前掲『福沢諭吉事典』)、五八六―七頁。
(7) 慶應義塾編『福沢諭吉書簡集』第三巻(岩波書店、二〇〇一年)、三三四頁。
(8) 本書第三章、参照。
(9) 西川俊作「ナップ、アーサー・メイ」(前掲『福沢諭吉事典』)、五四八―九頁。大学部設置の経緯について詳しくは、清岡暎一編/訳『慶應義塾大学部の誕生―ハーバード大学よりの新資料』(慶應義塾、一九八三年)、白井堯子『福沢諭吉と宣教師たち―知られざる明治期の日英関係』(未來社、一九九九年)、など、参照。
(10) 井奥成彦「池田成彬」(慶應義塾史事典編集委員会編『慶應義塾史事典』慶應義塾、二〇〇八年)、六〇六頁。
(11) 本書第五章、参照。

（12）手塚豊「最初の東京大学法学部教授井上良一略伝」（手塚豊『手塚豊著作集』第一〇巻・明治史研究雑纂、慶應通信、一九九四年）、四九―六一頁。
（13）石河幹明『福沢諭吉伝』第二巻（岩波書店、一九三二年）、二五八頁。
（14）前掲『福沢諭吉伝』第二巻、二五九頁。
（15）慶應義塾編『福沢諭吉書簡集』第二巻（岩波書店、二〇〇一年）、一五二頁。
（16）松本亦太郎「ラッド教授を追憶す」（『心理研究』第二〇巻一一八号、一九二一年）、二五〇頁。
（17）本書第六章、参照。
（18）石附実『近代日本の海外留学史』（中公文庫、一九九二年）。
（19）渡辺實『近代日本海外留学生史』上・下（講談社、一九七七年・七八年）。
（20）手塚晃・国立教育会館編『幕末明治海外渡航者総覧』全三巻（柏書房、一九九二年）。
（21）富田仁編『海を越えた日本人名事典　新訂増補』（日外アソシエーツ、二〇〇五年）。
（22）慶應義塾関係の留学生とは、原則として義塾に入学・在籍した者を指し、卒業した者のみを対象とするわけではない。義塾で卒業制度が設けられたのは一八七三年三月のことであり、その前は制度そのものがなく、制度成立後も、福沢は卒業を学問の到達点というより、むしろ出発点として捉え、あまりそれを重視していなかったためである（慶應義塾編『慶應義塾百年史』上巻、慶應義塾、一九五八年、四一一―六一一頁）。
（23）前掲『明治日本はアメリカから何を学んだのか―米国留学生と『坂の上の雲』の時代』。

第一部　慶應義塾のアメリカ留学生

第一章　旧中津藩主・奥平昌邁とＢＰＩ

一、奥平家と福沢諭吉

福沢諭吉の旧主である旧中津藩主・奥平昌邁は、一八五五（安政二）年に宇和島藩主・伊達宗城の四男として江戸に生まれ、一八六三（文久三）年、中津藩主・奥平昌服の養子となった。一八六八（慶応四）年、家督を相続して中津に赴き、版籍奉還にともなって中津知藩事となるが、藩政を大参事に任せて東京での勉学を希望し[1]、一八七一（明治四）年二月二五日に一七歳で慶應義塾に入社した。成績は一八七一年四月から六月までが「等外」、七月から八月までが「文典会読」、九月が「第十二等」であった[2]。福沢は、入社にあたって慶應義塾構内の住居を提供するなど、奥平の世話を焼いた[3]。そして同年一二月、奥平は福沢の勧めで小幡甚三郎を随行者としてアメリカに留学する。

福沢は普段、平等を主義として爵位の差別など眼中になかったが、旧藩主に対しては殿様、何々様の敬称を用いて主従の礼を守り、毎年元旦には紋付き羽織袴の正装で旧藩主家に赴き、年賀の祝辞を述べていたという[4]。とりわけ第一〇代藩主・奥平昌暢の正室・芳蓮院には終始、旧家臣の礼をもって丁重に仕えた。[5] 芳蓮院は一橋家の出身で、一家の尊崇を受けており、長老の島津祐太郎（復生）が福沢に信服して芳蓮院に福沢から聞いた西洋の話を伝えていたため、芳蓮院も福沢に関心を持ち、会ってみようということになり、それから次第に信用を得ていったという。[6]

一八七二年に福沢は中津に帰郷し、後述する中津市学校を視察し、奥平家の東京転居を実現させたが、これも昌邁は慶應義塾に留学していたものの、先代の昌服をは

奥平昌邁
慶應義塾福沢研究センター提供

じめその家族は廃藩後も依然として中津に住み、大名風の生活をしているため、「費用が非常に多く此儘では家の維持が覚束ないといふ」理由からであった。旧藩主家が藩地を去ることは士族たちの喜ぶところではなかったため、「疾雷耳を蔽ふに遑あらず、僅か六七日間の用意で、老侯を始め家族一同中津の海浜から舟に乗り急に出発して上京の途に上つた」。こうした強行軍が実現したのも、福沢が芳蓮院や島津などから信用を得ていたためであった。奥平家の上京後、一時的に福沢は奥平一家を三田の邸内に仮住まいさせ、芳蓮院はしばしば福沢のもとを訪れたという。[7] 福沢は一八七三年四月一五日付の島津復生宛の書簡で、「奥平御家族様、三田え御引移後、御居合も宜敷、何も心配の事は無御座」と報告し、貴賤の別、性別に関係なく「無為と申は心身の大毒」であるとして、奥平邸の一角に「細工場」を設け、「おひめ様も下女も内職を為致候積りなり」と職業教育をはじめたことも報じている。これも、「何か手掛り無之ては大名風の旧弊を洗ふことは出来不申」という意図からであっ

た[8]。一八七六年七月一日、昌邁が旧出羽山形藩主・水野忠弘の妹・静子と結婚式を挙げた際には、その祝文で福沢は、「婚儀の鄭重にして旧大名の遺風を存するは之を愚と云ひ、御住居の粗にして台所の野なると御入輿の簡易にして御同勢の淋しきは之を智と称す可き歟……今の華族は古の大名に非ず。此住居も或は美大に失したる所あらん、此入輿の御供連れ御土産物等も或は分に過ぎたることあらんと思ふ程なり」と苦言を呈している[9]。

一八六九年の版籍奉還によって、旧藩主は知藩事に任命され、石高の十分の一が家禄として認められた。中津藩の場合石高五万三〇〇〇石で、奥平家の家禄は五三〇〇石、当時の米相場で約一万七〇〇〇両であった。福沢は一八六九年八月に奥平家からの禄米の支給を辞退しており、当初は藩政に携わることもなかったが、一八七〇年一一月に大名華族の東京移住が命じられ、先述の通り奥平が慶應義塾に入社し、その家族も東京に移住しなければならない頃になると、福沢は藩と密接な関係を持つようになり、島津祐太郎や芳蓮院など藩の有力者からも信頼されて、奥平家の東京移住を断行した。福沢は奥平家の資産を運用する立場となり、旧藩時代の御用商人との関係を維持しつつ、資産運用の拠点としてこれを利用した。資産運用の具体例としては、神戸に土地を購入したり、地券を担保に貸し付けを行ったり、アメリカに投資したり、といった取り組みを行っている。資産管理は福沢と小幡篤次郎、桜井恒次郎、荒尾茂、梁雅路の五人

小幡甚三郎

慶應義塾福沢研究センター提供

による評議体制で担われていた[10]。

本章は、福沢がいかに奥平家の資産管理に関わったのか、また、その投資先であった中津市学校がどのように設立・運営されていたのかを踏まえた上で、奥平昌邁のアメリカ留学の動機や経緯、過程などについて、できるだけ詳細に明らかにしようとするものである。教育や産業などの振興を中心とした大名華族の地域社会との関わりは、近年、研究上の注目が集まっている点であり、大名華族の海外留学もまた、廃藩置県前後の新たな実践活動として、検証が進められてきている[11]。本章はこうした研究上の動向を踏まえて、旧中津藩を対象とした事例研究を学界に提供しようとするものである。なお、奥平の留学については、これまでその随行者であった小幡甚三郎の留学に関して論じた西澤直子の成果[12]がみられるものの、奥平本人については、正面から論じられたことはない。奥平は中津市学校の設立と留学を同時に申請しており、両者は不可分、あるいは表裏の関係にあった。そこで本章では、奥平家の資産管理について検討した上で、中津市学校の設立と奥平の留学の過程について、留学後の奥平の活動も視野に入れながら、総合的に論じていきたい。

二、奥平家の資産管理

奥平家の資産管理を担った福沢を支えていたのは、近世以来の君臣の情誼ともいうべき感情であった。一八八三年に中津士族の互助組織・天保義社内で士族間の対立が発生した際、福沢は紛糾の解決を期待する書簡の中で、「中津の士族共が何と喧嘩をするも、勝手ニ任して無頓着なれ共、唯当地ニて奥平様へハ御近〱敷仕、如何ニも其末〻を御案し申上候より、唯奥平様之御後図、又近く八目下之芳蓮院様、御隠居様（奥平昌服―引用者）御生涯丈ケニても、旧大名らしく御暮し之出来候様ニと、一筋ニ奉存候而已ニ御座候。斯る次第なるが故ニ、其後図之資金を支配する人ニは、可相成丈ケ敵をを〔ママ〕作らざる様ニとの考なり……奥平様之御身代を愛する而已」と記している。[13]

福沢や小幡は家職等に助言して、大名風の生活を一変させ、子女の教育費以外は節約して資産の維持増殖を計ろうとしたが、上京後も一家の大名風の生活は容易に改まらず、明治の世も安定して東京に奢侈の風潮がはびこるようになると、家計の緊縮は一層困難となり、福沢は一家を中津に帰郷させる必要を感じるようになった[14]。福沢の一八八八年四月五日付山口広江（元中津藩少参事、第七十八国立銀行頭取）宛書簡によると、中津市学校（後述）を再興させることについて相談するため、上京した旧中津藩士の菅沼新五右衛門と新庄関衛を前に福沢は、「一通り話承候上にて、此方より奥平家の事情を篤と語り、学校など気楽なる時節にあらず、奥平家の存亡は何とするやと、懇々事実を話し候処、両氏も大に悟りたる様子にて引取り候」という。福沢は、奥平家の家計維持のため、当主・九八郎（昌恭。昌邁の長男）を中津に帰郷させるべきだと考えて実現させたが、それでも家計への危機感は強く、同書簡には「奥平の御勝手万々歳なれば兎も角もなれども、実に危き次第にして、此まゝに参れば今後十年にして根本を欠くの端を開き、二十年にして皆無の滅亡に至るべきは、火を見るよりも明なり」とある。さらに福沢は、中津の士族は「気楽」に過ぎ、忠義忠義と唱えながら大名時代から何も変わっていないと嘆息して、九八郎だけでなく、他の奥平家の人々も帰郷させるべきであり、「此儘東京に居れば奥平家は恐ながら皆殺しなり……決して猶予すべからざる事に存候」と主張した。

こうした危機感の背景には、東京における華族の奢侈にふける生活ぶりがあると福沢は考えており、「尚以近来東京の奢侈は誠に恐ろしく、余程の気力ある者にあらざるより以外は、迚も此風潮に反対して家を保つを得ず。況んや無力無胆の華族をや。遠からず滅亡に瀕することならん。久留米の有馬も家計に大変動を生じたるよし、淀稲葉も六ヶ敷よし、其他枚挙に遑あらず」と述べ、帰郷後も「金は決して費すべからず……御部屋抔出来に不及、和田氏の一室にて沢山なり。普請三昧一切無用」と提言した。[15]

福沢は、まだ一一歳であった九八郎に対して、一八八八年五月一四日付で書簡を送り、帰郷後の当主としての心得を諭した。人と接する際はなるべく礼儀正しくし、名前を呼び捨てにしたりしてはいけない、[16]「中津と申ハ旧御城下ニて、決して淋しき処に無之、殊に御旧臣ハ沢山」であり、東京は友達も多く楽しいから帰りたくなるかもしれないが「是れハ人にして弱き事なり」、西洋留学をして五年も一〇年も一人で学問する者も少なくなく、東京と中津は隣同士のようなものなのだから、「決してよはき事を御意なされざるやう御心掛相成度、世間の笑はれものニ可相成候」と福沢は諭している。「此度の中津へ御出ハ、奥平の御家を永く堅固ニ致して、御成長之後、立派ニ御一家を御支配被成度との趣意ニ御座候。即ち御先祖様へ之御奉公ニ候間、決して御我儘ハ相成不申」と述べている。[17]

こうして福沢は旧臣としての忠誠を尽くしながら、その持論である大名華族帰郷論[18]を、地元・中津において実践していったわけである。

なお、昌邁は常に福沢に忠実だったわけではなく、福沢が岩倉具視に提出した建白書「華族を武辺に導くの説」が回覧されると、反対の意を述べ、第十五国立銀行の株所有をめぐっても、自由を制限したい福沢に対して、反対の意を唱えたといわれている。[19] ただ、中津への洋学校設立と奥平の海外留学については両者の意図は一致していた。中津市学校の設立と奥平のアメリカ留学とがこれである。

三、中津市学校の設立

一八七一年九月二〇日、奥平は東京府に対して次のように申請し、中津に洋学校を設立することと自らの洋行の許可を求めた。

臣昌邁儀累代無量ノ　天恩ニ奉浴剰幼弱ノ身ヲ以叨辱高位実ニ聖沢ノ深不知所謝依之之春来願ノ上闕下ニ在留勤学仕リ側ラ時機ノ転換其及ス所ヲ熟察仕候ニ今ヤ欧洲ハ文明開化万国ニ冠トシ治教ノ道ニ随テ盛大殆ント五州ニ卓越スルノ由伝承仕リ知事在職ノ初洋学校開業ノ儀種々苦心罷在候処幸ヒ福沢諭吉小幡篤次郎小幡甚三郎等皆臣カ旧管中津県生国ノ者ニテ篤ク賛成致呉粗其体裁モ相立居候事故何卒於中津県下開業為仕候度右ニ付テハ是迄下賜候家禄ノ内五分ノ一右学費ノ為永献禄仕度其上ニテ臣昌邁儀ハ未満弱冠固ヨリ不肖ノ身ニ候ヘトモ乍不及自費ヲ以洋行仕リ勤学勉励彼ノ実地ニ慣レ乍聊知識ヲ拡見聞ヲ遂ケ他日鴻恩万分ノ一ヲモ奉報度志願ニ御坐候然ル処当九月ハ先般御達ノ通リ旧知事ノ者　朝集期限ニ有之甚以奉恐入候ヘトモ前件奉申上候通リ不得止ノ微衷時務ノ急ナル御垂憐被為在願ノ通被　仰付候様仕度就テハ兼テ奉願置候通リ老父昌服儀積年ノ固疾ニテ取臥罷在候間不取敢暇乞旁先方二十日ノ御暇奉願中津県迄罷越急遽帰京ノ上航海仕度仰願クハ前文ノ次第

御聴届被為在至急御差図被成下置候様仕度只管奉懇願候誠恐誠惶頓首謹言[20]

知事在職中から洋学校の開業については苦心してきたが、福沢諭吉、小幡篤次郎、小幡甚三郎等の旧臣の賛成によって体裁も整ったので、家禄の五分の一を投じ、さらに自費をもって洋行し、勤学勉励にはげみ、実地に慣れて知識見聞を広げたい、というわけである。この申請を受け、洋行についてはすぐに許可され、洋学校開業については一旦保留となったが、奥平が督促したところ、一〇月二八日をもってこちらも許可された[21]。福沢は、華族が教育に従事すること、そして学校設立に投資することと、という持論を有しており[22]、これはその実践ともいうべきものであった。奥平の留学も、福沢の勧めによるものであったといわれている[23]。

この間、一〇月八日に明治政府は旧藩知事に対して太政官第五二六号達を発し、「方今宇内開化之時実用ノ材ヲ養ヒ候事最急務ニ候殊ニ華族ハ四民ノ上ニ立衆人ノ標的トモ可相成儀ニ付今般一同輦轂ノ下へ被召寄親ク中外開化ノ進歩ヲ察シ聞見ヲ広メ智識ヲ研キ国家ノ御用ニ被為充候御趣意ニ候条各奮発勉励可致事[24]」として、開化進歩のための智識の研磨、国家への貢献を求めていた。一〇月二二日、明治天皇は華族一同に対して勅諭を発し、「朕惟フニ宇内列国開化富国ノ称アル者皆其国民勤勉ノ力ニ由ラサルナシ而テ国民ノ能ク智ヲ開キ才ヲ研キ勤勉ノ力ヲ致ス者ハ固リ共国民タルノ本分ヲ尽スモノナリ今我国旧制ヲ更革シテ列国ト並馳セント欲ス国民一致勤勉ノ力ヲ尽スニ非レハ何ヲ以テ之ヲ致スコトヲ得ンヤ特ニ華族ハ国民中貴重ノ地位ニ居リ衆庶ノ属目スル所ナレハ其履行固リ標準トナリ一層勤勉ノ力ヲ致シ率先シテ之ヲ鼓舞セサルヘケンヤ其責タルヤ亦重シ是今日朕カ汝等ヲ召シ親ク朕カ期望スル所ノ意ヲ告クル所以ナリ夫レ勤勉ノ力ヲ致スハ智ヲ開キ才ヲ研ヨリ外ナルハナシ智ヲ開キ才ヲ研ハ眼ヲ宇内開化ノ形成ニ着ケ有用ノ業ヲ修メ或ハ外国へ留学シ実地ノ学ヲ講スルヨリ要ナルハナシ」(25)との勅諭を与えている。華族が国民の模範となって、外国へ留学するよう求めるものであった(26)。華族に先駆けて、皇族の海外留学がすでに進んでおり、一八六九年には東伏見宮嘉彰親王が海軍について学ぶため留学したいと申し出て許され、翌年からイギリスに留学していた。一八七〇年には華頂宮博経親王と伏見宮能久親王も留学申請をして許可されており、石附実は、こうした皇族・華族の自発的な留学への期待が、留学の勅諭の背景にあったことは否定できない、と指摘している(27)。勅諭の前に申請した奥平の例も、勅諭の渙発を後押ししたのではないだろうか。いずれにせよ、奥平の申請はこうした政策に先駆けるものでもあった。すぐに許可されたのは、そのためであろう。

一方、一八七一年一一月、中津の「洋学校」として中津市学校が開設される。奥平の申請通り、家禄の五分の一として約一〇〇〇石が投じられ、さらに中津士族の互助組織である天保義社から二万両が投資された。二万両のうち五〇〇〇両は開学にあたって必要な書籍や器械類の購入にあてられ、残り一万五〇〇〇両を基金として年利を一割と見込み、一五〇〇両を毎年の収入にあてた。家禄は金額にして三五〇〇両であり、あわせて五〇〇〇両が運営費となった。入社金は金二両、道具金三分、毎月の月謝が一両二分、書籍借用料が三朱から一分などと定められ、授業料は慶應義塾の規程にほぼ準じた。奥平が申請書で述べていたように、福沢や義塾はその組織作りに積極的に協力し、学校の規則類はすべて「東京三田慶應義塾之規則」(「慶應義塾社中之約束」)に従って定められた。もっぱら英語の原書によって西洋の実学を学ぶ「原書」科と、翻訳書によって学ぶ「訳書」科、「数学」科、「習書」科が設けられ、義塾から小幡篤次郎、浜野定四郎、須田辰次郎、松山棟庵、中上川彦次郎、猪飼麻次郎、手島春司といった教員が派遣された。中津出身の塾生がある程度学問が進むと、市学校に教授に出かけるということもあったらしい。「訳書」科の設置は、いきなり英語だけで授業をするのは難しいため、小幡篤次郎の提案で盛り込まれたものであった。学業の進歩を示す等級は三つに分かれていたという。一八七二年には付属学校として女子部が設立され、読み書きや算術、裁縫や礼儀作法などが教育されたほか、本科入学のための予備科として付属小学校が設立された。開校後、生徒数は順調に増え、一八七三、七四年から七五、七六年には付属学校を含めて六〇〇名程度にもなったといわれている。校内では「弁説会」が開かれ、会議法が講じられ、椅子と机、洋装、洋食など西洋風の生活様式も取り入れられた。中津において欧米文化は常に市学校から発信されると目されていたという[28]。

中津市学校に学んだ広池千九郎の著書『中津歴史』（広池千九郎、一八九一年）によると、市学校内の様子は次のようなものであった。

明治初年ノ此世上未毫モ古休旧套ヲ脱セサルノ時ニ当リ本校教師等既ニ校内ニ弁説会ナルモノヲ開キ古老ノ士人亦往々来テ之ニ参列シ泰西新奇ノ演題ヲ掲ケテ互ニ討論演説ス又会議法ヲ講シ新聞紙ヲ読ミ自主自由ヲ談シ殖産興業ヲ説キ洋医ヲ尊ヒ衛生ヲ論シ時計ヲ携ヘ寒暖計ヲ置キ避雷柱ヲ設ケ椅子立机ヲ用ヒ洋服ヲ着靴ヲ穿キ蘭灯ヲ点シ巻烟草ヲ吸ヒ牛肉ヲ喰ヒ乳汁ヲ醸リ洋食ヲ賞シ麦酒ヲ飲ミ廃刀断髪夙ニ欧米ノ風化ヲ学ヒ文明ノ利器ヲ採用セシハ地方実ニ其淵源ヲ本校ノ内ニ発セサル

モノナシト云[29]

討論、演説、会議、新聞、自主自由、殖産興業、西洋医学、衛生、時計、寒暖計、避雷針、椅子、机、洋服、靴、蘭灯、巻煙草、牛肉、牛乳、洋食、麦酒、廃刀、断髪、と欧米の文化を学び、文明の利器を採用したのは地方にあって実に中津市学校であった。

福沢は一八七七年に記した『旧藩情』の緒言において、「旧藩地に私立の学校を設るは余輩の多年企望する所にして、既に中津にも旧知事の分禄と旧官員の周旋とに由て一校を立て、其仕組固より貧小なれども、今日までの成跡を以て見れば未だ失望の箇条もなく、先づ費したる財と労とに報る丈けの功をば奏したるものと云ふ可し」と中津市学校が一定の成果を挙げていると述べ、さらに「華族が……早く銘々の旧藩地に学校を立てなば、数年の後は間接の功を奏して、華族の私の為にも藩地の公共の為にも大なる利益ある可し」と市学校のような学校が各地に設立されることを希望し、『旧藩情』が「幸に華族其他有志者の目に触れ、為に或は学校設立の念を起すことあらば幸甚と云ふ可きのみ」と記し、華族の教育事業への貢献とその拡大に期待を示した。それは華族の資産消失への危機感に裏打ちされたものであり、福沢は「今の諸華族が様々の仕組を設けて様々の事に財を費し、様々の憂を憂て様々の奇策妙計を運らさんよりも、寧ろ其財の未だ空しく消散せざるに当て」学校建設に投資してほしいと述べている[30]。

中津市学校は一八七五、七六年頃までに「一時関西第一ノ英学校ナリト世上ニ公評ヲ博スルニ至レリ[31]」となったようだが、実学教育の点で問題が生じ、木挽、指物、鍛冶屋、飾屋などの実際に役立つ学問を身に付けておらず、英語ばかり学んでいると福沢は感じるようになった。さらに周囲の公立学校が発展して、私学と異なって徴兵猶予の特典が得られるようになると、そちらに生徒が流れるようになる。奥平や福沢、小幡篤次郎らは、新聞発行、演説館開設、養蚕事業、奨学金制度導入などの改革に取り組んだが、結局、学校自体は一八八三年に閉校することとなった[32]。奥平自身は市学校を非常に重視していたようで、一八七八年一〇月九日付の香川真一（大分県令）宛福沢書簡には、「中津の旧藩主並に旧士族がこの市校を金玉の如く思ふは当然の事」と記されている[33]。その意味で、閉校は奥平にとって痛手だったに違いない。

中津市学校について、木村政伸は、洋学校教師が不足する中、旧藩主や旧藩士と福沢とが協力して、「純国産」の洋学校をつくり、中津士族に授産や立身出世のルートを提供したこと[34]、に意義を見出している。佐伯友弘は、イギリスの市民社会をモデルとし、それを支えるブルジョアジーの養成を目指したこと、弁説会を開いて自主自由・殖産興業を論じ、近代西洋文明の輸入と普及に貢献し、自由民権運動の素地を築いたこと、などの意義を指摘している[35][36]。閉校に際して演説した小幡篤次郎は、市学校が設立されたのは地方の人々に学校の標準を示し、「未開ノ文運ヲ鼓舞誘導」するためだったが、いまや小中学校が設立されて市学校の使命は終わったとしつつ、「資本金ハ素ト教育資金ナルヲ以テ決シテ之ヲ他途ニ転用スヘカラスサレハ這般在京旧藩公福沢氏等ト相議シテ学生給費ノ制ヲ設ケ毎歳中津士族子弟ノ中ニ就キ秀才三名ヲ精選シ此資金中ヨリ修学費若干ヲ給スルノ制ヲ設ケタレハ猶学資金ノ性質ヲ失ハスシテ旧藩公育英ノ芳徳亦水泡ニ帰セサルヘシ[37]」と語っている[38]。実際、閉校後すぐに「開運社」という団体が組織され、市学校の残余金をもって育英資金として、中津の秀才で学資が欠乏しているものを扶助して、地方の人材養成を図ることになった。[39] 黒屋直房は、「旧藩に対する啓蒙誘導の至情頗る濃かなり」と奥平を評している。[40]

四、奥平昌邁のアメリカ留学

中津市学校が設立された一八七一年一一月、奥平の留学も実現の運びとなり、これに際して福沢は奥平昌邁名で「中津市学校之記」を立案し、次のように述べた。

学問ハ身ノタメニスベキナリ。人ノタメニスルニアラズ。況ヤ一時職分ノ軽重ニ由テ学問ニ勉不勉ノアルベキニ非ズ。乃チ又政府ニ願ヒ外国ノ遊学ヲ決シタレバ、願クバ旧藩ノ士民余ガ心事ヲ察シテ此度ノ挙動ヲ怪シム勿レ。

一、独リ事ヲ為スハ衆ト共ニスルノ楽シキニ若カズ。余此度独リ外国ニ遊学スレドモ、旧藩内ノ士民モ余ガ志ヲ助ケ余ガ学ブ所ノ道ヲ学バントスルハ固ヨリ願フ所ナレバ、本県ノ吏人ニ謀リテ年々家禄ノ内五分ノ一ヲ費シ、旧藩士ノ積金ニ合シテ文学ノ資ト為シ、此度中津ニ一処ノ洋学校ヲ開キ、其外当県内ノ諸方ニ郷校ヲ設ルノ議ヲ決シタレバ、旧藩ノ士族ハ勿論、百姓町人モ余ガ微意ヲ体シテ勉強イタシ、三五年ノ後余モ亦外国ヨリ帰リ、互ニ学業上達ノ上再会イタスベキ事、今ヨリ楽ム所ナリ。

自分は留学するが、旧藩の士民も学問の道を学び、中津市学校などで勉強して再会しよう――。大名華族自身が教育に従事することで、郷里の教育振興を図るというのも、福沢のねらいであった。[41] また、『福翁自伝』によると、「福沢が近来奥平の若殿様を誘引してアメリカにやろうなんという大反れた計画をしているのは怪しからぬ、不臣な奴だという罪状」で、福沢は帰省中に「中津の有志者即ち暗殺者」に殺されそうになったという。[42] こうした反発が地元から出ていたことから、それを鎮める意味を込めてのメッセージでもあったろう。[43]

かくして奥平は、アメリカに留学することとなる。その過程については、奥平に随行した小幡甚三郎が残した書簡などによって、うかがい知ることができる。福沢は奥平の随行者として甚三郎を推挙し、二人は一八七一年一二月末、アメリカに向けて出発した。[44] 福沢のもとには翌年二月一九日にアメリカから手紙が届いており、二月二〇日付福沢英之助宛書簡で福沢は、「小幡篤さんは中津、甚さんはアメリカ、何れも無事健康のよし。昨日アメリカより手紙参、殿様も甚さんもぶじ、ソルレイキと申処迄参候よし」と伝えている。[45]「小幡篤さん」とは、先述した小幡篤次郎のことで、甚三郎の兄であり、「甚さん」は甚三郎、「殿様」は奥平のことである。福沢は、この小幡兄弟に絶大な信頼を寄せており、兄には中津市学校を、弟には奥平の留学を任せたものと思われる。[46]

甚三郎が篤次郎に宛てた一八七二年四月八日付書簡によると、二人は二月一五日にサンフランシスコに到着し、一七日に同地を出発、ソルトレークシティで岩倉使節団に追いつき、シカゴまで同行、その後使節団と別れて二八日にニューヨークに到着した。三日間滞在ののち、コネチカット州ウィンチェスターに赴いたが、ここは家も二〇軒から三〇軒程度、学校も発達しておらず、「日本ノ田舎ノ手習師匠ニ異ナルコトナシ」であったという。算術は「フラクション」の「カラス」が第一等で、「リードル」の素読に困る人が多く、「田舎ノ有様」であった。気候も寒く、店舗も一軒しかなく、きわめて不都合な場所であった。甚三郎は一年間の修業に五、六〇〇両がかかると予想していたが、実際には倹約しても八、九〇〇両なくては修業が成り立たないとしている。そこで二週間ほど思案した結果、別の場所に移るべきだと判断し、ニューヨーク州ブルックリンに行き、プライベート・レッスンを受けはじめたという。追々、「Polytechnic Institute」という学校で学ぶ予定であり、同校の「プレジデント」である「David H. Cochran」は、もともと別の場所で「ノルマルスクール」のプレジデントを務めていた人物で、「グートマン」であり、「日本へ学問ノ要用ナルコト能ク承知シ、別段日本人ヘハ世話致シ呉レ、学校稽古ノ都合トテモ「スペシアルノ」自由ヲ与候由ニ付、当地へ落付申候。御安心可被下候」としている。甚三郎は、はじめての渡米で「インタープレター」や「セルヘント」などの役割も多く、自分の「スモールブレイン」が「エキスホース」してしまったと苦渋を吐露している。(47) 奥平の「セルヘント」としての任務が負担になっていたことが察せられる。(48) 翌日の母および「皆々様」宛の書簡でも、「全ク初旅ノ処へ言語ハ不通、連ハ大名連れ、余リ心配シ過キテ少シヨワリ候マテ」と述べており、やはり奥平の世話が精神的な負荷になっていたようである。同書簡には、奥平自身もブルックリンに来て落ち着いたようで、「奥平様モ御不快ナトハ決シテナクナリ大安心仕候」と記されている。西澤直子の指摘通り、それまでは不調や不平を訴え、甚三郎に気苦労させていたのであろう。(49) なお、三日前から「少シノ都合ニヨリ暫クノ間ダ奥平様ト離れ、何れ長クモ二週間位也」と記しており、理由は不明ながら一時奥平とは別行動をとっている。(50)

しかし、甚三郎はその後病に罹り、一八七三年一月三一日付のフィラデルフィアにある神経病院医師「ジョンス」の説明によれば、「身体大ニ疲れ、精神の働きモ全ク乱レテ其異常ヲ変シ」、脳、脊髄、神経、筋力にも病が及び、遂に死去したことが記されている。(51)先述のコックランは、二月四日に篤次郎に宛てて報告書を送り、甚三郎病死の経緯を伝えているが、当初掛かっていた病院からフィラデルフィアの「神経病ノ治療ニ於テ我国第一ト申病院」に移ったのは奥平の進言によるもので、「奥平君申候ニハ、小幡ノ為ニハ此国ニテ最上ノ医者ニ掛ケ、最上ノ療養イタシ度、入費不苦とノ義ニ付、向ノ医者ニモ示談ニモ及ヒ候処、同人ヨリモ「ヒレデルヒヤ」ニ移リ候得ハ、御病人回復ノ望モ多カルヘシト申聞ケ、且奥平君ノ寛大ナル心ヨリ、費用ヲ不厭「ヒレデルヒヤ」ニテ最上ノ療養イタシ度トノ事ニ付、小生輩モ御病人ヲ彼ノ地ニ送リ候事ニ一決イタシ候」と記されている。(52)奥平がいかに甚三郎の病気を心配していたかが、察せられよう。しかしその甲斐なく、甚三郎は死去したわけである。

四月四日、篤次郎は兄姉妹に宛てた書簡の中で、甚三郎が病中に友人に話した言葉を紹介しているが、そこには、「曰く、奥平公ハ従順にして艶しき良心ある人なりと。又曰く、予奥平公より戴キタル衣ヲ寝衣として病床ニ伏スコト、実ニ難有事なりと」と述べられている。(53)甚三郎にとって奥平は忠誠の対象であり、どこまでも守らねばならない「大名」であったに違いない。(54)

福沢は甚三郎の死に強い衝撃を受け、四月一五日付の島津復生宛書簡で、「仁三郎君凶聞、四月二日東京に達し、私は其節家内一同、簗氏並に多川さんと同道、箱根へ入湯中、江戸より為知、直様帰宅、唯々驚駭愁傷するのみ。同人は生涯の一親友、これまで共に謀りしことも多く、尚此後互に依頼して成すべき事共沢山有之、仁三郎君帰国の上は斯くも可致、ケ様にも可取計、此も彼もと、様々に後日の事のみ預め期して相楽み居候処、豈図此度の一条、心中の百事一時に瓦解、何事も手に付不申、今日に至るまで日々夜々唯同様の愚痴を申暮し居候」と痛恨の心境を吐露した上で、「仁三郎君死去に付ては、昌邁様も独歩孤立、如何可致哉、芳蓮院様も深く御案じ、多川様も同様、然処昌邁君より多川さんえ御文通、一寸拝見いたし候処、此後一人にて一人の始末は出来候に付、附属のもの遣すに不及とあり」と記し、奥平が一人で孤立するのではと心配したが、奥平自身から一人でやっていけるので随行者の追加派遣はいらないとの書簡があったとしているが、文中の芳蓮院や多川（昌邁の実母）の意向で、随行者を派遣するか派遣しないか、奥平本人の意思を確認するためにアメリカへ書簡を送ったという。なお、福沢は「此度の一条に付ては殿様も御心配、病中御看病も行届、病院も入費を不願上等の処へ入れたりとの一事は昌邁君の美徳、不幸の中にも聊心を慰め快く御座候」と奥平を賞賛している[55]。

五月二五日付の島津復生宛書簡では、「仁三郎君の死後、殿様より御状も参り、同君に代る者は不用なりとの趣に候得共、当地にては芳蓮院様多川様の所思にて、中々左様に不参、御尤千万の事なり」と、結局、芳蓮院と多川の意向で甚三郎に代わる随行者を送ることとなり、当初は篤次郎が候補に挙がったものの、家の都合や年齢が長じていることなどから外され、結局「津田純一の外に無之」として津田を送ることとなった[56]。津田は中津藩士の子として生まれ、慶應義塾に学んだ人物で、後述の通り奥平も一八七三年末に帰国することとなったため随行はできなかったが、渡米自体は実現し、一八七五年から七七年までイエール大学で学び、七七年にミシガン大学に移り、翌年に学位を取得することとなる[57]。

さて、甚三郎の書簡にある「Polytechnic Institute」とは、ニューヨーク州ブルックリンにあった「Brooklyn Collegiate and Polytechnic Institute」のことで、同校の一八七二年七月版役員・学生名簿によると、同校は「Academic Department」と「Collegiate Department」で構成されており[58]、前者の「Special Student」として「Okudaira, Masayuki」と「Obata, Zinzaburo」の名がある。工科学校という印象を受けやすいが、「Collegiate Department」は「Classical Course」「Scientific Course」「Liberal Course」「Commercial Course」に分けられており、かなり幅広い知識・教養を身に付けられるカリキュラム構成となっていた[59]。校長のコックラン自身、「Ph.D」と「LL.D」の学位を持つ歴史・哲学の教授である。他に日本人学生として、「Agee, Shogi Takato」「Azuma, Takahiko」「Foozimori, Suchiro」「Hayashi, Kushiro」「Hirosama, Kenzo」「Ikegawa, Motoi」「Matsuda, Shinsai」「Sakai, Tadakuni」「Sato, Mamotaro」「Takazu, Kuduma」「Takemoora, Kingo」「Yamada, Testugi」「Yangimoto, Naotaro」の名前が同じく「Special Student」欄にある[60]。同資料はすでに塩崎智によって紹介されており、これらの人物はそれぞれ、江木高遠[61]、東隆彦（華頂宮博経[62]）、藤森圭一郎[63]、林糾四郎、広沢健三[64]、五十川基[65]、松田晋斎、酒井忠邦、佐藤百太郎[66]、高須慄、竹村謹吾、山田鉄次、柳本直太郎[67]、であることが明らかにされている[68]。このうち、甚三郎は松田、佐藤、竹村、江木と親交を結んでおり、特に江木は最期まで付き添ったことがわかっており[69]、おそらくは奥平とも親しかったのであろう。酒井は旧姫路藩主で、一八七一年一〇月一三日に慶應義塾に入社、同年一二月からアメリカに留学していた[70]。奥平ときわめてよく似た経歴の持ち主であり、両者にも交友関係があったものと推測される。また、旧彦根藩藩主である井伊直憲も、弟で旧与板藩主の井伊直安[71]とともに一八七二年一〇月からアメリカに留学し、ニューヨークに滞在しており、直憲の日誌によれば、奥平や甚三郎、酒井、華頂宮、藤森、江木、佐藤、高須などと交流している。日誌を分析した鈴木栄樹は、「華族留学生のなかでも、酒井忠邦・奥平昌邁の二人は、直憲らのニューヨーク滞在期間をつうじて互いに行き来のあった人物である」と指摘している。直憲も甚三郎の死に衝撃を受けた一人であった。(72)

なお、塩崎によると、「Special Student」は専任教師から個人・グループ指導を受け、英語力が認められれば一般学生として授業参加が許可されたという。(73)奥平と小幡は先述の通り、当初はこの「Special Student」だったが、一八七三年版の名簿によると、両者とも一八七二年九月から学校に正規入学し、「Academic Department」の三年に入れられた。小幡はこの年度中の一八七三年一月二九日に死去したが、奥平はそのまま同校に在籍し、一八七三年九月からはじまる翌年度も、同じく三年であったことが、一八七四年の名簿から確認できる。(74)

後述の通り、奥平は一八七三年末に帰国し、一八七三―七四年度は約三ケ月しか在学していないため、一年間在籍していた一八七二―七三年度の「Academic Department」三年生の設置科目をみておこう。まず「First and Second Terms」は、「Reading and Definition」「Spelling, dictation exercises」「English Grammar, to Syntax」「Latin Grammar through Verbs」「Written Arithmetic, Proportion and Percentage, and Interest」「Mental Arithmetic, continued」「Geography, and Map Drawing」「Penmanship」「Drawing」「Composition and Declamation, bi-weekly exercises」が設置されており、「Third and Forth Terms」には、「Reading and Definition」「Spelling」「English Grammar, Analysis and Parsing」「Latin Reader」「Written Arithmetic completed」「Mental Arithmetic completed」「History of England, completed」「Penmanship」「Drawing」「Composition and Declamation, bi-weekly exercise」が置かれていた[75]。奥平がこのうちどの科目を履修したかは定かでないが、英語の読み、書き、文法などの学習に加え、ラテン語や算数、地理、書法、絵画、演説、英国史、などが学べる環境にあったことがわかる。

なお、山崎有信は奥平が「米国に遊学し、同国ブルウクリン府に留り教師ゴクラン《ママ》に従つて政治経済等の諸学科を研究し学業大に進む[76]」と伝えており、コックランに特に師事して政治経済等を学んでいたことがうかがえる。「Special Student」として指導を受けるのはもちろん、その後、正規生になってからも、個人的に政治経済等について教えを受けていたのであろう。おそらく甚三郎も同様で、それゆえにコックランは熱心に看病をし、没後の報告書をしたためたものと思われる。

コックランは先述の通り、歴史・哲学の教授であり、学校では「logic」や「moral philosophy」、「international law」、「history」、「chemistry」を教えていた。一八二八年にニューヨーク州スプリングフィールドに生まれ、一八五〇年に「Hamilton College」を卒業したコックランは、すぐに教育者としてのキャリアをスタートさせ、「Natural Sciences at Clinton Liberal Institute」の教授となった。その後、「Fredonia Academy」の校長、次いでニューヨーク州唯一の教員養成学校であった「State Normal School at Albany」の校長となり、一八六四年、「Brooklyn Polytechnic Institute」の校長に転じた。以後、三五年にわたって、同校の校長を務めることとなる。コックランの時代は「Reign of David」と呼ばれ、「the Doctor」「Davy」「Cockey」などのニックネームで、教員や学生から尊敬を集めたという[77]。

「Brooklyn Collegiate and Polytechnic Institute」は一八五五年九月に開校した男子校で、開校初年度は九歳から一七歳までの計二六五人が入学した。各学年の生徒数は、「Academic Department」（四年制・前半）が一二〇～三〇人、「Collegiate Department」（四年制・後半）が一コース三〇人～四〇人ほどで、少人数教育が実施されていたという。「Collegiate Department」を経て、ハーバード大学やイエール大学などに進学する者もおり、工学校、専門学校としての側面と、進学校としての側面を併せ持っていた。[78] 奥平の名前は先述の通り、一八七二年版と一八七三年版、一八七四年版の名簿には記載があるものの、一八七一年版および一八七五年版には掲載されていない。[79] 後述の通り、奥平は一八七三年末に病気療養のため帰国しており、渡航したのは一八七一年末であるため、在学していたのは一八七一―七二年度（一八七一年九月～一八七二年六月）の途中から、一八七三―七四年度（一八七三年九月～一八七四年六月）の途中までであった。

図1　**Brooklyn Collegiate and Polytechnic Institute**

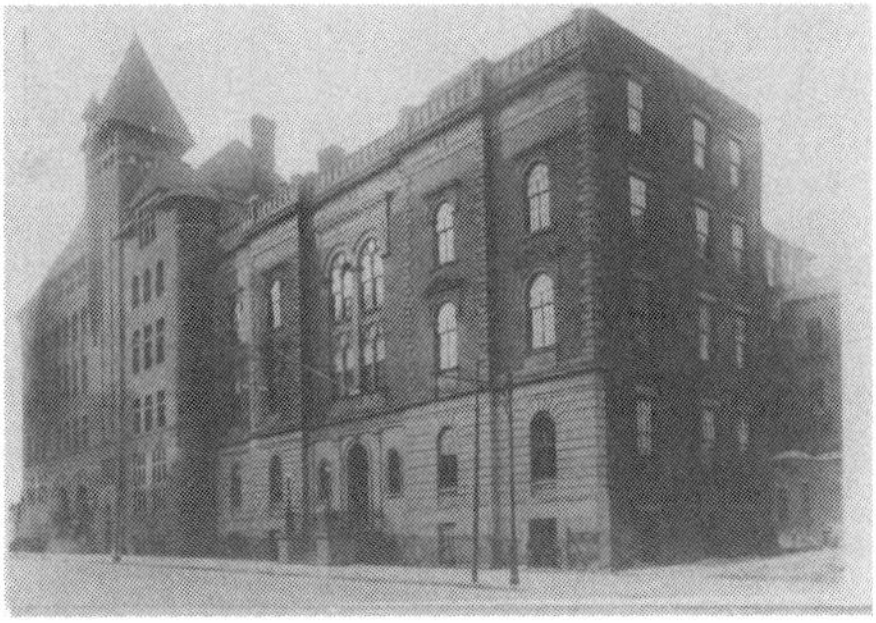

Poly Archives, NYU Libraries

New York University Tandon School of Engineering Bern Dibner Library of Science and Technology のリンドセイ・アンダーバーグによれば、同校はブルックリンの「99 Livingston Street」に設立され、その後すぐに、隣接する「85 Livingston Street」に校舎を増設、一九五七年に「Jay Street」に移転するまでこのキャンパスが使用された

（「Livingston Street」の旧キャンパスの校舎は現存しない）。奥平が学んだ「Livingston Street」の校舎の写真は、**図1**（前頁）の通りである。

学校では、英語の徹底的な暗唱が行われ、日本人留学生は忍耐強く学び、教師を質問攻めにしており、毎月試験があって互いに切磋琢磨していたという。[80] コックランは篤次郎に、「日本人ノ遊学生」は、勉強に熱心になりすぎて身体の健康を顧みないので、彼らを集めて健康のため運動を欠かすなと諭し、睡眠時間を確保するよう忠告したと述べているが、[81] 奥平もその例に漏れなかったのであろう。

五、社会主義批判の先駆者として

かくして奥平はアメリカでの修学を続けたが、一八七三年一二月、「病気ニ付為養生昨十四日帰朝[82]」した。その後、一八八〇年に東京府会議員となり、翌年に東京府芝区長に就任したが、府知事の芳川顕正と意見が合わずに辞職、一八八四年一一月二六日に肺を病んで没した。中津に対しては、中津市学校のみならず、中津―日田間道路開鑿にも出資している。聡明な人物であり、病気にならなければアメリカへ特命全権公使として赴任する話もあったという。[83]

この間、おそらくは留学中の学習成果を生かして学術界に進出し、政治経済についての意見を開陳している。一八七四年一〇月二三日には大蔵省に対し、「外債償却意見」との意見書を提出した。[84] 同年一二月一六日に明六社の会合に客員として出席し、一八七七年一〇月二七日には、三田演説会で演説している。[85] 一八七八年三月二二日付『郵便報知新聞』には、「富ノ不平均ハ国力ヲ萎靡スルノ論」

と題する投書を寄せ、「人ノ貧富」は「人類ノ実力上ヨリ生スル所ノ現像ナレバ人類ノ実力相平均スルニ非サルヨリハ焉ソ之ヲ平均スルヲ得ン況ンヤ人為ノ厳法ノ如キニ於テヲヤ若シ猥リニ之ヲ猛行敢為スルトキハ人類開進ノ元素トモ云フ可キ貴重ナル勉強力ト蓄積心トヲ併セテ之ヲ失墜シ為メニ邦国ニ茶毒スル」と法律による富の平均化に反対し、アメリカを模範として、「遺産分派法」によって親戚、血縁者に「富ヲ分割スル」ことで、将来的に「百万ノ富モ亦漸々国内ニ分換セサルヲ得ズ」と提案している[86]。西田長寿は、社会主義思想・運動が無視し得ない傾向として日本のジャーナリズムの世界で取り上げられはじめたのは一八七七年前後としており、奥平が「遺産相続法に言及しているのはアメリカ留学の所産と考えられる」と指摘している[87]。奥平はアメリカ留学の成果として本投稿を発表し、日本において社会主義思想が広がりはじめた劈頭で、その弊害を指摘し、富の分散のための遺産相続を提案したわけである。社会主義・共産主義についての批判的視座はその後も継承されており、一八八一年六月一九日には、明治会堂で「革命党の通弊」と題して演説したことが報じられている[88]。

一八八三年六月二五日と翌年五月二一日には、三所神社の祭日にあわせて、三田の奥平邸に旧中津藩人を集めて祭典を開くなど[89]、旧中津藩出身者にとっては精神的支柱であった。一八七七年一一月に中津で国立銀行が発足する計画があった際には、「奥平様出金の義、殿様思召伺候処、中津の事とあれば如何様にも助力可然との御沙汰に付、銀行開業迄には一万円出来可申候[90]」と中津のために一万円を出資する意向を示している。天保義社の資金の運用をめぐって中津士族社会間で対立が発生し、一八八三年一一月頃に法廷闘争にまで発展しそうになると、奥平が最終的に事態を収拾している[91]。

奥平が没した際、『東京経済雑誌』は次のような追悼文を掲げている。

同君は去月二十六日肺病を以て逝去せられたり君広く朝野の名士に交はられ府会議員となり芝区長となりて常に民利を計られたり東京府庁が避病院を芝区に開かるゝや君故ありて職を辞せり弊社田口も莫逆の交を辱うし談論終日倦むを知らす蓋し自然の愛を備へられたるならん今ま之を失するは国家の名士を失ふものと云ふべし享年三十有一皇天何ぞ残なるや葬礼の日君の棺を送るもの東京大学の教官及ひ在野の学士府会議員芝区民等多し華族の葬礼にして此種の人の多く棺に従ふは未た嘗て見ざる所なり(92)

同誌を主宰していた田口卯吉とも莫逆の友であったという奥平は、常に「民利」を計り、市民から慕われた華族であった。『朝日新聞』（大阪版）も、「今の大名華族中には錚々の名声高き人なりしが不幸短命にして死す誠に惜しむべき事なり」と報じている(93)。一八八四年六月に奥平が一時危篤に陥って回復した際には、福沢は長男・一太郎宛の六月六日付書簡で、「本月一日より奥平昌邁様事、肺炎之症ニて一時ハ危篤ト申ス程ニ有之候処、昨日より大ニ持直し、先ツ安心之姿ニ相成候(94)」と述べており、奥平の病状に一喜一憂していた様子がうかがえる。その死は大きなショックであったに違いない。

わずか二九年の生涯であったが、福沢に支えられながら、その期待である地域社会発展に貢献し、海外留学にも取り組んで社会主義批判の先駆者となった奥平の事例は、貴族院などでの政治活動とは異なった形での、華族による近代化への貢献の一事例であるといえよう。

注

（1）西澤直子「奥平昌邁」（福沢輸吉事典編集委員会編『福沢諭吉事典』慶應義塾、二〇一〇年）、四六八頁。奥平が政府に提出した東京遊学の申請書は、黒屋直房『中津藩史』（国書刊行会、一九八七年）、四二二―三頁、に掲載されている。

（2）慶應義塾一五〇年史資料集編集委員会編『慶應義塾一五〇年史資料集1　基礎資料編：塾員塾生資料集成』（慶應義塾、二〇一二年）、一六三頁。

（3）前掲西澤、「奥平昌邁」、四六八頁。

（4）石河幹明『福沢諭吉伝』第二巻（岩波書店、一九三二年）、一二三頁。

（5）富田正文『福沢諭吉の漢詩三五講』（福沢諭吉協会、一九九二年）、一六七―七〇頁、拙著『福沢諭吉の政治思想』（慶應義塾大学出版会、二〇一二年）、一八三頁。

（6）福沢諭吉『新訂 福翁自伝』（岩波文庫、一九七八年）、二八九―九〇頁。

（7）前掲『福沢諭吉伝』第二巻、一一八―九頁、前掲『福沢諭吉の政治思想』、一四六頁。

（8）一八七三年四月一五日付福沢諭吉・島津復生宛書簡（慶應義塾編『福沢諭吉書簡集』第一巻、岩波書店、二〇〇一年）、二六一頁、前掲『福沢諭吉の政治思想』、一四六―七頁、拙稿「福沢諭吉の華族論」（寺崎修編『福沢諭吉の思想と近代化構想』慶應義塾大学出版会、二〇〇八年）、一六五頁。

（9）慶應義塾編『福沢諭吉全集』第二〇巻（岩波書店、一九七一年）、一六〇頁。

（10）西澤直子「奥平家の資産運用と福沢諭吉―新資料・島津復生宛福沢諭吉書翰を中心として」（『近代日本研究』第一一巻、一九九五年三月）、二〇二―二〇頁、前掲「福沢諭吉の華族論」、一六五頁。

（11）代表的な研究成果として、内山一幸『明治期の旧藩主家と社会―華士族と地方の近代化』（吉川弘文館、二〇一五年）、熊澤恵里子「越前松平康荘の英国留学と試農場の創設」（『地方教育史研究』第三四号、二〇一三年）、友田昌宏「明治期における旧藩君臣関係の諸相―米沢藩を事例として」（『歴史』第一二六号、二〇一六年四月）、内藤一成「大名華族と旧臣会をめぐる若干の考察」（『九州史学』第一五九号、二〇一一年九月）、野島義敬「黒田侯爵家と同郷組織」（『福岡市博物館研究紀要』第二七号、二〇一八年）、野島義敬「大正・昭和期における有馬頼寧と「旧藩地」人脈の形成」（『九州史学』第一五九号、二〇一一年九月）、鈴木栄樹「最後の彦根藩主井伊直憲の西洋遊学―一大名華族の西洋体験」（佐々木克編『幕末維新の彦根藩』彦根市教育委員会、二〇〇一年）、拙稿「黒田侯爵家と地域社会―育英事業をめぐって」（『法学研究』第九一巻五号、二〇一八年五月）、拙稿「福沢諭吉の地域開発論と華族―中津・延岡・福岡を例に」（『九州史学』第一五九号、二〇一一年九月）、拙著

『評伝 岡部長職―明治を生きた最後の藩主』(慶應義塾大学出版会、二〇〇六年)、などがある。
(12) 西澤直子「小幡甚三郎のアメリカ留学―福沢研究センター所蔵資料紹介」(『近代日本研究』第一四巻、一九九八年三月)、西澤直子「小幡甚三郎のアメリカ留学」(『福沢手帖』第一八三号、二〇一九年一二月)。
(13) 一八八三年一一月二日付福沢諭吉・鈴木閒雲宛書簡(慶應義塾編『福沢諭吉書簡集』第四巻、岩波書店、二〇〇一年)、二八、三五三―四頁、前掲『福沢諭吉の政治思想』、一八三頁、前掲「福沢諭吉の華族論」、一六五頁。
(14) 前掲『福沢諭吉伝』第二巻、一二〇―三頁。
(15) 一八八八年四月五日付福沢諭吉・山口広江宛書簡(慶應義塾編『福沢諭吉書簡集』第六巻(岩波書店、二〇〇二年)、六―八頁、前掲『福沢諭吉の政治思想』、一四七、一八三頁、前掲「福沢諭吉の華族論」、一六五―六頁。
(16) 山崎有信によると、奥平昌邁は「人に接するや貴賤を論ぜず誠意を以て之を遇し、旧藩時代と雖も尚群臣と其の席を同うして相対し、維新の後には益々簡易を旨とし、喜んで旧藩士民を延見せり」(山崎有信『豊前人物誌』国書刊行会、一九八一年、三七〇頁)というから、こうした姿勢を福沢は九八郎にも受け継がせたかったのかもしれない。
(17) 一八八八年五月一四日付福沢諭吉・奥平九八郎宛書簡(前掲『福沢諭吉書簡集』第六巻)、一四―五頁、前掲『福沢諭吉の政治思想』、一八三―四頁、前掲「福沢諭吉の華族論」、一六六頁。
(18) 詳しくは、前掲『福沢諭吉の政治思想』第五章・第六章など、参照。
(19) 前掲西澤、「奥平昌邁」、四六八頁。「華族を武辺に導くの説」に対する奥平の反対意見については、前掲『福沢諭吉の政治思想』、一八〇―一頁、参照。乃木希典が大尉か少佐の頃、奥平は矢野文雄に乃木と交際するよう薦めたようで、矢野は「誰も左程の人物と思ふものもない時において、早く既にその将来を察知していた奥平さんの鑑識にはおどろかざるを得ぬ」と述べ、中津人が一般的に福沢と小幡を尊崇する中、奥平は「左程にも思つてゐず両先生に諂らずして勝手に自由の行道をなす様であつた、華冑の出には、めづらしい気概のある人であつた」と証言している(「龍渓閑話」、大分県立先哲資料館編『矢野龍渓 資料集』第七巻、大分県教育委員会、一九九八年、三九三―四頁)。
(20) 「奥平昌邁洋学校取設方弁洋行願」(「公文録」明治四年・第一五七巻・辛未一〇月・東京府伺華族下、国立公文書館蔵)。
(21) 前掲「奥平昌邁洋学校取設方弁洋行願」、前掲『福沢諭吉の政治思想』、一三八―九頁。
(22) 詳しくは前掲『福沢諭吉の政治思想』、第五章・第六章など、参照。
(23) 前掲『福沢諭吉伝』第二巻、一〇九頁。
(24) 内閣官報局『法令全書』一八七一年、三六四頁。

(25) 前掲『法令全書』一八七一年、三七一―二頁。
(26) 前掲『福沢諭吉の政治思想』、一三九―四〇頁、前掲「福沢諭吉の華族論」、一五六頁、拙稿「初期慶應義塾における旧藩主―廃藩置県後の入社をめぐって」(『福沢諭吉年鑑』第三〇号、二〇〇三年一二月)、五三―四頁。
(27) 石附実『近代日本の海外留学史』(中公文庫、一九九二年)、一九五―九頁。
(28) 前掲『福沢諭吉書簡集』第一巻、三八六―七頁、前掲『福沢諭吉の政治思想』、一三八―九頁、西澤直子「中津市学校に関する考察」(『近代日本研究』第一六巻、二〇〇〇年三月)、六八―七六頁。
(29) 広池千九郎『中津歴史』(広池千九郎、一八九一年)、三〇八頁。
(30) 慶應義塾編『福沢諭吉全集』第七巻(岩波書店、一九七〇年)、二六三―四頁、前掲『福沢諭吉の政治思想』、一四一、一七〇―一頁、前掲「福沢諭吉の華族論」、一五七頁。福沢は、中津市学校の発展が上下関係にとらわれがちな士族社会の刷新に寄与したとして、市学校の意義に自信を持っていた(西澤直子『福沢諭吉とフリーラヴ』慶應義塾大学出版会、二〇一四年、一一六頁)。
(31) 前掲『中津歴史』、三〇七頁。
(32) 前掲「中津市学校に関する考察」、七九―九六頁、前掲『福沢諭吉の政治思想』、一七一頁、前掲『福沢諭吉とフリーラヴ』、一一九―二三頁。
(33) 一八七八年一〇月九日付福沢諭吉・香川真一宛書簡(慶應義塾編『福沢諭吉書簡集』第二巻、岩波書店、二〇〇一年)、一〇一頁。
(34) 木村政伸「中津市学校にみる明治初期洋学校の地域社会における歴史的役割」(『日本教育史研究』第九号、一九九〇年)、二〇―四一頁。
(35) 佐伯友弘「明治初期における福沢諭吉の大分県への影響―中津市学校の成立過程について」(『鳥取大学教育学部研究報告教育科学』第二四号、一九八二年一〇月)、三一五頁。
(36) 前掲『福沢諭吉の政治思想』、一七一頁。
(37) 前掲『中津歴史』、三〇八―九頁。
(38) 前掲『福沢諭吉の政治思想』、一七一頁。
(39) 前掲『豊前人物誌』、三七一頁、前掲『中津藩史』、四二六頁、前掲『中津歴史』、三一〇頁。
(40) 前掲『中津藩史』、四二七頁。

(41) 多田健次「中津市学校之記―新資料紹介」(『福沢手帖』第一二号、一九七七年三月)、一三―六頁、西澤直子「福沢諭吉の近代社会構想と中津」(『モラロジー研究』第七九号、二〇一七年五月)、一六―八頁、前掲『福沢諭吉の政治思想』、一三九頁、前掲「福沢諭吉の華族論」、一五六頁。これは中津市学校の趣意書であり、奥平昌邁名ではあるが、福沢の筆になったものといわれている(前掲「中津市学校之記―新資料紹介」、九―一〇頁)。これが福沢の起草に拠ることは、加筆原稿が残されていることや、この時期の他の著作との比較からみて明らかであると西澤直子も指摘している(前掲「中津市学校に関する考察」、六六頁)。

(42) 前掲『新訂 福翁自伝』、二二二頁。

(43) 前掲『近代日本の海外留学史』、二〇二頁。

(44) 前掲「小幡甚三郎のアメリカ留学―福沢研究センター所蔵資料紹介」、一四七頁。甚三郎の経歴については、同論文参照。

(45) 一八七二年二月二〇日付福沢諭吉・福沢英之助宛書簡(前掲『福沢諭吉書簡集』第一巻)、二二二頁。

(46) 前掲「小幡甚三郎のアメリカ留学―福沢研究センター所蔵資料紹介」、一五四頁。

(47) 前掲「小幡甚三郎のアメリカ留学―福沢研究センター所蔵資料紹介」、一五六―八頁。

(48) 塩崎智は「奥平の身の回りの世話、金銭の管理など、殿様の随行ならではの気苦労が絶えなかった。……奥平の面倒を見るために、英語の用事は全て小幡が行う。言葉のトラブルは頻繁に起こっていただろう」と指摘する(塩崎智「ブルックリンに死す―彼の地に倒れた幕末維新留学生たち」『青淵』第七〇五号、二〇〇七年一二月、三二頁)。

(49) 前掲「小幡甚三郎のアメリカ留学―福沢研究センター所蔵資料紹介」、一五〇、一五八頁。

(50) 前掲「小幡甚三郎のアメリカ留学―福沢研究センター所蔵資料紹介」、一五八―九頁。

(51) 前掲「小幡甚三郎のアメリカ留学―福沢研究センター所蔵資料紹介」、一六〇頁。これは、ジョンス医師の容態書を英語の読めない兄姉妹のために篤次郎が和訳したものである(同、一四四頁)。甚三郎はニュージャージー州ニューブランスウィックのウィロウ・グローブ墓地に埋葬された。小幡の葬儀および墓地の現状については、結城大祐「福沢諭吉をめぐる人々―(その一一)小幡甚三郎」(『三田評論』第一二〇九号、二〇一七年三月)、山内慶太「慶應義塾史跡めぐり(第二七回)アメリカに眠る義塾の「亀鑑」―小幡甚三郎と馬場辰猪の墓所」(『三田評論』第一一一五号、二〇〇八年八・九月)、山内慶太「アメリカに小幡甚三郎と馬場辰猪の墓所を訪ねて」(『福沢手帖』第九五号、一九九七年一二月)、セルマン・A・ワックスマン「小幡甚三郎の墓」(『三田評論』第五五七号、一九五三年五月)など、参照。

(52) 前掲「小幡甚三郎のアメリカ留学―福沢研究センター所蔵資料紹介」、一六〇―一頁。これも、コックランの報告書を篤次郎が和訳したものである（同、一四四頁）。

（53）前掲「小幡甚三郎のアメリカ留学─福沢研究センター所蔵資料紹介」、一六一─三頁。

（54）西澤直子も、奥平と甚三郎の関係について「封建的主従関係」や「封建的情誼」が残っていたと指摘している（前掲「小幡甚三郎のアメリカ留学」、一九頁）。

（55）一八七三年四月一五日付福沢諭吉・島津復生宛書簡（前掲『福沢諭吉書簡集』第一巻）、二六〇─一頁。

（56）一八七三年五月二五日付福沢諭吉・島津復生宛書簡（前掲『福沢諭吉書簡集』第一巻）、二六二─三頁。

（57）西澤直子「津田純一」（前掲『福沢諭吉辞典』）、五三三頁、「エール大学日本学生名簿」（Yale University, Sterling Memorial Library, Manuscripts and Archives Group Number 40, Kan'ichi Asakawa Papers, Series No.III. Box. 60, Folder No.296）。津田の派遣については本書第二章、および富田正文「小幡甚三郎の死─ワックスマン博士の寄書について」（『三田評論』第五五八号、一九五三年七月）、も参照。

（58）「Academic Department」と「Collegiate Department」は一八九〇年に分離し（塩崎智「幕末維新在ブルックリン（ＮＹ州）日本人留学生関連資料集成及び考察（一）」『拓殖大学語学研究』第一一四号、二〇〇七年三月、一二九頁）、前者は現在「Poly Prep Country Day School」となり、後者は現在「New York University Tandon School of Engineering」となっている。

（59）例えば江木高遠は、英作文、作文演習、弁論術、古代史、代数学、幾何学、自然地理学、化学、市民政治学、政治経済史、近代史、を履修している。西澤は、華族が入学した背景には、「Polytechnic Institute が社会のリーダーとなるにふさわしい教養に力を注いでくれたことがあろう」と指摘している（前掲「小幡甚三郎のアメリカ留学」、一六頁）。

（60）*Seventeenth annual catalogue of the Officers and Students of the Brooklyn Collegiate and Polytechnic Institute. June 1872* (Brooklyn: Daily Union Job Printing Establishment, 1872), pp.4-43. なお、地元の新聞記事によれば、奥平と甚三郎が入学したのは、一八七二年の三月二八日である（*The Brooklyn Union*, 29 March 1872）。この記事については、西澤直子「小幡甚三郎のアメリカ留学　追記」（『福沢手帖』第一八五号、二〇二〇年六月）、三〇─二頁、参照。

（61）江木の留学については、前掲「小幡甚三郎のアメリカ留学」、一六頁、前掲「ブルックリンに死す─彼の地に倒れた幕末維新留学生たち」、三〇─三頁、および塩崎智「幕末維新在ブルックリン（ＮＹ州）日本人留学生関連資料集成及び考察（二）─Brooklyn Dairy Eagle 紙掲載記事“Our Japanese Students”（ブルックリン在住日本人留学生）の概訳と関連情報」（『拓殖大学語学研究』第一一六号、二〇〇七年一二月）、一二三─五三頁、塩崎智「幕末維新在ブルックリン（ＮＹ州）日本人留学生関連資料集成及び考察（三）─主に一八七〇年度ＢＰＩ卒業式と高戸賞士インタビュー記事について」（『拓殖大学語学研究』

第一一七号、二〇〇八年三月）、三三―五六頁、参照。
（62）華頂宮の留学については、前掲「幕末維新在ブルックリン（NY州）日本人留学生関連資料集成及び考察（二）―Brooklyn Dairy Eagle紙掲載記事“Our Japanese Students”（ブルックリン在住日本人留学生）の概訳と関連情報」、一二三―五三頁、参照。
（63）藤森の留学については、前掲「幕末維新在ブルックリン（NY州）日本人留学生関連資料集成及び考察（二）―Brooklyn Dairy Eagle紙掲載記事“Our Japanese Students”（ブルックリン在住日本人留学生）の概訳と関連情報」、一二三―五三頁、参照。
（64）広沢の留学については、重松優「広沢真臣の子、健三のアメリカ留学について」（『学苑』第九三〇号、二〇一八年四月）、六五―七二頁、参照。
（65）五十川の留学については、前掲「幕末維新在ブルックリン（NY州）日本人留学生関連資料集成及び考察（二）―Brooklyn Dairy Eagle紙掲載記事“Our Japanese Students”（ブルックリン在住日本人留学生）の概訳と関連情報」、一二三―五三頁、前掲「ブルックリンに死す―彼の地に倒れた幕末維新留学生たち」、三一頁、参照。
（66）佐藤の留学については、前掲「最後の彦根藩主井伊直憲の西洋遊学―一大名華族の西洋体験」、二二一頁、参照。
（67）柳本の留学については、前掲「幕末維新在ブルックリン（NY州）日本人留学生関連資料集成及び考察（二）―Brooklyn Dairy Eagle紙掲載記事“Our Japanese Students”（ブルックリン在住日本人留学生）の概訳と関連情報」、一二三―五三頁、参照。
（68）前掲「幕末維新在ブルックリン（NY州）日本人留学生関連資料集成及び考察（一）」、一二四―五頁。このうち、五十川、酒井、高須、松田、柳本は慶應義塾に学んでおり、高須は姫路藩士族で旧姫路藩主の酒井に随行した人物で、西澤は、その名を「高須鶩」としている（前掲「小幡甚三郎のアメリカ留学」、一四―九頁）。
（69）前掲「小幡甚三郎のアメリカ留学―福沢研究センター所蔵資料紹介」、一四八頁。
（70）前掲「初期慶應義塾における旧藩主―廃藩置県後の入社をめぐって」、六四頁。
（71）井伊直安は一八七一年一〇月一三日に慶應義塾に入社し、その上で、西洋視察に出ている（前掲「初期慶應義塾における旧藩主―廃藩置県後の入社をめぐって」、六四―五頁）。
（72）前掲「最後の彦根藩主井伊直憲の西洋遊学―一大名華族の西洋体験」、二一六―二四頁。なお、直憲と直安も一八七二年九月には「Brooklyn Collegiate and Polytechnic Institute」の「Special Student」となっている（前掲「幕末維新在ブルックリ

ン（ＮＹ州）日本人留学生関連資料集成及び考察（一）」、一二五—六頁）。

（73）前掲「ブルックリンに死す—彼の地に倒れた幕末維新留学生たち」、三一頁。

（74）前掲「幕末維新在ブルックリン（ＮＹ州）日本人留学生関連資料集成及び考察（一）」、一二五頁、前掲「ブルックリンに死す—彼の地に倒れた幕末維新留学生たち」、三二頁。

（75）*Eighteenth annual catalogue of the Officers and Students of the Brooklyn Collegiate and Polytechnic Institute. June 1873* (Brooklyn: Daily Union Job Printing Establishment, 1873), p.22.

（76）前掲『豊前人物誌』、三七〇頁。

（77）前掲「小幡甚三郎のアメリカ留学」、一五—六頁、Jeffrey L. Rodengen, *Changing the World: Polytechnic University, The First 150 years* (Fort Lauderdale: Write Stuff Enterprises, 2005), pp.32-37, "Dr. David H. Cochran Dead: Educator Was President of Polytechnic Institute of Brooklyn for 35 Years" *New York Times*, October 5 1909.

（78）前掲「幕末維新在ブルックリン（ＮＹ州）日本人留学生関連資料集成及び考察（一）」、一二八—九頁。

（79）前掲「幕末維新在ブルックリン（ＮＹ州）日本人留学生関連資料集成及び考察（一）」、一二四—六頁。なお、津田純一の名前は、一八七四年版および一八七五年版にはみられない（同前）。津田のアメリカ留学については、第二章参照。

（80）前掲「ブルックリンに死す—彼の地に倒れた幕末維新留学生たち」、三三頁、前掲「幕末維新在ブルックリン（ＮＹ州）日本人留学生関連資料集成及び考察（二）—Brooklyn Dairy Eagle紙掲載記事"Our Japanese Students"（ブルックリン在住日本人留学生）の概訳と関連情報」、一三一—四〇頁。

（81）前掲「小幡甚三郎のアメリカ留学—福沢研究センター所蔵資料紹介」、一六〇頁。

（82）「奥平昌邁米国ヨリ帰朝届」（「公文録」明治六年・第二一五巻・明治六年一二月・東京府伺（下）華族、国立公文書館蔵）。

（83）前掲西澤、「奥平昌邁」、四六八頁。奥平は品川の清光院に葬られた（『読売新聞』一八八四年一一月二七日付朝刊）。墓所は現在も変わっていない。

（84）「松方家文書」（国立公文書館蔵）。

（85）神戸靖一郎「奥平昌邁」（加賀慶彦・神戸靖一郎編『慶應義塾草創期の福沢門下生—三田移転の頃』第二巻、慶應義塾大学法学部政治学科寺崎修研究会、二〇〇一年）、一三二頁。嚶鳴社や共存同衆にも参加していたようである（同前、一三三頁）。

（86）『郵便報知新聞』一八七八年三月二二日付朝刊。同投稿は、明治文化研究会編『明治文化全集』第二三巻・社会篇（下）（日本評論社、一九九三年）、六五—六頁、にも収録されている。

(87) 西田長寿「解題」（前掲『明治文化全集』第二三巻・社会篇（下））、三―一七頁。
(88) 『読売新聞』一八八一年六月一八日付朝刊。明治会堂では一八八三年五月一日と二八日にも演説し、一八八一年四月二三日には交詢社第二回大会の親睦会でも演説していた（前掲神戸、「奥平昌邁」、一三三頁）。
(89) 『読売新聞』一八八三年六月二三日付朝刊、一八八四年五月二〇日付朝刊。
(90) 一八七七年一一月二六日付福沢諭吉・島津復生宛書簡（前掲『福沢諭吉書簡集』第二巻）、二九頁。
(91) 前掲「福沢諭吉の近代社会構想と中津」、二二一―三頁、前掲『福沢諭吉とフリーラヴ』、一三〇―一頁、西澤直子「天保義社に関わる新収福沢書翰（鈴木関《ママ》雲宛）」（『近代日本研究』第一三巻、一九九七年三月）、一二三―四四頁。このほか、中津で発行されていた『田舎新聞』にも三〇〇円を寄付するなど、これを支援している（前掲神戸、「奥平昌邁」、一三五―六頁）。
(92) 「伯爵奥平昌邁君」（『東京経済雑誌』第二四三号、一八八四年一二月六日）、七七〇頁。
(93) 『朝日新聞』（大阪版）一八八四年一一月三〇日付朝刊。
(94) 一八八四年六月六日付福沢諭吉・福沢一太郎宛書簡（前掲『福沢諭吉書簡集』第四巻）、一五一頁。

追記　本稿の執筆にあたり、New York University Tandon School of Engineering Bern Dibner Library of Science and Technology のリンドセイ・アンダーバーグ氏、New York University Tandon School of Engineering Poly Archives & Special Collections のゾー・ブレッチャー＝コーヘン氏、慶應義塾福沢研究センター教授の西澤直子氏より、貴重な史料提供とご教示を受けた。記して感謝申し上げる次第である。

第二章　兵庫県師範学校長・津田純一とミシガン大学

一、卒業大学をめぐる混乱

福沢諭吉門下の旧中津藩士で、教育者、ジャーナリスト、また外務官僚として活躍した津田純一は、一八五〇（嘉永三）年五月一二日に中津藩士の子として生まれ、藩校・進脩館で漢学・武芸を学んで上京、一八六九（明治二）年に慶應義塾に入社した。[1]一八七四年から七八年までは、福沢の推薦でアメリカに留学している。しかし、津田がどの大学で学んだかについては、諸説ある。『福沢諭吉書簡集』第一巻「ひと」欄の「津田純一」の項には、「エール大学で法律の学位を取得して明治十一年六月帰国」[2]とあり、イエール大学で法律の学位を得て卒業したことになっているが、『福沢諭吉事典』の「津田純一」の項では、「七年四月に米国へ留学し、翌年九月よりエール大学で学び、十年にミシガン大学法律部に移り、十一年学位を得て帰国」[3]とあって、イエール大学を経てミシガン大学を卒業したとされている。

こうした認識の混乱は、津田の帰国当初から周囲に存在していたようで、中津で発行されていた

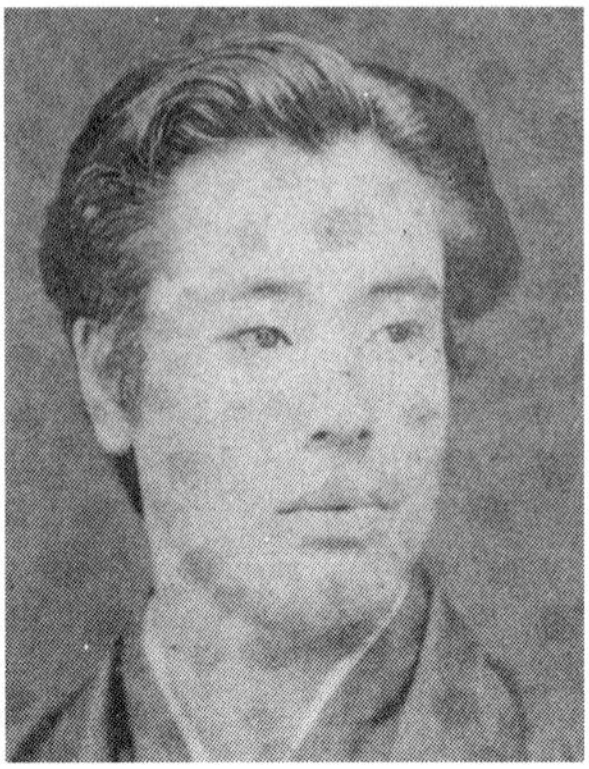

津田純一
慶應義塾福沢研究センター提供

『田舎新聞』は、一八七八年五月六日付では、「米国に留学したる中津士族津田純一は此度同国ミチガン大学校にて法科卒業当月中には帰朝す可き旨通信あり追て帰朝の上は中津市校へ来られるよし[4]」とミシガン大学卒業と報じているが、翌月一〇日付では、「嘗て米利堅（ニウヘイブン）大学校に数年留学して法課を卒業し今度帰朝されたる津田純一君は過日当地三ノ町市校に到着され同所にて来ル月曜日より日毎午後四時より法学の講説を開かれ[5]」と伝えており、ニューヘイブンの大学、すなわちイエール大学を卒業したとしている。

明治初期のアメリカ留学生については、留学先の記憶・記録に混乱のみられることは珍しくなく、津田と同じ慶應義塾関係者に限っても、小幡甚三郎は、実際は「Brooklyn Collegiate and Polytechnic Institute」に留学していたのに対して[6]、長らくラトガース大学で学んだと考えられていたし[7]、福沢捨次郎はマサチューセッツ工科大学（ＭＩＴ）の卒業生でありながら、ボストン大学に留学したといった誤解が存在していた[8]。

津田は、果たしてイエール大学を卒業したのか、ミシガン大学を卒業したのか。あるいは、イエールに学んだのち、ミシガンを卒業したのか。本章では、津田自身が書き残した「履歴書」、および両大学に所蔵されている資料などを用いながら、この点を確定するとともに、津田の留学と福沢との関係、留学時代における学習成果と帰国後の活動との連関についても、若干の考察を行いたい。

二、留学までの経緯――福沢諭吉との関係を中心に

津田がアメリカに留学することになった経緯については前章で簡単に触れたが、ここで改めて、考察を加えておこう。

旧中津藩主・奥平昌邁のアメリカ留学に随行していた小幡甚三郎が、一八七三年一月にフィラデルフィアで死去した。福沢諭吉は、一八七三年四月一五日付の島津復生宛書簡で、「仁三郎君死去に付ては、昌邁様も独歩孤立、如何可致哉、芳蓮院様も深く御案じ、多川様も同様、然処昌邁君より多川さんえ御文通、一寸拝見いたし候処、此後一人にて一人の始末は出来候に付、附属のもの遣すに不及とあり……芳多御両人えも説諭、兎に角に此後の処は如何可致哉と一応御当人様へ御尋申上、其上にて附属の人を遣すとも不遣とも可致と談決し、今日アメリカへ手紙さし出申候」と述べており、奥平が今後自分一人のことは一人でできるとして、追加の随行者は不要、との書簡を送ってきたが、芳蓮院（奥平昌暢の正室）や多川（奥平昌邁の実母）の意向で、奥平本人に確認し、その上で随行者の派遣の是非を決めることとなり、アメリカに書簡を出したわけである。(9)

五月二五日付の島津復生宛福沢書簡によると、「仁三郎君の死後、殿様より御状も参り、同君に代る者は不用なりとの趣に候得共、当地にては芳蓮院様多川様の所思にて、中々左様に不参、御尤千万の事なり。又事実におゐても御壱人にて極々安心とも被申間敷哉」と、芳蓮院と多川の「所思」によって、奥平が一人のままでは安心できない、となり、「思召には篤次郎をとの御文面に候得共、同人

は宅の都合も有之、年既に長じたればアメリカに執行も無益なり。依て其次の人物を求るに、さし向津田純一の外に無之、同人え談済の上、此度一と先帰省いたし候間、尚思召被仰聞被下度候」として、当初の候補者であった小幡篤次郎が外れ、次の候補者として津田が選ばれたことがわかる。同書簡では、津田の派遣費用について、半額は「奥平」が負担し、残りの半額は「中津市学校」から出すとしており、前者は「殿様の為めにあらず、御留主宅皆様の御安心を買ふの価」であり、後者は「津田成業の後は学校を托する為め」の投資であるとしている。当初予定されていた留学期間は二年で、一旦帰国した上で再度渡航することになっていた[10]。

しかし、奥平が体調を崩し、一八七三年一二月一四日には帰国することとなった[11]。津田が奥平に随行した[12]、あるいは間に合わなかった[13]、とこれも両説あるが、奥平と小幡が学んだ「Brooklyn Collegiate and Polytechnic Institute」に津田が在籍した形跡がないことから[14]、奥平の在米中には間に合わなかったとみるのが妥当であろう。津田の渡米ははやくても一八七三年末、おそらくは一八七四年に入ってからだと思われる。

三、イエール大学時代

津田自筆の「履歴書」によると、津田は一八七四年四月から翌年七月まで、コネチカット州ニューヘイブンの「中学」で数学・物理・化学・英文学を修め、一八七五年九月から翌年六月まで「エール大学専科生」となり、哲学・経済学・史学を専攻したという。その後、一八七六年九月から翌年六月まで同大学の「法律部」で法学を修めた[15]。『専修大学百年史』によれば、一八七六年一二月にニューヨークの日本法律会社に加入し、毎週金曜日にニューヘイブンからニューヨークに通った。この間、専修学校の創立者となる目賀田種太郎、相馬永胤などと出会い、交流を深めたという。その後、一八七七年一〇月、津田は、理由は不明ながらミシガン大学へ移ることとなり、同月一日に相馬に別れを告げ、二日にミシガン大学のあるアナーバーに向けて出発した[16]。

イエール側の資料を確認しておこう。一九一〇年に刊行されたイエール大学の非卒業生（non-graduates）名簿に、「Junichi Tsuda (1875-76 *sp*, 1876-77 *l*)」の名がある[17]。「Fine Arts」「Music」「Forestry」「Divinity」「Medical」「Law」などのうち、「*sp*」は「Scientific Special」、「*l*」は「Law」を指している[18]。この続編として一九一四年に刊行された同大学非卒業生（non-graduates）名簿には、「Junichi Tsuda (1875-76 *g*, 1876-77 *l*)」とあるが[19]、「*g*」は「The Graduate School」、「*l*」は「The Law School」を意味している[20]。これらにより、津田が一八七五年から一八七六年にかけてイエール大学の大学院で「Scientific Special」を学び、一八七六年から一八七七年までロースクールに所属して法律を学んだが、卒業はしていなかったことが確認できる。イエール大学図書館所蔵の「ヱール大学日本学生名簿」にも、津田の在籍期間は「'75/76 — '76/77」とあり、法律を学んだことが記されているが、取得学位欄は空欄である。もし卒業していれば、物理学の山川健次郎（'72/73 — '74/75）に続く、日本人として二人目の快挙であった[21]。

先述の「履歴書」のイエール大学に関する記述が、正しいことがわかる[22]。「Scientific Special」の詳細は不明だが、これを履修するのが「専科生」ということなのであろう。津田はそこで、哲学・経済学・史学を学んだのである。津田が事前に「中学」で、数学・物理・化学・英文学を修めた、というのも、その知的遍歴を確認する上で、やはり重要である。津田はニューヘイブンで一般教養や英文学を身に付けたのち、法律を学んで、イエールを去ったわけである。『専修大学百年史』の、津田が相馬と別れたくだりについては、相馬の日記に基づいて記述されており、このあたりの経緯や日付にも間違いはないと思われる。

なお、ほかの同窓生にとっても津田の退学は唐突であり、卒業したのではないか、という印象も残していたようで、イエール大学図書館には、一九二六年九月二四日付で、津田の同級生であったバートン・マンスフィールドからイエールに宛てた、次のような書簡が残されている。

私の手元にある七八年ロースクール卒業メンバーのリストに、津田純一という日本人の名前があります。私は彼について、よく覚えています。クラスのメンバーとして十分ではありませんでしたが、好奇心にあふれた日本人でした。そちらでは彼の名前が見落とされているようですが、彼の名前が除外されたのか、あるいは私が間違っているのでしょうか？[23]

これに対し大学側は、津田は一八七八年卒業予定のロースクールのクラスに「短期間」所属していたが、一九二〇年段階でリストからは除外していると回答しつつ、津田について確定的な情報を得られていないため、有益な情報があれば寄せてほしいと伝えている。[24] 大学側も自信をもって右の資料を作成したわけではなく、各種名簿には混乱があったのであろう。日本側の記録に混乱が生じるのも当然であった。

四、ミシガン大学時代

津田の「履歴書」は、一八七七年九月から翌年五月まで「ミシガン州カナーバ大学法律部ニ入リ法学修行」し、「ハチロル、ヲブ、ローノ学位ヲ受ク」としている。[25]「ミシガン州カナーバ大学法律部」とは、ミシガン大学アナーバー校ロースクールのことを指していると思われる。[26]先述の通り、アナーバーに移ったのは一八七七年一〇月だが、学籍自体は九月からミシガンにあったのであろう。

一九二三年に刊行されたミシガン大学の卒業生・非卒業生・役員・教員名簿の「Law School Graduates 1878」欄に「Junichi Ukizumi Tsuda, Nakatsu, Japan」の名がある。[27]これにより、津田がミシガン大学ロースクールを一八七八年に卒業したことがわかる。同大学ベントレー歴史図書館のウェブサイトにある「Alumni Files Index, 1841-1968」で津田の名前を検索すると、「Necrology File」(死亡者名簿)に「Tsuda, Junichi Ukizumi LL.B. 1878」と掲載されている。[28]津田は一八七八年に、ミシガン大学で「LL.B.」、すなわちBachelor of Lawsの学位を得て卒業したのであった。

ミシガン大学ベントレー歴史図書館に所蔵されている死亡者名簿にある津田のファイルには、「Junichi Ukizumi Tsuda, Lawyer, Nakatsu, Japan. LL.B.78 LAW」と記されたカードや、「The Emeritus Club The University of Michigan Alumni Memorial Hall Ann Arbor, Michigan」から中津の「Junichi U. Tsuda」宛に送られ、「転居先不明」で返送されてきた封筒の一部(消印は「Ann Arbor

Dec 15 5 PM 1934 Mich.」となっている)、「Change of Address of a former student or faculty member」と題されたメモ用紙に鉛筆で「Tsuda L 78 Reported Dead」と記載したもの、などが含まれている。津田が卒業後も同窓会のメンバーとして、ミシガンと連絡を取り合っていたことをうかがわせる資料である(29)。

津田がなぜミシガン大学に転じたのか、その理由は定かでない。一八七三年に同大学に入学した外山正一(のち、東京帝国大学総長、文相)の場合、日本人留学生の多い東部を避けて、勉学に励もうとしたこと、また、州立大学の授業料が安かったことがミシガンに進んだ理由であったという(30)。津田がすでに東部で日本人との関係を深く構築しており、授業料の高い私立大学であるイエール大学に学んでいたことを考えると、同様の理由があったのかもしれない。一八五九年に設立されたミシガン大学ロースクールは、他の主要なロースクールと異なって特権階級に制限した選考を行っておらず、一八七〇年には全米最大規模となり、同年にアフリカ系米国人に学位を授与した二番目のロースクール、また女性を受け入れた最初の主要ロースクールとなっていた(31)。こうしたマイノリティに配慮した環境も、津田にとっては魅力的だったものと推察される。

五、帰国後の活動との関係

福沢は津田の帰国を心待ちにしていたようで(32)、中上川彦次郎や小泉信吉とともに「新聞紙編輯」をさせることを考えており(33)、帰国後には津田と中津市学校について相談している(34)。津田がその市学校で、帰国直後に法律について教えていたことは、冒頭にみた通りである。その後、津田は教育者としてのキャリアを重ねていく。一八七八年一一月に兵庫県師範学校長となり[35]、翌年から神戸中学校長を兼務した。同年、東京大学予備門の英語教師に就任し、慶應義塾夜間法律科の創設に関わる。一八八〇年、外務省に出仕するが、翌年の政変で辞任し[36]、一八八二年の『時事新報』創刊に参与したのち、一八八三年に石川県専門学校教授、一八八五年には三重県師範学校長兼津中学校長に就いた。一八八九年からは『大阪公論』や『大阪朝日新聞』の記者となったが、一八九八年に大分県大分中学校長に就任し、一九〇六年に渡韓、韓国で農業振興に取り組んだ。一九一一年には、大分県下毛郡立高等女学校校長となり、一九一八（大正七）年まで務めて、一九二四年一月二三日に没している[37]。

東京大学がその卒業生に学士の称号を授与しはじめたのが一八七九年であるから[38]、一八七八年に学士となっていた津田のような存在は珍しく、貴重であり、師範学校長や中学校長は収まりのよいポストだったのであろう。英語や法律は専門であり、東京大学予備門で英語を教え、慶應義塾夜間法律科の創設に携わったのも、自然である。津田は交詢社の「知識交換世務諮詢」にも貢献しており、一八八〇年四月に『交詢雑誌』に掲載された「在神戸社員国会議員選挙法ノ問ニ答フル演説」では、欧米の選挙区制度や直接・間接選挙法、普通・制限選挙、アメリカの州議会議員選挙の実践例などを解説している[39]。

外務官僚を務める傍ら、法律の専門家としての知見も開陳しており、『交詢雑誌』では一八八一年二月に西洋の監獄制度についての社員の質問に答え、西洋の監獄制度を紹介した上で、「凡ソ社会ニ於テ犯人ヲ入獄セシムルハ社会保護ノ目的ニ出テ犯人ノ道徳心ヲ発達シ再ヒ良民タラシムルニ在リ」

として、監獄は「苛刻」より「寛裕」にして「悔悟憤励シテ完全ノ性質ニ帰復セシメンコトヲ要スル」と説いている。(40)

一八八一年には専修学校の第一回法律科卒業生に対し、「法律学士」の肩書きで「専修学校法律科卒業生徒氏ニ告ク」と題する文章を寄せ、「世人ノ信用ヲ博スルト否トハ代言師ノ最モ注意スヘキコトナリ」として、「代言師」の果たすべき役割について、アメリカの著名な弁護士の事例などを挙げて論じている。(41)専修学校創立者の目賀田種太郎、相馬永胤と津田の間に留学時代に交流があったことは、先述の通りであり、津田は帰国にあたって、専修学校設立計画の促進について目賀田などから委嘱を受け、その後も同校の設立のために奔走し、設立時には「受託法」を教えていた。(42)

一八九三年には、『国家経済会報告』に「農業銀行設立論」と題する論文を寄せ、農業を主要産業としてきた日本では、長らく「専制政治の下に生息して借地を耕し収穫の一半を収めて政費を供し」てきた農民に経済的余裕がなく、松方デフレなどの影響でその負債は増大しているとして、「一人の富は一家の富となり、一家の富は一国の富となる」との立場から、農業銀行や勧業銀行が低利長期の貸し付けを行い、農業の改良と生産力の向上を図るべきだと説いている。(43)

こうした教育・実業への関わりや、明治十四年政変後の『時事新報』創刊への関与という経験の延長上に、その後の教育者、ジャーナリストとしてのキャリアが積まれていったに違いない。一九一三年に刊行された清原蘇子『中津及中津人』は、「津田校長は純粋な教育家であって……博学にして温厚の人」(44)と評しており、一九二一年刊行の『大日本人物名鑑』も「教育界に於ける功績知るべきのみ……教育界各方面に関与して、之が向上発展に余念なし」(45)としているが、晩年の津田は、博学温厚な教育界の大家として、知られるようになっていたのであろう。

慶應義塾とアメリカ留学で培った学識と人脈が、教育者・津田純一を最後まで支えた。法学を身に付けながら法曹界には入らず、官民の垣根を越えて教育に携わり、「知識交換世務諮詢」に貢献する津田のような生き方は、福沢が演説において繰り返し語っていた、理想的な人間像でもあった[46]。その意味で、「津田成業の後は学校を託する為め」という福沢の狙いは、中津市学校を越えて、成就されたといってよかろう。

注

(1) 大塚賢司「津田純一」(加賀慶彦・神戸靖一郎編『慶應義塾草創期の福沢門下生―三田移転の頃』第二巻、慶應義塾大学法学部政治学科寺崎修研究会、二〇〇一年)、七三頁。

(2)「津田純一」(慶應義塾編『福沢諭吉書簡集』第一巻、岩波書店、二〇〇一年)、三六三頁。

(3) 西澤直子「津田純一」(福沢諭吉事典編集委員会編『福沢諭吉事典』慶應義塾、二〇一〇年)、五三三頁。

(4)『田舎新聞』一八七八年五月六日付。

(5)『田舎新聞』一八七八年六月一〇日付。

(6) *Seventeenth annual catalogue of the Officers and Students of the Brooklyn Collegiate and Polytechnic Institute. June 1872* (Brooklyn: Daily Union Job Printing Establishment, 1872), p.15.

(7) 石河幹明『福沢諭吉伝』第一巻(岩波書店、一九三二年)、六一八頁、石附実『近代日本の海外留学史』(中公文庫、一九九二年)、巻末「海外留学者リスト」。

(8) 本書第四章、参照。

(9) 前掲『福沢諭吉書簡集』第一巻、二六〇―一頁。

(10) 前掲『福沢諭吉書簡集』第一巻、二六二―三頁。なお、留学資金については、一八七五年八月三一日付の福沢から富田鉄之助(ニューヨーク在留副領事)に宛てた書簡の中で、「津田純一え送金ハ、兼て奉願置候通り、同人より相願候節、其入用丈ケ御取替被下、其取替之高を此方ニて御預りの金の高といたし、出版局又ハ丸屋へ預ケ置候様仕度、御含置奉願候」と記しており、津田が願い出た金額を富田から受け取り、その額を慶應義塾出版局や丸屋商社に預けていたことになっている（同前、三三〇頁）。翌年三月三日付の富田宛書簡で福沢は、「純一へ送金ハ御蔭を以て都合宜敷、誠ニ難有仕合奉存候。尚此上之処も宜敷奉願候」と礼を述べている（同前、三三九頁）。

（11）「奥平昌邁米国ヨリ帰朝届」（「公文録」明治六年・第二一五巻・明治六年一二月・東京府伺（下）華族、国立公文書館蔵）。

（12）前掲「津田純一」（『福沢諭吉書簡集』第一巻）、三六三頁。

（13）前掲西澤「津田純一」、五三三頁。

（14）塩崎智「幕末維新在ブルックリン（ＮＹ州）日本人留学生関連資料集成及び考察（一）」、（『拓殖大学語学研究』第一一四号、二〇〇七年三月）、一二四―七頁。

（15）津田純一「履歴書」。原本は所在不明だが、そのコピーが現在、慶應義塾福沢研究センターと津田純一の子孫のもとに残されている。筆者は前者を利用した。

（16）専修大学『専修大学百年史』上巻（専修大学出版局、一九八一年）、五四―九、七四頁。津田の略歴について、同様の記述が「専修大学百年史　稿本（一）」（『ニュース専修』第九六号、一九七七年六月二〇日）、特一―特四頁、にもある。

（17）*Directory of the Living Non-graduates of Yale University* (New Haven: The Tuttle, Morehouse and Taylor Company, 1910), p.127.

（18）*Ibid.*, List of Abbreviations.

（19）*Directory of the Living Non-graduates of Yale University issue of 1914* (New Haven: Issued for Private Distribution by the University, 1914), p.120.

（20）*Ibid.*, Abbreviations.

（21）「エール大学日本学生名簿」（Yale University, Sterling Memorial Library, Manuscripts and Archives Group Number 40, Kan'ichi Asakawa Papers, Series No.III. Box. 60, Folder No.296）。

（22）北口由望も、津田はイエール大学で、一八七五―七六年度は「哲学文学科大学院」の「特別生」、一八七六―七七年度は「法学科の学士課程」一年生に属していたとしている（北口由望「明治初期のイェール大学日本人留学生―田尻稲次郎が学んだカリキュラムを中心に（二）」『専修大学史紀要』第一〇号、二〇一八年三月、九五―一〇五頁）。

（23）Tsuda Junichi-Box945- Ⅳ -Law-x1874-1879, Almni Records (RU830). Manuscripts and Archives, Yale University Library.

（24）*Ibid.*

（25）前掲「履歴書」。

（26）津田が「カナーバ大学」に留学したという諸文献が残されている（丸山信編『福沢諭吉門下』日外アソシエーツ、一九九五年、三二頁、深津準之助『日本人物風土誌—郷土を築いた人びと』東京新聞社、一九六五年、四三〇頁、慶應義塾編『慶應義塾百年史』別巻〈大学編〉、慶應義塾、一九六二年、四一八頁、など）が、これは津田自身がこのような「履歴書」を残したためであろう。

（27）University of Michigan and Harley Le Roy Sensemann, *Catalogue of Graduates, Non-graduates, Officers, and Members of the Faculties, 1837-1921* (Ann Arbor, MI: The University, 1923), p.492. 津田がなぜ「Ukizumi」のミドルネームを使ったのか、その由来は不明である。

（28）https://bentley.umich.edu/legacy-support/necrology/index.php, accessed January 23, 2020.

（29）“Necrology files: Tsuda, Junichi Ukizumi [d. Unknown : LL.B. 1878],” Box 677, Call Number 9761 Bimu 2, University of Michigan. Alumni Records, Bentley Historical Library, University of Michigan.

（30）秋山ひさ「外山正一とミシガン大学」（『神戸女学院大学論集』第二九巻一号、一九八二年七月）、二頁。

（31）https://www.law.umich.edu/aboutus/Pages/default.aspx, accessed January 24, 2020.

（32）一八七八年五月一〇月付松木直己宛福沢書簡には「津田純一君も多分当月中には帰着可致、当方も追々賑に相成可申候」と記されている（慶應義塾編『福沢諭吉書簡集』岩波書店、第二巻、二〇〇一年）、七六—七頁。

（33）福沢諭吉『福沢文集二編　巻二』（慶應義塾編『福沢諭吉全集』第四巻、岩波書店、一九七〇年）、四八三頁。

（34）一八七八年一〇月九日付香川真一宛福沢諭吉書簡（前掲『福沢諭吉書簡集』第二巻）、一〇〇頁。

（35）福沢は、兵庫県勧業課長だった牛場卓蔵に、津田と神戸商業講習所校長の甲斐織衛と「一心同体」「同窓之友誼」をもって何事も進めるよう求めている（一八七九年一月二九日付牛場卓蔵宛福沢諭吉書簡、前掲『福沢諭吉書簡集』第二巻、一四六—七頁）。

（36）津田は「純一ハ福沢ノ一類ニシテ、其福沢ハ近来何カ訝カシキ挙動アルカ故ニ、純一ヲモ官ヨリ擯ルナリ」と外務大輔の上野景範にいわれたという（一八八一年一〇月一四日付井上馨・伊藤博文宛福沢諭吉書簡、慶應義塾編『福沢諭吉書簡集』岩波書店、第三巻、二〇〇一年、一五五頁）。

（37）前掲「履歴書」、前掲西澤「津田純一」、五三三頁、大分県下毛郡教育会『下毛郡誌』（大分県下毛郡教育会、一九二七年）、

六二五―六頁、ルーブル出版部編『大日本人物名鑑』巻四の二（ルーブル出版部、一九二一年）、一七一―二頁。なお、前掲西澤「津田純一」には津田の墓所は中津の竜松寺とされているが、実際には、中津の松厳寺（臨済宗妙心寺派）である。戒名は「逸堂院純一無雑居士」。

（38） 黒田茂次郎・土館長言編『明治学制沿革史』（金港堂、一九〇六年）、一一〇八頁。

（39） 津田純一「在神戸社員国会議員選挙法ノ問ニ答フル演説」（『交詢雑誌』第八号、一八八〇年四月）、一―一一頁。

（40） 『交詢雑誌』（第三九号、一八八一年二月）、四―七頁。

（41） 津田純一「専修学校法律科卒業生徒氏ニ告ク」（『明法志林』第九号、一八八一年七月）、一―一〇頁、津田純一「専修学校法律科卒業生徒氏ニ告ク」（『明法志林』第一二号、一八八一年九月）、一二―二〇頁。

（42） 前掲『専修大学百年史』上巻、八三―四、九四―五、一〇二―三頁、前掲「専修大学百年史　稿本（一）」、特一頁。津田と同じく慶應義塾、そしてイエール大学に学んだ田尻稲次郎も専修学校の設立に参与し、その創立者の一人となっている。田尻の留学については、前掲『専修大学百年史』上巻、二五―三七頁など、参照。

（43） 津田純一「農業銀行設立論」（『国家経済会報告』第二七号、一八九三年八月）、四七―五八頁。

（44） 清原蘇子『中津及中津人』（清原寛之、一九一三年）、一三七―八頁。

（45） 前掲『大日本人物名鑑』巻四の二、一七一―二頁。

（46） 拙稿「編者解説」（拙編『独立のすすめ　福沢諭吉演説集』講談社学術文庫、二〇二三年）、三九一頁。

追記　本章の執筆にあたり、イエール大学図書館地域・人文科学研究支援部門の中村治子氏、同大学図書館Manuscripts and Archivesのジュディス・アン・スチフ氏、ミシガン大学ベントレー歴史図書館のアンドリュー・コーラー氏、中津市教育委員会社会教育課文化財室の松岡李奈氏、慶應義塾福沢研究センター教授の西澤直子氏より、貴重な資料の提供、および重要なご教示を頂戴した。記して感謝申し上げる次第である。

第三章　慶應義塾社頭・福沢一太郎とコーネル大学

一、一太郎の性格

福沢一太郎は、福沢諭吉の長男として、一八六三（文久三）年一〇月一二日に生まれた。初等教育は父母自ら授け、一〇歳頃から外国人教師に英語の手ほどきを受けさせて、慶應義塾本科を卒業した上で、一太郎は弟・捨次郎とともにアメリカに留学している[1]。

捨次郎の留学については第四章で扱うが、彼はマサチューセッツ工科大学（ＭＩＴ）で土木衛生工学、特に鉄道について学び、無事卒業している。帰国後はその知見を生かして山陽鉄道に勤め、父の興した時事新報社を継承した。この二歳下の弟に比して、学問の面でも、性格の面でも、福沢を心配させたのが、一太郎であった。福沢は、一太郎は数学ができないことから、農学の実務を身に付けるよう勧め、アメリカの社交的な雰囲気の中で、引っ込み思案な性格も改善することを期待した。一太郎自身、そうした父の期待に応えて、コーネル大学で農学を学んだが、途中で退学した、とされてきたが[2]、果たしていつ、どのようにして入学して、そこで何を学んだか、留学はどんな成果をもたらし

福沢一太郎

慶應義塾福沢研究センター提供

たのか、といった点については、なお、十分に明らかにされていない。

一太郎は帰国後、慶應義塾の教師を経て、小幡篤次郎の後を継いで慶應義塾社頭を約三〇年の長きにわたって務め、一時は塾長も兼務することになる。[3] 没した際の『三田評論』には、当時の塾長・小泉信三や、前塾長の林毅陸など数多の関係者が哀悼の文を寄せ、例えば林は、一太郎と捨次郎は「兄弟にて父福沢大先生の一面づつを分けて受け継いだかの如くに思はれた」として、捨次郎は「活動的」「不羈豪放」であり、一太郎は「静思的」「端正温雅」で、「実に一太郎氏は純粋の学者肌の人であり、文学哲学宗教等に深き興味を有ち、之に関する書籍を読み耽ることを第一の楽みと為し、若い頃塾の文科に於て、英文学の講義を受持たれたこともあり、本来は文学者と称すべきであらう」と評し、「文学と同時にサイヤンスに関するものを好み、理科的のことに理解が深かつたやうである。此の点に於ても、大先生の一特色を聯想せしむるものがある」と述べている。[4]

しかし、一太郎についてはまとまった研究は存在しておらず、その生涯については、近年、『三田評論』の「福沢諭吉をめぐる人々」のコーナーで小山太輝が、概略を述べているに過ぎない。[5] アメリカ留学についても、かつて石河幹明が『福沢諭吉伝』第四巻第四六編「家庭に於ける先生」の「二子の洋行」で、福沢の一太郎・捨次郎の留学に対する姿勢を描写し、[6] 富田正文が『考証 福沢諭吉』下の「二子と養子の洋行留学」においてその概要を記しているほか、[7]『福沢諭吉書簡集』第四巻・第五巻の解題が、それぞれ両名宛の福沢書簡について解説しているが、[8]最近でも金文京が両名の留学に関連する福沢の漢詩に解説を加えている程度で、[9]その詳細や成果についてはなお検討の余地が残されている。

こうした状況に鑑み、本章では一太郎のアメリカ留学について、福沢の一太郎・捨次郎宛書簡、および今回発見したコーネル大学関連資料などを用いながら、なるべく詳細に明らかにするとともに、帰国後の慶應義塾の教師・社頭・塾長としての活動との関連についても、考察を試みるものである。

二、幼少期の教育からアメリカ留学まで

福沢が一八七六（明治九）年に記した「福沢諭吉子女之伝」によれば、一太郎は「一と口に云へば涕弱き性質なり。又其涕弱きと共に気質甚だ弱くして憶〔臆〕病なるが如し。譬へば書を読み事を学ぶときにも、教師の語気少しく厳に過ぎて面色を正しくする等のことあれば、忽ち之に憶〔臆〕して涕を出し、実は既に解したる文をも弁解すること能はずして泣くこと多し」と述べており、一太郎は性格的にかなり臆病だったようである。これに対して捨次郎は、「一太郎の成長は晩く、捨次郎は早くして、兄弟の年齢凡二年の差あれども、心身の働は正しく同様なるが如し」であり、学問も一八七〇年から同時にはじめた。一二三、いろはからはじまって父母から教えを受け、一八七二年からは「カロザス」夫人、および「グードマン」という慶應義塾の外国人教師[10]から、英語の手ほどきを受けた。一八七四年

からは「ショー」というイギリス人のもとで英語や数学、地理などを学び[11]、一八七六年からは万国史や文典などを習い、自宅でも父から和漢学、日本外史、十八史略、などを教えてもらった[12]。この間、一八七一年に福沢は「ひゞのをしへ」を両名に与え、「うそをつくべからず」「ものをひらふべからず」「父母にきかずしてものをもらふべからず」「ごうじやうをはるべからず」「兄弟けんくわかたくむよふ」「人のうはさはかたく無用」「ひとのものをうらやむべからず」などと諭している[13]。

「ひゞのをしへ」については、一太郎自身による回想がある。一九〇六年一月に『少年』に寄せた「「ひゞのをしへ」掲載に就て」の中で一太郎は、「此『ひゞのをしえ』は、今から三十五年の大昔、私と弟捨次郎が、マダ泥いたづらをしたり、蟬を追ッかけ廻して居た、子供の時分の或日の事です、お土産であッたか何だか、よく覚えませんが、如何か云うことで私共兄弟は、父から加賀半紙を幾帖かづゝか貰ひました。……毎朝何か徳義に関する話、又は手近の智識の事を書きましたので、我々は朝起きて御飯を食べて、それから父の書斎の机の前に座を並べ、今日は何を書いて呉れるであろうと、楽みそうに文章の出来上がりを待ッて居た」と述べている[14]。

さて、先述のような懸念が一太郎にあったため、福沢は一八八〇年八月三日、日常の心得書を一太郎に与えている。そこでは、「活潑磊落、人ニ交ルノミナラズ、進テ人ニ近接シテ、殆ド自他ノ差別ナキガ如キ其際ニ、一片ノ律儀正直深切ノ本心ヲ失ハザル事」として、積極的に人と交わるよう求め、さらに「汝ノ後来ヲ案ズルニ、人ニ交ル事ノ拙ニシテ、自カラ不平ヲ抱キ又随テ人ニ不平ヲ抱カシムルコト多カル可シト懸念唯此事ナリ。謹テ忘ル丶勿レ」と念を押している。よほど引っ込み思案な一太郎の性格が心配だったのであろう[15]。

明治二二年四月に一太郎が箕田かつと結婚した際、その披露宴で福沢は一太郎の少年時代について「生来父母の手許にて養育致し、曾て他に出で他人に交際したることもなく、近処に特に友達と申す者もなかりし其次第は、維新の前後、藩邸の士族等も藩地に赴き、又其外父母の平生懇意にせし所の人々も四方に散じて行く処を知らず、福沢の家は恰も東京に残されて孤立するの様にて、自然幼少の子供にも朋友を得ざりし原因に候」と回顧し、維新前後に藩邸が閑散とし、福沢夫妻の友人も東京を離れる、という時代・居住環境も、一太郎の性格に影響を及ぼしたと示唆している(16)。

その後、一太郎は東京大学予備門に学ぶものの、健康を害して断念し、一八八二年七月に慶應義塾本科を卒業した(17)。その上で、一太郎と捨次郎はアメリカに留学することとなった。福沢としては、国内での英学修行ののち、洋行するというのは、自らの人生経験を踏まえた上での、子どもたちへの期待のあらわれだったのであろう。右の結婚披露宴で福沢は、友人のいない幼少期の一太郎と慶應義塾の学生がよく遊んでくれたものの、「友達の附合もあらざれば、遠方の旅行は勿論、市中の散歩、花見遊山とても、父母と共にせざるはなし。年漸く長じて弱冠に至る迄、自分一人にては三日の旅行を企てたることなく、一夜の外宿を試みたることなく、一年三百六十日、唯父母と起居動静を共にするのみ」という状態が続いたため、「右の次第にて二十一歳のとき米国へ留学と相談の其節も、甚だ不安心に思ひしかども、止む可きにあらざれば、思切つて遣はし」たと語っている(18)。

一八八三年六月一〇日、出発の二日前に、福沢は両名に宛てて、留学の心得書を示した。そこでは、「執行中、日本ニ如何ナル事変ヲ生ズルモ、此方ヨリ父母ノ命ヲ得ルマデハ、帰国スルニ及バズ。父母ノ病気ト聞クモ、狼狽シテ帰ル勿レ」と覚悟を求め、「一太郎ハ農学ト方向ヲ定メタル上ハ、専ラ其業ヲ修メ、且農学ノ理論ヨリモ実際ノ事ニカヲ用ヒ、帰国ノ後、直ニ実用ニ適スル様心掛可申事」と一太郎には農学実務の習得を求めて、「捨次郎ハ物理学ノ一科ニ志シ、或ハ電気学ナド如何ト思へドモ、其辺ハ本人ノ見込ニ任スル事」と捨次郎には物理学の中の一科、電気学などを修めるよう述べつつ、具体的な選択は本人に任せている。そして、「両人共、学問ノ上達ハ第二ノ事トシテ、苟モ身体ノ健康ヲ傷フ可ラズ」と健康を第一とするよう示しているが、やはり一太郎の性格については特に心配しており、「気力ノ弱キ」ことを指摘しつつ、学問の障害になるとして禁酒を命じている。[19]

三、アメリカ留学出発とオバーリン大学

一太郎と捨次郎が横浜港を発ったのは、一八八三年六月一二日のことである。[20] これに先立ち、森村組ニューヨーク支店長の村井保固に宛てて、福沢は五月一七日付で書簡を送り、「両人共御随行相願度奉存候間、宜布奉願候」と同行するよう依頼した。[21] 二五日には駐米公使の寺島宗則に宛てて、「兄の方は数の考に乏しく、且本人の志願も有之義に付農学被《ママ》致度、弟の方は随分学才も相応なる者の様に被存候に付、何にても一課の専門物理学と申中に、小生の考には、一通は出来の上は、エレキトル学専修為致度様存じ候」として一太郎は数学に弱く本人の志望もあるので農学を、捨次郎は学才があるため専門学を、と期待して、「着の上は学問上の義一切御心添御差図相願度」と指導を頼んだ。[22] 先述の心得書の背景には、こうした本人の性格や志望、学才に対する福沢なりの判断があったことがわかる。

福沢は、両名の留学に際して、「餞二子洋行」と題する次の漢詩を詠んでいる。

努力太郎兼次郎　努力せよ太郎兼ねて次郎。
雙々伸翼任高翔　双々翼を伸べて高く翔るに任せよ。
一言猶是賤行意　一言猶お是れ賤行の意、
自国自身唯莫忘　自国と自身を唯だ忘る莫かれ。

両名が努力して翼を広げ、高く飛んでいくこと、そして、自国と自身のことを忘れないよう、諭している。(23)

さらに両名が太平洋上にあるとき、「憶二子航米国在太平洋」と題して次のように漢詩を詠んだ。

月色水聲遶夢邊　月色水声、夢辺を遶る。
起看窓外夜凄然　起きて窓外を看れば夜は凄然。
煙波萬里孤舟裡　煙波万里、孤舟の裡、
二子今宵眠不眠　二子は今宵眠るや眠らざるや。

両名が船上から眺める月の色や、聞こえてくる水の声が自分の夢枕をめぐるとして、起きて外をみると夜はひっそりとしており、太平洋の船のなかで両名は眠っているだろうか、どうか。案じている福沢の様子がみてとれよう。[24]

出発から一週間後、福沢ははやくも両名に宛てて書簡を送り、「米国着之上ハ……不都合ハなき事ト存候得共、金之事ハ往々間違を生するものなるゆゑ、何月何日何之為ニ、森村組之何人より何程之金を請取たりとの事ハ、厘毫も間違なき様ニ、此方へ報道可被為致。且又、兼申含置候通り、何等之事情あるも森村組之外ハ何人へも金を借用すること不相成」と、資金については森村組に一任していることを強調している。その上で、「学問ハ決して速成を要せず。急進して体を損するが如きハ以之外之事なり」と健康に気を付けるよう釘を刺した。[25] 同日には村井に対し、「子供両人之学費ハ、其御店より御渡し被下度奉願候」と森村組に学資支給を一任する旨を伝えている。[26] 七月四日にも、福沢は「無事安着之一報を待つ斗り」として、「学問よりも健康専一なり。呉〻も忘るへからさるなり」と繰り返した。[27] 同日、森村豊と村井に、「着の上も万事御添心相願ふのみ」と書き送っている。[28]

六月二六日の両名のアメリカ到着後も、一八八三年七月一九日付の両名宛書簡で福沢は、「初めての夏、如何して凌候哉、是のみ案しられ候」と、とにかく健康を心配している。[29] これは心得書以来、留学中一貫して福沢が強調した点であった。八月一七日、福沢は両名に宛てて、九月から学校に入るだろうが、「学問之本科を勉むへきハ勿論なれ共、尚心掛ケ度ハ英語之読ミ書きなり。英語を自由自在ニ語り、英文を自由自在に書クハ、目下必要之一芸と云ふへし」と英語習得の重要性を説いた。[30] 八月二七日の両名宛福沢書簡からは、両名がニューヨークからワシントンDCに赴き、現地駐在の外交官・鮫島武之助などと相談の上、オハイオ州に「就学之場所」が決まったことがわかる。[31] ここでも、「一太郎ハ農学ニ志し候様致度、ハイサイヤンスよりもプラクチカル之一芸緊要ト存候」と一太郎に農学実務習得の重要性を説き、さらに、「一太郎ハ性質人ニ交るの機転ニ乏しく、動もすれハ引込思案ニ出候間、能ゝ心掛ケ米国人之気象ニ倣ひ、朝夕アミエーブルニ他人ニ交り候様、意を用ひて習、遂ニは性と為り、生涯ハピネス之源を深クする事専一なり」と、アメリカ人の性格にならって、これまで福沢を心配させてきた、一太郎の引っ込み思案な性格を改めるよう勧告した。捨次郎については、「マセマチック、メカニック云ゝとの事なれ共、尚事情を察して自から決する所可有之旨、至極之事ニ存候」と信頼を寄せている。(32) なお、両名は森村組から、日本から届いた書簡や『時事新報』などを受け取っていた。(33)

九月七日付の両名宛福沢書簡によると、鮫島にともなわれた両名は、オハイオ州のオバーリンに到着し、「ニウトン氏之宅」に止宿して英語の学習に取り組むこととなった。「ヲーバリン之学校には農学之課無之よし。故に一太郎は来年ニもならバ他処へ転すへしとの義、何れ左様可相成」として、現地の学校では農学が学べないため、一太郎は来年にも引っ越すという見込みも伝えられている。(34) 同月二一日付両名宛福沢書簡では、九月一〇日から「ヲーバリン之学校」がはじまったが、農学課程がないので一太郎がどうするつもりなのか、問い合わせている。(35) 一〇月一七日付の両名宛福沢書簡では、一太郎の記した「鉄道論」を評価して『時事新報』に掲載したこと、(36) 捨次郎の英文が優れていることなどを伝えており、(37) 一〇月二〇日付のD・B・シモンズ宛の書簡では、福沢は「兄ノ方ハ全ク文才ナキニ非サレトモ、数学ノ考ニ乏シキガ故ニ農学ニ従事セシメ、殊ニ其実際ヲ学ハシメント欲スルナリ。弟ノ方ハ何科ニテモ、一科学ヲ学ハシメント欲ス」と、やはり一太郎より捨次郎を評価し、数学が苦手な一太郎には農学の実務を学ばせたいとしている。また福沢は、「ドクトル・ヨングハムスモ、君ト共ニ賤息教育ノ事ニ付御尽力可被下旨、厚情不堪感謝、宜布御致意奉願候」と記しており、シモンズとともに、T・H・ヨングハンスも両名の教育について尽力していたことがわかる。[38] 以後、シモンズとヨングハンスは、両名の留学の世話を焼いていくことになる。[39]

一一月二四日付の両名宛福沢書簡では、「両人共無事勉強之趣安心いたし候」と述べつつ、「拙者ハ貴様達を愚人と思はず。唯壮年之事なれバ失策もあらんかと、老婆心中掛念する而已」として、「失策」をしないよう兄弟で協力するよう求めた。また、帰国後には「役人」にでも「農工」にでも「学校教師」にでもなればいいが、『時事新報』が拡大していくならば、その事業を譲りたいとも吐露し、「何ニ致せ身体之健康ハ処世之資本なり」と繰り返し健康の重要性を説いている。[40] オバーリンの学校について両名は不満を漏らしたらしく、一二月四日付の両名宛福沢書簡は、「オーバリン学則不満足之よし、縷〻之事情ハ能ク相分候……困難之事情ニ際したらバ、郷国父之命なりとて、推して通行可被致」と、学校を変えることも提案している。さらに、箕作佳吉が手紙で、大学で農学を学ぶよう記してきたとした上で、「農学ハ唯〳〵プラクチスニて沢山なり。一太郎ハマセマチック不得手之義、無理ニ難き業を勤るニも不及」と、数学が苦手な一太郎に、やはり農学の実務を勧めた。[41] ただ、一二月二二日付の両名宛書簡で福沢は、一太郎に農学、捨次郎に何かの実学、と提案したのは「唯拙者之スペキュレーション而已」として、一太郎も農学に限らず、何か「気ニ適ひ候課もあらバ勝手ニ可致候」としている。[42]

「ヲーバリン之学校」とは、オバーリン大学のことで、[43] 一八八三年に刊行された『Catalogue of the Officers and Students of Oberlin College, for the College Year 1883-4』を確認すると、「Department of

Preparatory Instruction」に属する「English School」の「Student」欄に「Ichitaro Fukuzawa, Tokio, Japan」と「Sutejiro Fukuzawa, Tokio, Japan」の名が記載されている。[44]「English School」は、同大学の「Department of Philosophy and the Arts」の文学コースに進む学生のために設計されており、英語やラテン語、代数学や合衆国史などを教えていた。[45]ここでの修学が両名にとっても、また福沢にとっても、不満だったわけである。当時の同大学には、「Department of Preparatory Instruction」「Department of Philosophy and the Arts」のほか、「Department of Theology」「Conservatory of Music」が設置されていたが、農学部はなかった。[46]

かくして、一八八四年一月四日付の両名宛福沢書簡では、両名はいよいよオバーリンを去ることになったらしく、「オーバリンをバ辞して、ニウエンゲランド地方ニ赴くべし」と伝え、捨次郎には鉄道事業を勧めたが、これも「決して心ニ関するニ足らず」と、あくまで好きな学科を選ぶよう求めた。[47]同月一六日付両名宛福沢書簡によると、一太郎は農学のためにミシガンに行くよう、ニュートンから助言があったようだが、シモンズのアドバイスを聞いてから判断するよう促している。ここでも、「一太郎之農学と申ハ、数学不得手より思付候事なれバ、必すしも穀物を作る農業而已ニ限らず。或ハ樹木菓〔果〕木之事、牧畜之事等、其他何事ニ寄らず余り数学を要せずして、帰国之後一家之生計を立るニ便なるものあらバ、農業外之事ニても執行可被致」と述べつつ、日本で土地を買って一太郎と一緒に農業牧畜に勤しむのも面白い、「一太郎ハ農業を以て立身之本と為し、英文ニ巧を得て学校之教師抔を余業ニしたらバ、或ハ前途之得策ならん」と、希望を語っている。[48]一太郎としては、自由にしてもいいといわれつつも、ここまで数学が苦手だから農学を、将来は農業で生計を、といわれれば、それ以外の選択肢はとりにくかったに違いない。

一月一四日付の両名からの書簡が福沢の元に届いたらしく、それへの返書が二月二二日付で出されているが、そこではニューヨーク州ポーキプシーに到着したのち、シモンズと相談の上で、「唯今ハプレパレーション。其上ニて一太郎ハコルネル、捨次郎ハツロイ歟マッサチセットへ参るへきよし。如何様ニても勝手ニ任す」として、一太郎には農学、捨次郎には土木工学を専攻するよう勧めている。[49]ここで、一太郎がコーネル大学で農学を、捨次郎がニューヨーク州トロイかマサチューセッツ州で土木工学を、それぞれ専攻することが、事実上決まったといえよう。トロイには、先述の箕作が学んだレンセラー工科大学があり、捨次郎の進路は同大学かMITに絞られた形であった。

かくして、一太郎はポーキプシーに滞在して、[50]コーネル大学への入学に向けて準備を進め、四月二四日付の一太郎宛書簡で福沢は、「コルネル入校之義、シモンズ氏ハ正則課ニ就くへしとの説ニて、其予備ニ忙はしく、就中数学ハ少〻困るよし、拙者も其情を知らざるニ非す。……一太郎ハ必スしも大学校之正則を踏ざるも可なり」と、数学が苦手な一太郎に対し、大学の正規コースへの入学にこだわらなくてもよいとの姿勢を示している。[51]先述の通り、福沢は子どもたちの健康を何より重視しており、一太郎が体調を崩したとの書簡が届いた際には、五月一二日、「誠ニ心配ニ不堪……幾重ニも注意被致度、呉〻も所祈候」と一太郎に書き送っている。[52]六月一六日からコーネル大学の入学試験があると聞いた福沢は、七月七日付の一太郎宛書簡で、やはり数学が苦手なので「本課」にこだわる必要はなく、農学に関わる「一芸」を身に付けてほしいと述べた。[53]この試験で一太郎は合格しなかったようで、八月一五日に福沢は一太郎に、「穀物を作るよりも樹木を植る方利益なりとハ違はさる義ト被存候」と、果樹栽培を専攻するよう期待しているが[54]、一太郎は家畜を専門にしたいと述べたらしく、福沢は九月八日付の一太郎宛書簡で「好む所こそ得意なれ」と応じている[55]。

四、コーネル大学とイーストマン・ビジネス・カレッジ

一八八四年九月一七日、一太郎はコーネル大学の正規コースに合格した。一一月三日、福沢はシモンズに宛てて「一太郎入校ノ試験相済候ニ付、態〻コルネル大学へ御出張被下候由、御深切ノ段深ク御礼申上候。扨同人義モ入校試験登第シタル由、是モ兼テ御添心ヲ煩ハシタル結果、小生ニ於テ満足ノミナラズ、貴下ニ向テ多謝スル所ナリ」と礼を述べている。正規課程への入学は困難と思われていただけに、福沢は実に嬉しかったのであろう。ただ、一太郎の性格が「胆力ニ乏シク、人ニ接スルニモ、シャイネスノ弊アリ」であり、数学に難儀してホームシックや病気になったりはしないかと心配している。「同人ガ四年ノ正課ニ入ルハ甚タ満足ニシテ、甚タ悦フ所」ではあるが、健康を害することは懸念材料であった[56]。翌日、福沢は一太郎に対して書簡を送り、「九月廿九日之書状……同月十七日、入校試験首尾能く登第したるよし、誠ニ目出度次第。此事ハ貴様之意外ニ出たるよし」と述べ、自分も自己評価が低い傾向があるが、一太郎も同様であろう、今後は「自から巧なりと信すれバ、次第ニ巧ニ進むものなり」と激励し、できれば四年の正規コースを卒業して「卒業証書」を持ち帰ってほしい、ただ健康を害するようであれば「廃学するも可なり」と伝えている[57]。

ここで、コーネル大学側の記録を確認しておこう。一八八四―八五年度の『The Cornell University

Resister』に収録されている学生名簿の「Freshman」の欄に「Fukuzawa, Ichitaro Tokio, Japan, Agriculture」の記載がある。[58] これにより、一太郎が正式にコーネル大学一年生として在学し、農学を専攻したことが確認できる。この当時の総学生数は五七三名、うち一年生は二三五名と、まだまだ大学は小規模であった。[59] この年度は、一太郎が合格した翌一八日に履修登録が行われ、一九日から授業がはじまっている。[60] 農学部のカリキュラムによると、秋・冬・春の三学期制で、学生はクラスにおける授業のほか、植物学、化学、獣医学実験室での実習や農場、家畜小屋での実習が課され、週に二日、三時間のフィールド・ワークを実践して、動物に餌をやり、世話をすることになっていた。このほか、夏休みを利用した農場でのさまざまな実習もあったようである。[61] こうした実習は主に二年生から課されたようであり、それが一太郎の修学のネックになることになる。

福沢書簡に戻ろう。一八八四年一二月三一日付の一太郎宛福沢書簡では、「四年之コールスニて、此跡三年半なり」と述べている。[62] 翌年三月一一日付の一太郎書簡に対する四月一四日付の返信で、福沢は「先以て無事平安ゝ心之事ニ存候」と述べていて、異変は感じられない。[63] 四月二五日付一太郎宛書簡でも、「貴様試験も相済候よし。勉強之為ニ痛所もなき段、欣喜ニ不堪」と安心した様子をみせている。[64] 七月二二日付の俣野景次宛書簡では、「兄はニウヨルク州イサカ、弟はボーストンに居、先づ今日までは無病にて執行、時々文通も有之候」と述べており、[65] 八月四日付の捨次郎書簡への一〇月一日付返信でも、「兄弟共平安のよし」としていて、兄弟とも元気だったようである。[66] 一太郎に一年遅れてコーネル大学に入学した岩崎清七は、一太郎は留学前からダーウィン、スペンサー、ミル、ゲーテ、シラーなどを読破しており、留学中も片時も書物を手放さず、「毎日の運動散策に於ても書物やの店頭に入つて新刊書を買ふのが、唯一無二の楽みであった」と証言している。[67]

一太郎が退学の意向を漏らしはじめたのは、この後のことのようで、一〇月二二日付一太郎宛書簡で福沢は、「シモンズ氏より之来状ニは、貴様事、今回ポーキプシー之商法学校ニ入れバ、凡そ六ヶ月に卒業すべし……貴様が商法学校を卒業するも、これを日本ニ土産ニして一事業を起すの資とするニ足らず……農業之実際も難シ、商売も同しく易からず。然ハ則ち文学士として世ニ立たんか、是亦容易なる事ニあらず。併シ先ツ貴様之天稟、文学ニ適したる者として考れバ、尚所望之点甚タ多し」として、ポーキプシーの商法学校を卒業したあとに、さらに文学の学校に入って勉強を続けることを提案している。[68]「農業之実際も難シ」とあるから、一太郎自身、農業実務に限界を感じていたことがうかがえる。

実際、岩崎は一太郎の退学の経緯について、次のように証言している。

コーネル大学に入り最初の一ケ年は所謂一年生で普通教育程度の専門に入る可き準備教育に過ぎなかつたが、農科の二年生となつては書物の勉強を離れて米国式に実地に仕事を為さなければならなくなつた。即ち野原に出でて小麦の刈取機械を操縦したり、農馬車に乗つて野原の開拓をやつたり、種蒔きをしたり、又内に在つては牝牛から牛乳を搾つたり、又牛乳からバターを製造する事を実修したり、又羊毛を刈取るため鋏を以て羊の首ツ玉を押へ付けながら羊の毛を切り取る稽古をしたり、恰で農家の作男同様の仕事をする事になつたので、一太郎氏は馬鹿らしくつて堪らなくなつた。[69]

アメリカの教育は御承知の通り、農学に入ると殆ど全部バタを造る、小麦を作る、ミルの経済書、スペンサーの哲学の論理を研究した人がボロ着物を着て馬の尻を叩いて馬車に乗つて種を蒔いたり何かする役廻りになつた。そこで私は「一太郎さん、どうだい、やつて行けるかい」と言つたら、「もう、これで沢山だ」と言つて居られたが、二年でとう〳〵止められ読書三昧の生活に入つて居られた。[70]

かくして一太郎は、コーネル大学を退学したわけである。実際、『The Cornell University Resister』の一八八五—八六年度版、一八八六—八七年度版、一八八七—八八度版には、一太郎の名前はない。[71] 二学年目の途中には退学したことがうかがえよう。コーネル大学がニューヨーク州イサカに開設されてから二〇年後に刊行された『The Ten-Year Book of Cornell University II. 1868-1888』にも、「Fukuzawa, Ichitaro; 1884-1885; 3; Ag.; Tokio, Japan」と記されている。[72]

一一月一〇日付の一太郎宛書簡で福沢は、「イーストマン卒業之上、再ひコルネルニ帰りて、リテラチュール之課を取るも宜しからん」と、ポーキプシーにあったイーストマン・ビジネス・カレッジを卒業後、コーネル大学に戻って文学を修めるよう求めている。[73] この時点で、一太郎がコーネルを去って、イーストマン・ビジネス・カレッジに移っていたことが理解されよう。[74] 従来、一太郎は一八八六年春頃にコーネル大学を退学したとされてきたが、[75] 実際はそれより少し早かったものと考えられる。一年三ケ月ほどの在学であった。なお、一二月一日付の一太郎宛書簡で福沢は、「イースマンコルレージ之稽古ハ随分面倒なるよしなれども、この位之事ハ勉強可致存候」と述べ[76]、一八八六年一月三一日には一太郎に宛てて福沢は「寒気之時節ポーキプシーハ如何哉」と尋ねている[77]。

イーストマン・ビジネス・カレッジは一九三一（昭和六）年に閉校しており、同校の記録はポーキプシー公共図書館に所蔵されているが、現存している学生名簿や学生写真などに、一太郎の記録は残されていない[78]。短期間の在学であり、資料も完全なものではないので、現存資料から漏れているのであろう。ポール・バテセルが公開しているウェブ・サイト“America's Lost Colleges”によると、ビジネス実務を専攻するコースが設けられている同校にあって、外国人留学生は、英語の読み、書き、算数、文法、作文を学ぶコースを履修できたという[79]。一太郎もこのコースを履修していたものと推測される。

四月九日付一太郎宛福沢書簡では、シモンズからの提案として、「プライウェートチーチャルを雇ふて学ふ方可然との事ニ付、一ニ之ニ任する積り」と述べており[80]、この頃には個人教授も受けるようになったことがうかがえる。捨次郎はＭＩＴで土木工学を学んでいたが、ポーキプシーを訪れることもあったようで、七月一日には両名宛書簡で福沢は、「今程ハ兄弟共ニ、ポーキプシーに居る事ならん」として、英文の書籍を贈り届け、妹である俊と滝も「追〻文明之流行、女子ニても一度ハ外国へ参る様致し度」として、「入費之高」を問い合わせた[81]。しかし、イーストマン・ビジネス・カレッジも長続きせず、同月二日付の一太郎書簡への同月三一日付返信で福沢は、「シモンズ氏之同意を以て、イーストマン校を引き、専ら文学を学ふ様方向を転し候由、学業之義ハ兼て申入置候通り、此方より深く細ニ差図致候義ハ出来不申、自分之好む所ニ従ふべし。文学甚だ良し、勉強被致度事ニ候得共、此文学ニも亦実と空と二様之別あり。拙者ハ実主義なり」として、退学して文学を学びたいという一太郎に、実用的な文学を身に付けるよう苦言を呈した。[82] 九月一日付の両名宛書簡でも福沢は、「卒業証書之価ハさまで貴からず。何卒実地之英文英語勉強可然。夫れニて米国行之所得ハ沢山なり」と述べている。[83]

その後、一太郎は学校に属することなく英文学、英語の勉学に取り組み、[84] 福沢も帰国後は慶應義塾で教師を務めることを期待するようになる。[85] ただ、福沢はあくまで勉学に励むよう厳しく一太郎に伝えており、一八八七年七月一八日には、「貴様ハ尚壱ヶ年在留して、二念なく学問勉強可致。一年を過きたらバ、捨次郎と同伴して帰国可然。此壱ヶ年之間ハ、他事ニ心を寄する事不相成、尋常ニ留学生之事を勉むべし。酒など用るハ学生之身ニある間敷事なり。大酒禁制なり」と通告している。[86] 禁酒は心得書以来の福沢の方針であったが、自分の意向通り、MITで土木工学を修めている捨次郎に比して、もともと学問的にも性格的にも頼りなかった一太郎が就学もままならない事態に、福沢としても苛立っていたのであろう。[87] 卒業証書はいらないといいつつ、翌年一月一六日付の一太郎宛書簡で福沢は、「貴様ニは学校之卒業証書なし。実ハ小児之戯、なくても不苦、拙者は平気なれとも、俗世界之俗情ハ左様ニも参らずと存候。今日内〻ドクトルシモンズニ談し、ポーキプシーのプライウェートチーチャーより証書を貰ふか、又ハ或る学校ニて文学丈ケ之証書を申受るか、如何様ニか致し度……貴様も其心得ニて、得らるへきものならバ、勉めて之を求るの工風専一と存候」と、何らかの証書は得られないものかと説得している。[88] しかし一太郎の二月一三日付書簡への三月二三日付の福沢の返信によると、「学業上之証書ニてもあらバ都合宜しからん云〻申遣候処、右ハ不同意之よし、拙者ニ於ても、さまで熱心する訳けニもあらず[89]」とこれも結局実現しなかった。

この間、前年一〇月一三日付の一太郎宛福沢書簡では、ユニテリアン宣教師のA・M・ナップが来日にあたって「日本之言語風俗を取調度ニ付、貴様が其家へ参るへきよし、是れハ面白き事なり。何卒相談之出来候様致度所祈候」と書き送り[90]、一一月九日付の一太郎宛書簡によると、一太郎がナップの家に滞在し、「日本之事情、言語之事共話し」たことがわかる[91]。ナップはその後来日し、慶應義塾大学部の教師をハーバード大学から招聘するにあたり、仲介役を務めることになるため、「一太郎は大学部設置の隠れたミッド・マンになっていた」とも評される[92]。

その後、一太郎はMITを卒業した捨次郎とともにヨーロッパを廻って一八八八年一一月二日に帰国した[93]。帰国した両名を歓迎して、福沢は一一月二五日、慶應義塾構内で園遊会を開いている[94]。

福沢は両名の帰国を受けて、「明治二十一年十月二子帰朝」と題する漢詩を詠んだ。

雛燕帰巣面目眞　雛燕は巣に帰りて面目真なり。
家山況又少風塵　家山況んや又た風塵少なし。
歓迎共飲皆親旧　歓び迎えて共に飲むは皆親旧、
和気満堂冬似春　和気堂に満ちて冬も春に似たり。

帰国した両名が成長し、古巣に戻って面目を新たにした。故郷では異国のような苦労もないだろう。歓迎の宴で飲むのは皆旧友ばかりであり、和やかな空気が満ちて、季節は春のようだ、と福沢は喜んでいる。[95]

また、福沢は横浜で両名を迎えて宴会を開き、その際に次のような漢詩を詠んでいる。

一別天涯六閲春　一たび別れてより天涯に六たび春を閲す。
相看恰是夢邪眞　相看れば恰かも是れ夢か真か。
九郎不識阿兄面　九郎は識らず阿兄の面、
却問佳賓何處人　却って問う佳賓は何処の人やと。

別れて以来、六年が過ぎている。帰国して対面すると夢か現実か、わからない。弟の九郎（大四郎）は兄の顔がわからずに、このお客様はどこの人かと尋ねた。ここにも、やはり再会を喜ぶ福沢の気持ちがあらわれていよう。[96] 福沢は、一八八九年一月七日付の小田部武宛書簡で、「当年ハ一太郎、捨次郎両人之帰宅、六年め家族打揃、賑々敷新年を迎へ候事ニて歓居候」と記しているように、新年を喜んで迎えることができた。[97]

五、留学の成果――キリスト教の「感化」と言論活動

先述の通り、一太郎は留学中、『時事新報』に寄稿していたが、署名入りの論説としては、一八八七年二月二六日付の「日本商人の品位」および一八八八年五月二八日付の「耶蘇教を入るるか仏法を

改良するか」が確認できる。前者は、「一太郎氏が目下米国紐育州のポーキプシーにて文学修行中その作文の課業に綴りたりとて送付せし英文を本社にて翻訳したるもの」で、「商人風情の者共は社会の最も下等なる人種として卑下」する日本に対し、「米国にてハ之と反対にて金銭は人の勤勉の所産にして人物の価値はその所有する金銭の多少」で決まるとして、「今の日本商人の地位を社会の上流に進め今後日本国をして商売を励ミ且つ之を貴重するの国柄となすこと国の務めに於て最も大切なる事ならん」と説いたものである。(98)

一方後者は、一太郎がアメリカで起草し、ボストンで発行されていた『クリスチャン・レジスター』紙に掲載された記事を翻訳して『時事新報』の論説としたものである。一太郎は、日本の宗教で「時勢」に応じたものはキリスト教か「改良」された仏教しかないとした上で、日本の仏教が「卑近」であり、「文明開化」に適さないとして、地獄を恐ろしく描いた絵などは「捏造」であり、こうした「地獄教の主義」を廃する必要を強調する。そして、「余の説は日本の仏法を改良せんとするよりハ寧ろ日本に耶蘇教を入るゝに若かず」という立場を示しているが、一太郎はこのキリスト教を「宗門に入れんよりは随喜親愛なる心を以て勧化せる」もの、あるいは「有道の耶蘇教」と称している。(99) 土屋博政が指摘するように、これはユニテリアンを指しているのであろう。(100)

実際、一八八七年一二月一九日付で福沢が一太郎に宛てた書簡では、「先便ユニテリヤンを義塾へ云ゝ之義ニ付一説之英文、塾員ニ示し候処、文章之巧なるニは皆ゝ驚居る様子ニて、拙者も窃ニ喜ひ候次第」と述べており、一太郎が慶應義塾にユニテリアンを広めようと提案していたことがわかる。(101) 福沢が評価したのは英語の文章だけではなかったようで、同じ「先便」について返信したとみられる同年一一月二九日付の一太郎宛福沢書簡には、「義塾と宗教之関係、諭し得て妙なり。差文もなき文面ゆゑ、塾員へも示す積りなり」と記されており、内容も評価した上で塾員に示したことが判明する。[102]

一太郎は留学中にキリスト教に改宗する意向も示しており、一八八六年七月三一日付の一太郎宛福沢書簡には、「耶蘇宗ニ入るの意あるが如し。是亦決して禁する所ニあらず、勝手ニ可被致。酒色之不品行を慎むハ人生之一大事、宗教以て心を正し、推して今日之品行ニ及ぼす、甚以て宜しき事と存候」とあって、一太郎に任せる姿勢をとっていた。[103] 義弟の志立鉄太郎は、「兄は基督教の洗礼は受けられなかつたさうであるから、基督信徒と称すべきではないけれども、聖書を精読してその精神を会得せられたと承り、且若年に「シモンズ」氏等より受けられたる基督教の感化が兄の思想と人格とに大なる影響を及ぼしたは疑のないことである」と証言しており、[104] 一太郎が洗礼は受けなかったものの、聖書を精読し、シモンズなどからキリスト教の「感化」を受けていたことがわかる。[105] こうした「感化」の結果、右のような論説を書くに及んだのであろう。[106]

両名の帰国を前に、『時事新報』は一八八八年九月一三日から四回にわたって、「帰朝記事　福沢一太郎氏英文の翻訳」と題する論説を掲載している。一太郎はここで、「某氏」の言葉を借りて、留学を振り返っている。渡米前に、アメリカの寺院に行く際にはフロック・コートを着ていくべきだと友人にいわれたが、実際には「寺には毎度参詣したれども未だ一度もフロック　コートの必要に逢はず蓋し米国の寺院は衆生を入れて拒まずフロック　コートの如きは耶蘇教に無縁のものなり」と、ここでもキリスト教会に好意的な感想を記している。一方で、「米国は真実正銘の金銭国なり生計に不足なき良家の子にして二十五銭の為めに近隣の牧場に草を刈る者あり戸外に遊戯する小供に五銭を与ふれば走って町使の用を達す可し」と、アメリカの資本主義には冷ややかな姿勢を示した。一太郎はアメリカを発ってイギリスに赴いたが、船中でキリスト教の牧師が「近世の文明開化は耶蘇教の賜にして恰も其子に異ならず」と語ったと記しているが、このあたりにも共鳴するところがあったのであろう。ロンドンではウェストミンスター寺院でマグナカルタの原文を見物し、「是れ英国自由の母にして米国独立の祖母とも名く可きものなり」と感銘を受け、イギリスを「自由政治国」と称している。アメリカでキリスト教の感化を受けた一太郎が、その旧宗主国たるイギリスに、文明開化や自由の起源をみて、感銘を受けたことがうかがえる。[107]

一八九〇年に慶應義塾大学部が発足すると、一太郎は文学科で歴史などを教え、『時事新報』で社説を書いたこともあった。[108]一八九九年頃からは、積極的に『慶應義塾学報』に、論説や小説、演説筆記などを寄せるようになる。一八九九年二月に、『慶應義塾学報』に掲載された「実学者の苦心談（慶應義塾学生諸君に告く）」では、「現在勉学の其間は職業とて別にない訳唯だ健康を害せぬ限り一心不乱に読書勉強以て学問上の実知識＝ポジチーヴノレッジを貯へるが何より肝心で御在います」と、自らの体験を踏まえて学生に呼びかけている。[109]また、アメリカで文学を学んできただけあって、同年一二月には、「Atsumori, Prince of the Taira; A Japanese Romance」と題する小説を『慶應義塾学報』に掲載している。[110]この前年に福沢が脳溢血で倒れているから、父に代わる気持ちで、こうした文章を執筆したのであろう。実際、一九〇〇年一月の『慶應義塾学報』には、「西洋文明の泉源」と題して、「是から後も私は父の考を取次して文章や演説を色々やる積りで御在ます」と、父の考えを取り次いで文章や演説に取り組む決意を示した上で、「此演説会は前に申す通り西洋文明の泉源であるから、是から益々四百一回の上を幾数倍にも進めると云ふ熱心を以て此西洋文明の清水を噴出せしめ日本社会の隅から隅に至るまでスッカリ大掃除して西洋文明の気風を国中至る所に充満させたいと思ひます」と論じて、西洋文明の波及への意欲をみせている。(111)

修身要領の解説も試みており、一九〇〇年四月の『慶應義塾学報』では、「修身要領に就て（一）」と題して独立自尊について論じ、「コーペルニクス諸説の真実であると憚る所なく公言」し、異端者として処刑されたジョルダーノ・ブルーノを挙げて、「一片の独立自尊の心は遂に援く可らず生命を擲ても其理を主張した」と賞讃している。(112) 同年九月の同誌には、「文藝の嗜」と題する論説を寄せ、同要領の文藝の嗜みが品性を高くするとの一節を引いて、「真成に文藝美術を愛するの嗜は独立自尊の心を養ふに預て大に力がある」と述べた。(113)

この間の一九〇〇年六月の『慶應義塾学報』には、岡崎での演説筆記である「徳川家康と英米人種」で、「三河士女の中には簡易活発気軽なること米国人の如き者もあらん充実堅大丈夫を踏むこと英国人の如き者もあらん而も其旨味のあることは共に是れアングロ　サクソンに等しと信ず」と述べて、三河の精神と英米人との共通点を肯定的に論じている。(114) 翌月の同誌では、「清醜分化」と題する文章で、「日本の売淫婦社会は彼の間違た孝貞論の結果として西洋諸国の売淫婦社会よりも玉石混淆の状態に於て在る……実業力に於ても兵力に於ても大英国が全世界に冠たるもの謂れなきに非ず」と英国を高く評価した。(115) 一九〇一年五月の同誌には「根本的倹約論（慶應義塾学生諸君に告ぐ）」と題する文章を寄せて、目先の倹約よりも「長久の策」として「西洋実理実学を奨励するの大切なるは素より論ずるまでもない」と述べている。(116) 一九〇二年三月の同誌には、「日英同盟と英文学」と題する文章を寄せ、「此度びの同盟の一事こそ好機会なれ此機に乗じて大に英文学の流行を来させたいものである」と日英同盟を契機に英文学が広がることを期待している。[117] 西洋文明、特に英米の文学や実学、文化の重要性を説くのが、一太郎の基本的姿勢である。

一九〇三年一月の『慶應義塾学報』には「学者と実業家との同心協力」という文章で、「学実調和学者と実業者とをして国の独立自尊の為めに同心協力せしめん其為めに我当慶應義塾の士が奮発せんことを私は深く希望するので御坐います」と述べ[118]、同年七月の同誌では「英米の気風と我慶應義塾」と題して、「バランス　ホウィールたるサウンド　コンモンセンスを第一とし学問を第二とするアングロ　サクスン流儀は蓋し我慶應義塾の大主意であらうと私は信じるので御坐います」と論じて、アングロサクソンの精神と慶應義塾の気風との共通点を強調している。[119] 一九〇四年一月の同誌では、「慶應義塾の進運を祝す」とする文章で、「私は昨年十二月の十二日に慶應義塾出身の古い方々を宅へ御招き申しまして粗末の夕食を差上げました。……平等的に談笑したるは主人の深く感謝する所で御座います、畢竟このデモクラチックスピリットは塾の気風であらうと考へます」と語った。[120] 日本の武士精神や慶應義塾の気風が英米のそれに通じるものがあると、一太郎は強調した。

一九〇四年二月に日露戦争が開戦すると、同年六月の『慶應義塾学報』に「乱に治を忘るゝ勿れ」と題する文章を掲載し、戦時であるからこそ、「殖産興業通商貿易」を盛んにして、実業を伸張させるという「治世に処する覚悟を忘れるな」と説き[121]、同年七月の『中央公論』にも同タイトルのエッセイを寄せて、日露戦争は「排外専横主義に対する門戸開放自由主義競争の争」であるため、「実業的進取の観念」を忘れてはならないと強調した。[122] この間、一九〇一年二月には福沢が死去しており、今後の慶應義塾を担っていかねばならないという自覚が、こうしたさかんな一太郎の文筆活動を支えていたに違いない。

六、慶應義塾社頭として

一九〇七年一二月、第三代慶應義塾社頭となると、一太郎は慶應義塾および福沢家を代表するかたちで、多くの文章を『慶應義塾学報』や『三田評論』などに発表していく。一九〇八年八月に『実業之世界』に掲載された「今若し父（故福沢大先生）が在世ならば如何なる言行を為すか」では、「福沢の長子丈けに比較的他の方より多く且精しく知つて居る」として、「不品行を一番八釜しく云ふだろう」「元気恢復を鼓吹するでせう」「天下の青年挙げて実業界に入るを八釜しく云ふでせう」「益々独立自尊を鼓吹するでせう」「金の事に就ても説き立てるでせう」と述べて、福沢の代弁者をもって自負している。[123] ただ、代弁者たろうとすることには相当の重圧があったようで、一九〇九年三月に『教育界』に発表した「故福沢先生回顧」では、「私は文章といひ弁舌といひ、何一つ父に及ぶものはありませんから、父の遺して置きました教訓などに就いて、彼之と社会に発表するのが恐ろしう御座います」と心情を吐露し、父の思想や言論についてはその著作をみてほしいとした上で、「父の主義は誰人も御存じの独立自尊主義でありまして、これは父の一生を通じて変へず枉げなかつたところだと指摘し、「父を思ふの情は年を経るに従て、層一層増して来るので御座ます」と記している。[124] 重圧を感じながらも、父を慕う気持ちに支えられて、一太郎はその言論活動を展開していった。

一九一二年五月の『慶應義塾学報』には「実学のツレーニングと人事の実際（義塾商工学校卒業生諸君に告ぐ）」と題する文章を寄せ、慶應義塾商工学校卒業生に「あなた方がサイアンス即ち西洋実学のツレーニングに拠て、信を重じなければ成らない、正直でなければ成らない」と論じている。[125]同年七月の同誌では、「慶應義塾卒業生諸君に告ぐ」と題する訓示筆記で、「諸君は、謂はば吾々の学校を一つの店とすれば、レーテスト　メークの品である、最新の作品である、慶應義塾の新に咲かせた花である、此花が社会に出て、さうして大に活動されるといふ事は、吾々の誠に喜ばしく思ふ所である」と呼びかけている。[126]さらに一九一三（大正二）年一〇月の『慶應義塾学報』では、「社会に於ける礼儀」と題する文章で、「カーテンジーとシンセリチーとを失ふに至ては、社会は淫猥に陥らざるを得ない」と警鐘を鳴らしている。[127]この時期、一太郎が特に意識していたのは実学と品格の重要性であった。

一九二二年一二月八日の慶應義塾長就任[128]を受けて、同月二四日付の『三田新聞』に掲載されたインタビューでも、記者に「塾生に対する私の訓話と云へば一口に云ふと父の教へをその儘遵奉して貰ひたひといふことである」と語り、「ゼントルマン・ファーストを第一の主義として決してファッシヨンにのみ拘泥してはいけない」と強調している。[129]翌年二月の『三田評論』に掲載された「慶應義塾々生に告ぐ」においては、「我慶應義塾の教育の目的は独立自尊の人を造るに或るので御座います」と述べた上で、幼稚舎から大学へと、次第に教師の干渉を弱め、「結局の目的は無干渉自由放任、己れの行動に対するカンセクウェンスは己れで引受ける社会の一員たるやうにと育て上げやうとするのである」と論じた。[130]塾長退任後の一九二七年五月二八日付の『三田新聞』では、義塾は英語の学校でサイエンスを土台としているが、日本が英米に近づくとそれだけでは足りず、その文学を通じて人情風俗を知り、「英米のアイデアリズムを大いに学んで欲しい」と呼びかけている。[131]

一太郎の文章には、英単語が頻出すること、英米文学や実学の必要性を強調すること、西洋文明、とりわけ英米文明やその精神を高く評価し、日本の伝統精神や慶應義塾の気風との共通点を読み取ること、福沢の逸話や精神がよく盛り込まれること、独立自尊の精神や紳士的態度、品格の重要性を強調することなどが、特徴である。

周囲からの評価についても、一瞥しておきたい。一九三八年六月二四日に一太郎が没した[132]際の慶應義塾長・小泉信三は、「青年時代米国で勉強せられたので、英語の発音は殊に流暢で正確であつた。またよく散歩に出られる、その散歩の行先は日本橋の丸善であつたといふことも聞いている」と述べている。[133]孫の小山五郎は、一周忌を期に『祖父福沢一太郎の想出』を出版し、その中で、妹の志立タキも、「兄上の英語の発音がきれいで、文法の正しいのにはいつも感心してゐました……私の若い間は知識の広い英語、英文学に精通した方と思ふばかりでありました」と述懐する。[134]娘婿の小山完吾は一太郎の読書について、進化論、生物学、医学、日本文学、英米文学、特にシェークスピア、バイロンなどに及んだとして、「新刊物が外国から到着の場合など、如何にも楽しさうに目録を見たり、頁を翻へしたりして悦に入り、挙句の果には本を撫でまわして喜んだものである」と回想している。[135]息子の福沢宏も、「父は実に本の好きな人で沢山の本を集め読みつゞけ勉強をしてゐた。二階が本でつぶれると母がこぼした程の本の中で一日一人読みつゞけてゐた」と語っている。[136]こうした語学力や幅広い読書に支えられて、一太郎の言論活動は展開されたわけである。

福沢諭吉の長男、という立場は、一太郎にさまざまなプレッシャーを与えたに違いない。生来の臆病な性格もあり、福沢からは心配されてばかりで、留学中もその性格や飲酒、信仰、結婚、健康、そして勉学の方向性をめぐって、父を悩ませることが多かった。そのような中で、一太郎自身、特定の大学を卒業することはできなかったものの、文学と英語を身に付け、帰国後、とりわけ父が倒れた後はその知見を生かして文学や実学、西欧文明の波及、デモクラシーや独立自尊の精神の涵養、父の精神の継承に努め、懸命に慶應義塾を支えた。一太郎が、その立場を踏まえて義塾の理念と目標を示し続けたことは、鎌田栄吉、林毅陸、そして小泉信三という、有能な塾長に恵まれたことと相まって、福沢亡き後の義塾の発展に少なからぬ貢献をしたものと思われる。実際、林は一太郎について、「一意唯だ塾の社頭として大先生の偉業を守るに努め、其全精神は慶應義塾の上に傾注せられてゐた」と述べた上で、塾長在任中、「時々氏を訪ふて塾務を報告し其指導を仰いだのであるが、氏は常に喜んで報告を聴き、其の関心の甚だ深きことを示されてゐた。然かも局に当る者を信頼せられ、唯だ好意と同情とを以て、支持と奨励とを与へられた。今日に於ても予の感謝に堪えぬ処である」と述懐している[137]。小泉も、「一太郎先生の寸時もお忘れにならなかつたことは、福沢諭吉先生の志を継ぎ、福沢諭吉先生の主義を固く守る、終始此の一事であつたやうに私共は感じます……故社頭に於て私の見ましたものは、実に一少年にも似た所の孝子としての一太郎先生でありました」と評し、塾長として義塾について報告すると、晩年の一太郎は「皆さん御尽力をして下さつて有難い、それに引代へ自分は病気の為に一向慶應義塾の為に働くことが出来ない、洵に申訳ないといふやうな言葉が屢々ありました」という[138]。

アメリカ留学の間、一太郎は、その基礎となる語学力を磨き、読書を重ね、西洋理解を深め、そして何より、遠隔地から書簡を通して頻々と寄せられる父の愛を受けた。[139] その意味で、一太郎にとっての留学は、その生涯にも、また慶應義塾の歴史にも、少なからぬ影響を与えたといってよかろう。

注

（1）「福沢一太郎」（慶應義塾編『福沢諭吉書簡集』第五巻、岩波書店、二〇〇一年）、三七九頁。

（2）「一太郎と捨次郎の留学」（慶應義塾編『福沢諭吉書簡集』第四巻、岩波書店、二〇〇一年）、三五二頁、前掲「福沢一太郎」（前掲『福沢諭吉書簡集』第五巻）、三七九頁、Helen Ballhatchet, "Fukuzawa Yukichi as a father: translations of letters written to his two eldest sons while they were in the United States, 1883-1888", *The Hiyoshi review of English studies*, No.62 (March 2013), p.4.

（3）前掲「福沢一太郎」（前掲『福沢諭吉書簡集』第五巻）、三七九―八〇頁、慶應義塾編『慶應義塾百年史』中巻（前）（慶應義塾、一九六〇年）、五六二―三頁。

（4）『三田評論』（第四九二号、一九三八年八月）、一一―一九頁。

（5）小山太輝「福沢一太郎」（『三田評論』第一二二一号、二〇一八年四月）、四四―七頁。

（6）石河幹明『福沢諭吉伝』第四巻（岩波書店、一九三二年）、四五三―七六頁。

（7）富田正文『考証 福沢諭吉』下（岩波書店、一九九二年）、六〇三―一五頁。

（8）坂井達朗・松崎欣一「解題」（前掲『福沢諭吉書簡集』第四巻）、三六九―七二頁、寺崎修・西川俊作「解題」（前掲『福沢諭吉書簡集』第五巻）、三九四―四〇一頁。桑原三二編著『福沢諭吉―留学した息子たちへの手紙』（はまの出版、一九八九年）も、福沢が一太郎・捨次郎に宛てた書簡四〇通を現代語訳し、そこに解説を加えており、福沢諭吉『愛児への手紙』（岩波書店、一九五三年）にも、両名宛福沢書簡一〇七通が収録され、小泉信三が解題を書いている。

（9）金文京「二子の帰朝二首」（『福沢手帖』第一八一号、二〇一九年六月）、二四―八頁、金文京「一太郎、捨次郎のアメリカ留学」（『福沢手帖』第一七二号、二〇一五年三月）、二八―三二頁。

（10）「カロザス」と「グードマン」については、拙稿「慶應義塾初の外国人教師採用について―旧掛川藩主太田資美の事蹟」

（『福沢手帖』第一一三号、二〇〇二年六月）、一―七頁、参照。
(11)　一太郎が「ショー」から受けた教育に関しては、白井堯子『福沢諭吉と宣教師たち―知られざる明治期の日英関係』（未來社、一九九九年）、七八―八一頁、参照。
(12)　「福沢諭吉子女之伝」（慶應義塾編『福沢諭吉全集』別巻、岩波書店、一九七一年）、一二一―三六頁。
(13)　慶應義塾編『福沢諭吉全集』第二〇巻（岩波書店、一九七一年）、六七―七七頁。
(14)　福沢一太郎「「ひゞのをしへ」掲載に就て」（『少年』第二八号、一九〇六年一月）、二―三頁。
(15)　慶應義塾編『福沢諭吉全集』第一七巻（岩波書店、一九七一年）、四〇六―七頁。
(16)　〔長男一太郎結婚披露の席上に於ける演説〕（慶應義塾編『福沢諭吉全集』第一九巻、岩波書店、一九七一年）、七一四頁。かつとは一年ほどで離婚し、一八九〇年三月に宇都宮三郎の義妹・大沢糸と再婚、一男二女をもうけた（西澤直子「福沢一太郎」福沢諭吉事典編集委員会編『福沢諭吉事典』慶應義塾、二〇一〇年、五六一頁）。
(17)　西澤直子「福沢一太郎」（前掲『福沢諭吉事典』）、五六一頁。
(18)　前掲〔長男一太郎結婚披露の席上に於ける演説〕、七一四―五頁。
(19)　前掲『福沢諭吉全集』第一七巻、五五二―三頁。この心得書については、前掲「一太郎、捨次郎のアメリカ留学」、三〇頁、前掲『考証 福沢諭吉』下、六〇六―七頁、も参照。
(20)　慶應義塾編『福沢諭吉書簡集』第三巻（岩波書店、二〇〇一年）、二九八頁。
(21)　前掲『福沢諭吉書簡集』第三巻、二八九頁。
(22)　前掲『福沢諭吉書簡集』第三巻、二九二頁。
(23)　前掲「一太郎、捨次郎のアメリカ留学」、二八―三一頁。
(24)　前掲「一太郎、捨次郎のアメリカ留学」、三一―二頁。
(25)　前掲『福沢諭吉書簡集』第三巻、二九九―三〇〇頁。
(26)　前掲『福沢諭吉書簡集』第三巻、三〇二頁。
(27)　前掲『福沢諭吉書簡集』第三巻、三一一―二頁。
(28)　前掲『福沢諭吉書簡集』第三巻、三一三頁。
(29)　「福沢捨次郎米国行日記」（前掲『福沢諭吉全集』別巻）、二一六―七頁。
(30)　前掲『福沢諭吉書簡集』第三巻、三一六頁。

（31） 前掲『福沢諭吉書簡集』第三巻、三二六頁。
（32） 前掲『福沢諭吉書簡集』第三巻、三三三―四頁。
（33） 前掲「福沢捨次郎米国行日記」、二二四―五頁。
（34） 前掲『福沢諭吉書簡集』第四巻、五頁。
（35） 前掲『福沢諭吉書簡集』第四巻、九頁。
（36） 『時事新報』一八八三年一〇月一一日付社説として、「米国来信抜粋（鉄道ト仮名ノ事）」が掲載されているが、そこでは、鉄道の普及によって「有形ノ品物ヲ交通シテ物価ヲ平均スルノミナラズ無形ノ言語ヲモ運搬シテ其平均ヲ得セシムルモノ、如シ」として、方言が減少することを期待するとともに、仮名文字普及の必要性が説かれている。これが一太郎の記した「鉄道論」だと考えられ、現在、一太郎が原文を起草し、福沢が加筆したと思われる筆写原稿が残されている（「明治一六年一〇月一一日時事新報社説「米国来信抜粋（鉄道ト仮名ノ事）」慶應義塾福沢研究センター蔵、受入番号・K00588）。
（37） 前掲『福沢諭吉書簡集』第四巻、一六頁。
（38） 前掲『福沢諭吉書簡集』第四巻、一九―二〇頁。
（39） シモンズは、オランダ改革派のアメリカ人医療宣教師で、福沢の腸チフスの治療をして以来、福沢と交遊が深く、一八八二年に帰国していた（前掲『福沢諭吉書簡集』第四巻、三四二頁）。留学中の一太郎とシモンズとの関係については、荒井保男『ドクトル・シモンズ―横浜医学の源流を求めて』（有隣堂、二〇〇四年）、二一六―四〇頁、など参照。ヨングハンスも来日経験のあるアメリカ人医師で、当時はアメリカに滞在しており、シモンズとともに両名の留学の後見人となった（前掲『福沢諭吉書簡集』第五巻、一四八頁）。ただ、ヨングハンスと一太郎はそりが合わず、一太郎が福沢に苦情を申し立てて、叱責されることもあった（前掲「解題」前掲『福沢諭吉書簡集』第五巻、四〇〇頁）。
（40） 前掲『福沢諭吉書簡集』第四巻、四〇―二頁。
（41） 前掲『福沢諭吉書簡集』第四巻、四五―八頁。
（42） 前掲『福沢諭吉書簡集』第四巻、六五頁。
（43） この点、およびオバーリン大学の特色に関しては、前掲『福沢諭吉と宣教師たち―知られざる明治期の日英関係』、三三―九頁、参照。
（44） *Catalogue of the Officers and Students of Oberlin College, for the College Year 1883-4* (Chicago: The Blakely Marsh Printing Co., 1883), p.35.

（45）*Ibid.*, p.69.

（46）*Ibid.*, pp.58-72.

（47）前掲『福沢諭吉書簡集』第四巻、七六―七頁。

（48）前掲『福沢諭吉書簡集』第四巻、七九―八〇頁。

（49）前掲『福沢諭吉書簡集』第四巻、一〇一頁。

（50）前掲『福沢諭吉書簡集』第四巻、一一〇―九頁。一八八四年四月、岩崎清七は福沢の紹介状を持ってポーキプシーの「カッテイジ・グローヴ」という「準備学校」に両名を訪ねたと述べている（岩崎清七「福沢一太郎先生に関して」小山五郎編『祖父福沢一太郎の想出』小山五郎、一九三九年、一三頁）。ここで入学準備を進めたものと思われるが、この学校について、詳しいことはわからない。

（51）前掲『福沢諭吉書簡集』第四巻、一三一頁。

（52）前掲『福沢諭吉書簡集』第四巻、一三九頁。

（53）前掲『福沢諭吉書簡集』第四巻、一六二頁。

（54）前掲『福沢諭吉書簡集』第四巻、一七三頁。

（55）前掲『福沢諭吉書簡集』第四巻、一七七頁。

（56）前掲『福沢諭吉書簡集』第四巻、一九三―四頁。

（57）前掲『福沢諭吉書簡集』第四巻、一九九―二〇〇頁。

（58）*The Cornell University Resister, 1884-85*, Ithaca, N.Y., p.33. コーネル大学の在籍記録については、コーネル大学 Division of Rare and Manuscript Collections のナタリー・ケルゼイ氏にご教示いただいた。感謝申し上げる次第である。

（59）*Ibid.*, p.39.

（60）*Ibid.*, p.5.

（61）*Ibid.*, pp.73-78.

（62）前掲『福沢諭吉書簡集』第四巻、二二三頁。

（63）前掲『福沢諭吉書簡集』第四巻、二六〇頁。

（64）前掲『福沢諭吉書簡集』第四巻、二七〇頁。

（65）前掲『福沢諭吉書簡集』第四巻、二九一頁。

（66）前掲『福沢諭吉書簡集』第四巻、三〇三頁。
（67）前掲「福沢一太郎先生に関して」、二三―五頁。
（68）前掲『福沢諭吉書簡集』第四巻、三二三頁。
（69）前掲「福沢一太郎先生に関して」、二四―五頁。
（70）岩崎清七「洋行中の福沢社頭」（『三田評論』第五〇四号、一九三九年八月）、八頁。
（71）*The Cornell University Resister, 1885-86*, Ithaca, N.Y., *The Cornell University Resister, 1886-87*, Ithaca, N.Y., *The Cornell University Resister, 1887-88*, Ithaca, N.Y..
（72）*The Ten-Year Book of Cornell University II. 1868-1888* (Ithaca: Andrus and Church, 1888), p.100.
（73）前掲『福沢諭吉書簡集』第四巻、三二三―七頁。イーストマン・ビジネス・カレッジには、一八八七年二月に渡米した福沢桃介も学んでいる（松崎欣一「福沢（岩崎）桃介」前掲『福沢諭吉事典』、五六五―六頁）。福沢は同年四月二八日付の桃介宛書簡で、留学中に英語や鉄道について学ぶよう伝えている（前掲『福沢諭吉書簡集』第五巻、一八七―八頁）。
（74）イサカとポーキプシーは三〇〇キロ以上離れており、ポーキプシーからコーネル大学に通うのは不可能である。
（75）前掲「一太郎と捨次郎の留学」、三五二頁。
（76）前掲『福沢諭吉書簡集』第四巻、三三〇頁。
（77）前掲『福沢諭吉書簡集』第五巻、八頁。
（78）ポーキプシー公共図書館のシャモン・バトラー氏のご教示による。
（79）Paul Batesel, "America's Lost Colleges" (https://www.lostcolleges.com/eastman-business-college), accessed 4 December 2021.
（80）前掲『福沢諭吉書簡集』第五巻、三八頁。
（81）前掲『福沢諭吉書簡集』第五巻、七七頁。
（82）前掲『福沢諭吉書簡集』第五巻、八九―九〇頁。
（83）前掲『福沢諭吉書簡集』第五巻、一〇二―三頁。
（84）前掲『福沢諭吉書簡集』第五巻、一一八、一五〇、一七〇頁。
（85）前掲『福沢諭吉書簡集』第五巻、一八一、一八六、二一三―四、二一九頁。
（86）前掲『福沢諭吉書簡集』第五巻、二三二―三頁。

(87) 一太郎はアメリカの女性との結婚話を持ち出して、将来の生計が立たないなどと、福沢から反対を受けたこともあった(前掲『福沢諭吉書簡集』第五巻、一七〇―三頁)。この結婚問題については、前掲「解題」(前掲『福沢諭吉書簡集』第五巻)、三九八―九頁、小泉信三「解題」(前掲『愛児への手紙』)、二二八頁、金文京「塔ノ沢温泉での執筆と来客」(『福沢手帖』第一七九号、二〇一八年一二月)、二二一―三頁、前掲『考証 福沢諭吉』下、六一二―三頁、なども参照。母・錦は七月九日付の一太郎宛書簡で、福沢は「年は年にて、心配はよほどからだに障り候様に見うけ」られるとして、「おまへも別段親孝行を致せとは不申、只々心配をかけぬ様」と諭している(慶應義塾編『福沢諭吉全集』第一八巻、岩波書店、一九七一年、一二九頁)。
(88) 前掲『福沢諭吉書簡集』第五巻、三三三頁。
(89) 前掲『福沢諭吉書簡集』第五巻、三六五頁。卒業証書をめぐる福沢と一太郎とのやりとりについては、前掲「解題」(前掲『愛児への手紙』)、二二九頁、なども参照。
(90) 前掲『福沢諭吉書簡集』第五巻、二九一頁。
(91) 前掲『福沢諭吉書簡集』第五巻、二九八頁。当時の一太郎とナップとの関係については、土屋博政『ユニテリアンと福沢諭吉― Unitarian ＝自由キリスト教』(慶應義塾大学出版会、二〇〇四年)、七八―九頁、参照。
(92) 前掲「解題」(前掲『福沢諭吉書簡集』第五巻)、四〇一頁。
(93) 前掲「二子の帰朝二首」、二五頁。
(94) 慶應義塾編『福沢諭吉書簡集』第六巻(岩波書店、二〇〇二年)、七二頁。
(95) 前掲「二子の帰朝二首」、二四―七頁。
(96) 前掲「二子の帰朝二首」、二七―八頁。
(97) 「福沢諭吉関係新資料紹介」(『近代日本研究』第二三巻、二〇〇七年三月)、二五四頁。
(98) 「日本商人の品位」(『時事新報』一八八七年二月二六日付)。この社説の筆写原稿が、現存している(「福沢一太郎「日本商人の品位」(『時事新報』明治二〇年二月二六日所載)」慶應義塾福沢研究センター蔵、受入番号・K00573)。
(99) 「耶蘇教を入るるか仏法を改良するか」(『時事新報』一八八八年五月二八日付)。
(100) 前掲『ユニテリアンと福沢諭吉― Unitarian ＝自由キリスト教』、八八―九頁。
(101) 前掲『福沢諭吉書簡集』第五巻、三一八頁。
(102) 前掲『福沢諭吉書簡集』第五巻、三〇五頁。この一太郎の提案、および「耶蘇教を入るるか仏法を改良するか」については、前掲『ユニテリアンと福沢諭吉― Unitarian ＝自由キリスト教』、七九―九一頁、参照。

(103) 前掲『福沢諭吉書簡集』第五巻、九〇頁。
(104) 志立鉄太郎「清い心の持主」(前掲『祖父福沢一太郎の想出』)、六頁。
(105) シモンズの夫人はユニテリアンであり、一太郎はユニテリアンの人々と触れあう機会もあったのであろう(前掲『ユニテリアンと福沢諭吉― Unitarian =自由キリスト教』、八五頁)。
(106) 一太郎は帰国後もキリスト教への好意的態度を維持したようで、慶應義塾基督教青年会編『慶應義塾基督教青年会三〇年史』(慶應義塾基督教青年会、一九二九年)が刊行された際には、「慶應義塾基督教青年会三〇年史の発刊を祝す」と題する祝辞を寄せ、「現思想界の複雑を極めてゐる時に当つては、日本在来の宗教を研究することも必要であらうが、欧米諸国人の思想の根底をなしてゐる基督教について知るといふことは非常に必要なことである」と述べている(一頁)。なお、岩崎清七はコーネル大学在学中、日曜日にはキリスト教の教会の礼拝に参加して説教を聴くという日々を一、二年続け、周囲から洗礼を受けた方がよいと勧められて、一太郎に相談したところ、「毎週日曜に君がチャアチで聴く説法の全部を信用する事が出来て、バイブルの全部を承認する事が出来たら、洗礼を受く可きである。若し疑点を持ち難解の点がありとすれば、氷解する迄待つ可きである」といわれ、結局洗礼を受けなかったという(前掲「福沢一太郎先生に関して」、二六―七頁)。一太郎自身、キリスト教には感化を受けつつも、説教や聖書のどこかに疑点を感じて、洗礼を受けるにはいたらなかったのかもしれない。ただ、キリスト教、特にユニテリアンとの距離を取らざるを得ない複雑な事情もあった。本文の通り、一太郎はユニテリアンに親近感を持っており、ナップとも信頼関係を築いたものの、福沢はのちにナップと決裂したため、土屋博政は、「その結果、彼(一太郎―引用者)は最後の最後まで宗教的に帰属できるものを持てないままであったようだ」と指摘する(前掲『ユニテリアンと福沢諭吉― Unitarian =自由キリスト教』、一八八―九〇頁)。ただ、武田清子によると、一太郎が妹の志立タキにあてたらしい遺書には、葬儀はキリスト教式で行ってほしいとひそかに記されていたという(武田清子『人間観の相剋―近代日本の思想とキリスト教』弘文堂、一九五九年、三五頁)。
(107) 「帰朝記事　福沢一太郎氏英文の翻訳」(『時事新報』一八八八年九月一三日―一五日、一七日付)
(108) 前掲西澤「福沢一太郎」、五六一頁、前掲『慶應義塾百年史』中巻(前)、八八―九頁。時事新報の原稿用紙に一太郎が起草し、福沢が筆を加えたものが多く残されており、そのうちいくつかは紙面に掲載されている(慶應義塾福沢研究センター編『マイクロフィルム版福沢関係文書　福沢諭吉と慶應義塾(収録文書目録第四分冊・福沢諭吉関係資料(二))』雄松堂、一九九八年、F09-AD16-01 ― F09-AD20)。
(109) 福沢一太郎「実学者の苦心談(慶應義塾学生諸君に告ぐ)」(『慶應義塾学報』第一二号、一八九九年二月)、五五頁。

(110) 福沢一太郎「Atsumori, Prince of the Taira; A Japanese Romance」（『慶應義塾学報』第二二号、一八九九年一二月）、一—八頁。
(111) 福沢一太郎「西洋文明の泉源」（『慶應義塾学報』第二三号、一九〇〇年一月）、四六頁。
(112) 福沢一太郎「修身要領に就て（一）」（『慶應義塾学報』第二六号、一九〇〇年四月）、六頁。一八九九年には、一太郎は共著で『修身要領講演』と題する解説書も刊行している（福沢一太郎等述『修身要領講演』慶應義塾、一九〇〇年）。一太郎の修身要領への関わりについては、前掲小山「福沢一太郎」、四七頁、前掲『慶應義塾百年史』中巻（前）、四五三—九五頁、など参照。
(113) 福沢一太郎「文藝の嗜」（『慶應義塾学報』第三一号、一九〇〇年九月）、四頁。
(114) 福沢一太郎「徳川家康と英米人種」（『慶應義塾学報』第二八号、一九〇〇年六月）、九頁。
(115) 福沢一太郎「清醜分化」（『慶應義塾学報』第二九号、一九〇〇年七月）、一八頁。
(116) 福沢一太郎「根本的倹約論（慶應義塾学生諸君に告ぐ）」（『慶應義塾学報』第四〇号、一九〇一年五月）、六—七頁。
(117) 福沢一太郎「日英同盟と英文学」（『慶應義塾学報』第五〇号、一九〇二年三月）、二頁。
(118) 福沢一太郎「学者と実業家との同心協力」（『慶應義塾学報』第六〇号、一九〇三年一月）、一三頁。
(119) 福沢一太郎「英米の気風と我慶應義塾」（『慶應義塾学報』第六七号、一九〇三年七月）、四頁。
(120) 福沢一太郎「慶應義塾の進運を祝す」（『慶應義塾学報』第七三号、一九〇四年一月）、一頁。この論説については、前掲『慶應義塾百年史』中巻（前）、六七九、七三八頁、も参照。
(121) 福沢一太郎「乱に治を忘るゝ勿れ」（『慶應義塾学報』第七八号、一九〇四年六月）、一頁。
(122) 福沢一太郎「乱に治を忘るゝ勿れ」（『中央公論』第一九巻六号、一九〇四年七月）、五四頁。
(123) 福沢一太郎「今若し父（故福沢大先生）が在世ならば如何なる言行を為すか」（『実業之世界』第五巻四号、一九〇八年八月）、四〇—四頁。
(124) 福沢一太郎「故福沢先生回顧」（『教育界』第八巻五号、一九〇九年三月）、八八頁。
(125) 福沢一太郎「実学のツレーニングと人事の実際（義塾商工学校卒業生諸君に告ぐ）」（『慶應義塾学報』第一七八号、一九一二年五月）、六頁。
(126) 福沢一太郎「慶應義塾卒業生諸君に告ぐ」（『慶應義塾学報』第一八〇号、一九一二年七月）、一頁。
(127) 福沢一太郎「社会に於ける礼儀」（『慶應義塾学報』第一九五号、一九一三年一〇月）、五頁。このほか、一九一五年に商工学校創立一〇年記念会が開催された際には、「蒙昧俗社会の蒙を開て文明の進歩に貢献する」ことと「西洋実学の全体の学問に対する心掛を忘れずして文明紳士の品位、威厳を保つ」よう呼びかけた一太郎の祝辞の下書きと思われるものが残されている（慶應義塾福沢研究センター蔵、受入番号・宗遺品68-23）。

(128) 一九二二年一一年六月に塾長の鎌田栄吉が文部大臣に就任し、後任として林毅陸が擬せられたものの、林は当時衆議院議員であったため、政界との関係を清算して適任者となる翌年一一月まで、一太郎が塾長を兼務した。詳しくは、慶應義塾編『慶應義塾百年史』中巻（後）（慶應義塾、一九六四年）、三―四、八九―一〇五頁、参照。

(129) 『三田新聞』一九二二年一二月二四日付。

(130) 福沢一太郎「慶應義塾々生に告ぐ」（『三田評論』第三〇七号、一九二三年二月）、四頁。

(131) 『三田新聞』一九二七年五月二八日付。

(132) 「故福沢社頭葬儀記事」（『三田評論』第四九二号、一九三八年八月）、四頁。先述のように一太郎はキリスト教式の葬儀を望んだようだが、実際の告別式は仏式で、慶應義塾大講堂において執り行われ、「一乗院釈大成明朗居士」の法名を受けて、多摩墓地に埋葬された（同前、四―六頁）。一太郎の葬儀については、慶應義塾福沢研究センターに所蔵されている「昭和一三年六月　社頭福沢一太郎先生葬儀関係書類」と題する大部の簿冊に詳細がまとめられている（受入番号・K92027-19）。

(133) 小泉信三「福沢社頭」（『三田評論』第四九二号、一九三八年八月）、一頁。

(134) 志立タキ「兄上を想ふ」（前掲『祖父福沢一太郎の想出』）、一〇―一一頁。

(135) 小山完吾「至孝至誠の人」（前掲『祖父福沢一太郎の想出』）、一七―八頁。

(136) 福沢宏「父をしのびて」（前掲『祖父福沢一太郎の想出』）、三六頁。一太郎が稀代の読書家であったことは、慶應義塾福沢研究センター編『福沢一太郎蔵書目録』（慶應義塾福沢研究センター、一九九八年）に収録されている膨大な蔵書（洋書七〇四冊、和漢書三一四冊）によっても、うかがい知ることができる。

(137) 林毅陸「福沢社頭を憶ふ」（『三田評論』第四九二号、一八三八年八月）、一七頁。

(138) 小泉信三「福沢一太郎先生を憶ふ―昭和一四年六月二三日故福沢一太郎先生一周忌記念講話」（『三田評論』第五〇四号、一九三九年八月）、三一―四頁。

(139) 福沢は『福翁自伝』の中で、「親子の間は愛情一偏で何ほど年を取ても互いに理屈らしい議論は無用の沙汰である　是れは私も妻も最も全く同説で親子の間を成る丈け離れぬやうにする計り」だとして、両名の留学中はアメリカの郵便船が来るたびに書簡を送り、その数は六年間で「三百何十通」に及んだと回想している。このうち、現存する留学中の一太郎・捨次郎両名宛、また一太郎宛、捨次郎宛の書簡は、計一一二通である（松沢弘陽校注『福沢諭吉集　新古典文学大系　明治編一〇』岩波書店、二〇一一年、三四四頁）。

第四章　時事新報社長・福沢捨次郎とＭＩＴ

一、捨次郎のアメリカ留学

『福沢諭吉事典』の「福沢捨次郎」の項によれば、福沢捨次郎は、一八六五（慶応元）年に福沢諭吉の二男として築地鉄砲洲の中津藩中屋敷に生まれ、一八七二（明治五）年から兄・一太郎とともにアメリカ人から英語を習いはじめ、東京大学予備門に入るものの体調不良で慶應義塾本科に移り、一八八一年一二月にここを卒業した。その一年半後、やはり兄とともにアメリカに留学することとなり、オハイオ州オバーリン、ニューヨーク州ポーキプシーで学んだのち、マサチューセッツ工科大学（ＭＩＴ）に入学して土木工学を専攻し、同大学を卒業して、一八八八年一一月に帰国した、とされている。その後山陽鉄道会社を経て時事新報社に入って社長を務め、慶應義塾でも常任理事、評議員などを歴任した[1]。

もっとも捨次郎の場合、一部の辞典などでは、「ボストン大学」に留学したとされており、留学した大学については、さらなる検討を要する。実際、明治初期に欧米留学した人物の伝記類によくみら

福沢捨次郎

慶應義塾福沢研究センター提供

れることとして、著名な大学に「在籍」「卒業」したとされていても、実際には「在籍」や「卒業」をしていないことが少なくない。[2]

では、捨次郎は本当にMITで土木工学を学び、卒業したのであろうか。また、卒業したとすれば、それは学部課程なのか、あるいは大学院なのか。捨次郎については最近、小山太輝がその生涯について整理したエッセイがあるが、[3]研究自体はきわめて乏しい。そこで本章では、MITに所蔵されている捨次郎関係資料などから、捨次郎のMITにおける正確な足跡を特定してみたい。

二、捨次郎の留学と福沢諭吉

捨次郎の留学の経緯については、すでに第三章で一太郎について論じる中で言及しているため、ここでは福沢との関係を中心に、簡単に整理するに止めたい。

捨次郎は一太郎とともに、当初は父母からいろはや暦、九九などを学び、一八七二年からは築地の外国人から英語を学びはじめ、その後、英学・和漢学ともに家庭や慶應義塾で教育を受けた。一八七九年、二人は東京大学進学を目指して大学予備門に入ったが、いずれも体調を崩して退学、慶應義塾本科に学んで卒業した。福沢は、自身の海外渡航体験を踏まえて、子どもたちにはぜひ海外留学をさせたいと考えており、『西洋事情』や『学問のすゝめ』の販売好調により十分な資金を得て、留学させることが可能となった。捨次郎が一太郎とともにアメリカ留学に出発したのは一八八三年六月で、この頃には、二人とも英文の読書や会話に不自由はなかったという。留学にあたって福沢が二人に与えた心得書には、一太郎には農学の実務を学ぶことを勧め、また捨次郎は「物理学ノ一科ニ志シ、或ハ電気学ナド如何ト思ヘドモ、其辺ハ本人ノ見込ニ任スル事」とあり、電気学を要望しながらも、本人の意向を尊重することが記されている。[4] 福沢は二人のうち捨次郎の方に学問の才能をみてとっており、同年五月二五日付の駐米公使・寺島宗則宛書簡で、「学問の種類は……何れも物理学と決心は致候中、兄の方は数の考に乏しく、且本人の志願も有之義に付農学被〔ママ〕致度、弟の方は随分学才も相応なる者の様に被存候に付、何にても一課の専門物理学と申中に、小生の考には、一通は出来の上は、エレキトル学専修為致度様存じ候[5]」と記している。[6]

当初は電気学を勧めた福沢だが、その後考えを改めたようで、同年一二月二二日付の一太郎・捨次郎宛書簡では、「エレキトル抔如何」といったのは「スペキュレーション」に過ぎないので「実ハ何と限り候事も無之」と述べた上で、日本では鉄道論が旺盛だとして、「捨次郎抔ハ、蒸気鉄道之事を学ふも亦是後来地位を得るの好方便とも被存候」と捨次郎に蒸気鉄道を学ぶことを期待している。[7] 翌年二月二二日付の両名宛書簡で福沢は、両名からの書簡が届いたとした上で、アメリカで留学の世話をしていた宣教師のD・B・シモンズと相談して今後目指す学校が定まり、現在は入学準備中で、一太郎はコーネル大学、捨次郎はレンセラー工科大学かMITに入ると聞き、「如何様ニても勝手に任す」と今後のことは任せるとしつつ、捨次郎には「シヴヰルインゼニールも甚大切なり。殊ニ日本ニも追〻土木之工興るへけれバ、最も可然存候」と土木工学の重要性を説いた。(8)

かくして、捨次郎は一八八四年九月から、MITの土木工学科で鉄道工学を学ぶこととなる。在学記録などについて、以下、確認しておこう。

三、MITにおける捨次郎

MITで公式の在籍・卒業証明書を発行しているオフィス・オブ・ザ・レジストラー(Office of the Registrar)が発行した証明書によると、捨次郎は一八八四年九月二九日から一八八八年五月二九日までMITに在籍し、一八八八年五月二九日、土木衛生工学で理学士の学位を取得して学部課程を卒業した。(9) 捨次郎は正式なMITの学生であり、卒業生であった。

土木工学は一八六五年のMIT開学以来提供されてきた教育課程で、当初から、道路、鉄道、橋梁、運河、飲用水システムの各分野のインフラ整備・調査に焦点をあてていた。(10) 捨次郎在学当時は産業科学部(School of Industrial Science)の「コースⅠ」として「土木工学科」(Department of Civil Engineering)に組織化され、捨次郎はここで鉄道工学を中心に研鑽を積むこととなる。なお、捨次郎は、在籍中の一八八六年から一八八七年まで、現在も存続している「Theta Xi」という男子学生社交クラブのメンバーであった。(11)

MITが毎年刊行している大学便覧に掲載されている登録学生の名簿によっても、捨次郎の第一学年から第四学年までの在籍と住所が確認できるが、捨次郎の学生生活は一八八四年九月二九日からはじまり、年間の学費は二〇〇ドルであった。一学年次（一八八四―一八八五年）はボストンの「620 Tremont St.」に住んでおり、[12]二学年次（一八八五―一八八六年）も同じ住所に住み、[13]三学年次（一八八六―一八八七年）は「148 Warren Ave.」に転居した。[14]第四学年次（一八八七―一八八八年）は「40 Bowdoin Street」に再度転居している。[15]

卒業を一年後に控えた一八八七年五月二一日、福沢は捨次郎に書簡を送り、来年卒業するにあたっては、帰国して実務を担うことになるため、何を特に取り調べておくのかが肝要であると述べ、日本で人材が不足している「橋を架することゝトンネルを穿つことゝ、此二ヶ条は要用中の要用」であるとして、橋梁とトンネル、さらに鉄道のマネージメントとして、株の募集・売買、賃銭、チケット販売、給料などについて取り調べるよう求めている。[16]

翌年五月、捨次郎はＭＩＴ土木工学科に卒業論文「狭軌鉄道に対する標準軌」を提出し、[17]すでにみたとおり、土木衛生工学で理学士の学位を取得した。

美しい手書き筆記体で書かれたこの論文は、全五六頁で構成されており、標準軌鉄道に対して狭軌鉄道がどの程度経済的か（economical）を比較するとしたもので、アメリカを中心に、カナダ、イギリス、ベルギー、フランス、イタリア、スイス、ロシア、ドイツ、オーストリア、日本などの事例を幅広く取り上げ、数式や図、表を多用しながら詳細に論を進めて、結論としては、事業全体として、狭軌が標準軌より優れている点は少なく、輸送量が標準軌より少ない上に、スピーディーな輸送にも向いていないと述べている。父の勧めを意識してか、トンネルについても言及しており、トンネル掘削については狭軌の方が若干効率的だとしながら、工費はほとんど変わらないと指摘している。[18]

なお、一八八七年に一太郎がユニテリアン宣教師のアーサー・M・ナップに日本について教えていたことは第三章で述べたが、ナップが来日するにあたって、捨次郎はこれを応援する演説を行っている。同年一一月六日、ボストンで開かれたナップの送別会において捨次郎は、日本におけるキリスト教の布教は「今日までの処にては是ぞと申すべき程の仕事も見えず」と指摘し、その原因は宣教師が「日本固有の宗教、哲学、道徳をば総て之を放擲し之に代ふるに己れの宗とする所のものを以てせしめん」とする姿勢にあるとして、「日本の上流社会」は「未来救世の事」より「遠慮なく異教家と交際する」キリスト教を求めており、その意味でユニテリアンがナップを派遣することは喜ばしく、これによって「日本人は茲に始めて真誠自由の耶蘇教家なるものは果して如何なる人物なるかを見る機会に遭遇」するであろうと演説した。[19] ユニテリアンと親和性の高かった一太郎と、宗教観を共にしていたことがうかがえる。

四、卒業後の捨次郎と時事新報、MIT

捨次郎は一八八八年五月にMITを卒業後、一太郎とともにヨーロッパを見聞して廻り、一一月に帰国、園遊会などの歓待を受けた。[20] その後、一八八九年六月に山陽鉄道会社に入社し、一八九一年七月まで神戸や倉敷などで勤務したのち、時事新報社に移り、一八九六年一月から一九二六（大正一五）年六月まで、社長を務めた。[21] 健康不良のため社長を退任して療養生活に入り、一九二六年一一月三日、療養先の葉山別荘で死去している。遺骸は同日中に上大崎の本邸に移され、五日に青山斎場で告別式を執行、二千名あまりが参列したという。[22]

時事新報の記者を務めた板倉卓造は、捨次郎が「病歿するまで恰も三十年間、専ら時事新報の経営に当ったのである。其三十年の間が、我新聞界に於て時事新報の最も華やかな時代であった」と回顧する。福沢没後に「名実ともに捨次郎が社長として、一切を主宰」するようになり、経営面では、社会面でセンセーショナルな記事を載せて世間を驚かせたが、それは「捨次郎の独創であるといつては、言い過ぎであるかも知れぬが、我新聞界に社会記事を重要視する風潮を起したものゝ最初の有力な一人であったことは、事実として認められなければならない」という。北沢楽天を見出し、「漫画を利用」したのも捨次郎で、「案内広告」も考案して他新聞の先駆けとなった。スポーツ記事も盛んに報道したが、「是等みな福沢捨次郎の創意にかゝるものであって、彼自身優れたスポーツマンであった」と板倉は述べる。かくして板倉は捨次郎について、「極めて才能の優れた社会部長でもあり、企画部長でもあった。彼の社長時代に、時事新報が栄えたのも、決して偶然ではなかったのである」と賛辞を送りつつ、「ところが彼は其在世中、社外の人からも、また社内の者からも、其本来の人物をヒドく見そこなわれていたのは、悲しむべき事実である」として、「大の道楽者」「浪費者」「二世的驕児」といった悪評が立っていたという。大阪時事新報を創刊して大阪進出を図ったのも、「疑いもなく彼の大失敗であった」。板倉は捨次郎を称して、「非凡な新聞人的奇才」を発揮した「平凡な失敗者」と評している。[23]

板倉は別のインタビューで、大阪時事新報について「捨次郎のうむぼれから出たこと」と指摘し、

「捨次郎は道楽者でしてね。福沢諭吉のせがれとしては、もうはずかしいような道楽者でしたから大阪へ行って道楽をする場所と時間と機会を得たわけです」と厳しく批判している。また、時事新報が主催した美人コンクールや楽天の漫画掲載、戦争報道などについて、「その当時のアメリカの新聞がそうであったのを、福沢捨次郎が見て、——福沢捨次郎はアメリカの新聞をしょっちゅう見ていた——そのままもってきたものです」とし、捨次郎が読んでいたのはサンフランシスコ・クロニクルなど、サンフランシスコの新聞であったと証言して、「『自分はアメリカで長く勉強してきたんだから、アメリカのことならわかる』という気持ちはあったでしょうね」と述べている。[24] アメリカ留学の影響は、新聞経営にも及んでいたようである。

板倉にインタビューした内川芳美（東京大学新聞研究所教授）も、一九八二年一月一〇日の福沢先生誕生記念会における講演「福沢諭吉後の時事新報」で、「明治三十年代、四十年代、そして大正の前半頃までの時事新報は、文字通り日本一の時事新報として名声をほしいままにいたしました。これには福沢捨次郎の非常に積極的な新聞経営策というものがあずかって力があったように思われます」とした上で、捨次郎の取り組みとして、「よろずあんない」という案内広告欄や、楽天の採用、長距離マラソンの開催、美人コンテストなどを挙げ、「福沢捨次郎にはこういう日本の土着の新聞経営者では考え及ばない、非常にアメリカ的な発想の持ち主という一面があったといえると思います」と評している。[25]

この間、一太郎とは対照的に、捨次郎が著作活動や演説などを通して、その思想を公にすることは、ほとんどなかった。例外的なのは、一九〇七年四月二一日に開催された慶應義塾創立五〇年記念式における演説である[26]。福沢家を代表する形で演壇に立った捨次郎は、義塾の敷地の来歴について紹介した上で、これまで福沢家の所有になっていたこの敷地を「今度五十年祭に就て……一週間ほど前に母だの兄弟だのが集つて話をして、名義を替へて仕舞はうぢやないかと言つた所が勿論賛成ですから、それで替へることにしたのであります」と義塾に寄付したと話し、「どうか皆さん方も、自分にお金のある方はお金をお出しなさい、無い方は他から取つて来る、さうして其財産を益々大きくして下されば、福沢家も甚だ有難い訳で、父も満足に思ふでございませう」と呼びかけた[27]。兄を立てる意味からも、あまり表に出たがらなかった捨次郎ではあるが、福沢亡き後の義塾の安定的な運営について、それなりの関心を寄せていたことがうかがえよう。この寄付によって義塾は財団法人となることとなり、六月一三日に正式な認可を受け、捨次郎も理事に就任した[28]。

捨次郎のMIT卒業後の動静は、MIT一八八八年卒業生同窓会誌でたびたび報じられており、一九〇八年発行の同窓会誌では、「日本の指導的新聞のひとつである時事新報のオーナー兼社長[29]」だと伝えられており、一九二四年発行の同窓会誌は、山陽鉄道会社に勤務したのち、時事新報のオーナー兼社長となり、同窓生のホーンが一九一七年にロシア訪問の途上で捨次郎を訪ねたこと、また同じくウェブスターも一九二二年の日本訪問の際に会ったことを伝え、捨次郎が同窓生のメリックに宛てて一九二三年一〇月二五日付で出した書簡の一部を引用している。関東大震災直後のこの書簡で捨次郎は、地震と火災により東京では多くの犠牲者が出たものの、自分と家族、自宅は無事であること、時事新報の社屋が火災で破損したこと、そして、日本国民は皆、アメリカ国民が被災者の苦痛を和らげるために努めてくれていることに大いに感謝していること、などを伝えている[30]。

このように、捨次郎は卒業後も日本に来た同窓生と会ったり、書簡を送ったりすることで、一定の交際を保っていたが、MITの関連雑誌『The Technology Review』（一九〇一年一月号）でアルフレッド・E・バートンは、「福沢氏と彼の新聞『時事新報』が『新しい日本』（"New Japan"）の台頭を現実に示す要素であることを、容易にみてとることができる」として、「MITの精力的で革新的かつ誠実な卒業生をここにみいだすことができ、大変喜ばしい」と評している。(31) 捨次郎の活動は台頭する日本の象徴として、MITのコミュニティから敬意をもってみつめられていたわけである。

捨次郎が死去した際、MITの一八八八年卒業生同窓会の幹事を務めていたウィリアム・G・スノーは、『The Technology Review』の「一八八八年卒業生からのニュース」欄に、次のような記事を掲載している。

幹事として、大変残念ながら我々のクラスメイトのうち唯一の日本人・福沢捨次郎の死を、報告致します。彼は、一九二六年一一月三日に、日本の東京で亡くなりました。コースIを卒業してのち、福沢は神戸の山陽鉄道会社に勤め、その後、日本の指導的新聞のひとつである時事新報のオーナー兼社長に就任しました。卒業後、日本にいた彼に我々が会うことはありませんでしたが、ホーンとウェブスターは日本に滞在中に、彼のもとを訪れています。彼からは一通の書簡が届けられており、そこには、大地震発生によって困窮に陥った際、アメリカが復興のために迅速な行動をとってくれたことへの感謝の念が記されていました。彼は一八九一年に林菊と結婚し、園という一児をもうけました。(32)

これにより、捨次郎が、一八八八年卒業生のうち唯一の日本人であったこと、卒業したのがコースIであることが確認できる。ホーンとウェブスターの訪問、および関東大震災の際の書簡については、すでにみた通りである。

クラスメイトのうちただ一人の日本人は、卒業して帰国後も、アメリカの同窓生と面会や文通を通して一定の交際を保ち、その活躍は日本の台頭を印象付け、その死は、悲しみをもって伝えられた。道楽者としての私生活の部分が同窓生には伝わっていなかったことは、捨次郎にとって幸いであったかもしれない。

注

（1）西澤直子「福沢捨次郎」（福沢諭吉事典編集委員会編『福沢諭吉事典』慶應義塾、二〇一〇年）、五六三頁。生年月日は一八六五年九月二一日、没年月日は一九二六年一一月三日で、葉山の別荘で死去した（『読売新聞』一九二六年一一月四日付朝刊、西澤直子「〔解説〕諭吉・錦夫妻とその子どもたち」西川俊作・西澤直子編『ふだん着の福沢諭吉』慶應義塾大学出版会、一九九八年、九三頁）。

（2）たとえばイエール大学に一八七〇年に日本人としてはじめて入学した吉原重俊（のち、日銀総裁）は、同大学を「卒業」したとしている研究文献があるが、実際には「在籍」しただけで「卒業」はしていない（拙稿「初代日銀総裁・吉原重俊の思想形成と政策展開」『法学研究』第八七巻九号、二〇一四年九月、一―九頁）。同大学を一八八二年に退学してケンブリッジ大学に学んだといわれている岡部長職（のち、司法大臣）も、正式にケンブリッジに在籍した記録はない（拙著『評伝 岡部長職―明治を生きた最後の藩主』慶應義塾大学出版会、二〇〇八年、一四六―五七頁、参照）。

（3）小山太輝「福沢捨次郎」（『三田評論』第一二六六号、二〇二二年五月）、七六―九頁。

（4）慶應義塾編『福沢諭吉全集』第一七巻（岩波書店、一九七一年）、五五二―三頁。

(5) 慶應義塾編『福沢諭吉書簡集』第三巻（岩波書店、二〇〇一年）、二九一—三頁。
(6) 西澤直子「子どもの教育」（前掲『福沢諭吉事典』）、三九七—九頁、西澤直子「子どもの留学」（前掲『福沢諭吉事典』）、三九九—四〇一頁、富田正文『考証 福沢諭吉』下（岩波書店、一九九二年）、六〇六—一五頁、慶應義塾編『福沢諭吉書簡集』第四巻（岩波書店、二〇〇一年）、三五二—三頁。幼少期の捨次郎の様子や学習については、福沢自身の筆による「福沢諭吉子女之伝」（慶應義塾編『福沢諭吉全集』別巻、岩波書店、一九七一年、一二六—三二頁）に詳しい。なお、一八八三年六月から九月までの捨次郎の日記が、「福沢捨次郎米国行日記」として、前掲『福沢諭吉全集』別巻に収録されている（三一三—二五頁）。
(7) 前掲『福沢諭吉書簡集』第四巻、六四—七頁。
(8) 前掲『福沢諭吉書簡集』第四巻、一〇〇—三頁。
(9) Certification of Attendance and Degree Awarded, Office of the Registrar (School Code: 002178), Massachusetts Institute of Technology.
(10) "Brief History and Timeline", Department of Civil and Environmental Engineering, Massachusetts Institute of Technology, https://cee.mit.edu/timeline, accessed May 1, 2014.
(11) *Technique*, 1886, p.65, *Technique*, 1887, p.67.
(12) Massachusetts Institute of Technology, *Twentieth Annual Catalogue of the Officers and Students with a Statement of the Courses of Instruction and a List of the Alumni and of the Members of the Society of Arts 1884-1885* (Boston: Franklin Press, Rand, Avery, and Company, 1884), pp.77-89, Institute Archives and Special Collections, Massachusetts Institute of Technology.
(13) Massachusetts Institute of Technology, *Twenty-first Annual Catalogue of the Officers and Students with a Statement of the Courses of Instruction and a List of the Alumni and of the Members of the Society of Arts 1885-1886* (Boston: Franklin Press, Rand, Avery, and Company, 1885), p.92, Institute Archives and Special Collections, Massachusetts Institute of Technology.
(14) Massachusetts Institute of Technology, *Twentieth-second Annual Catalogue of the Officers and Students with a Statement of the Courses of Instruction and a List of the Alumni 1886-1887* (Boston: Rand Avery Company, Franklin Press, 1886), p.98, Institute Archives and Special Collections, Massachusetts Institute of Technology.
(15) Massachusetts Institute of Technology, *Twentieth-third Annual Catalogue of the Officers and Students with a Statement of the Courses of Instruction and a List of the Alumni 1887-1888* (Boston: Tomas Todd, Printer, Congregational, House, 1887),

p.100, Institute Archives and Special Collections, Massachusetts Institute of Technology. MITがケンブリッジに移転するのは一九一六年のことで、当時はボストンのコプリー・スクエアを中心としたバックベイにキャンパスを置いていた（Institute Archives and Special Collections, Massachusetts Institute of Technology, "MIT History: MIT Facts", MIT Libraries Archives, http://libraries.mit.edu/mithistory/mit-facts/, accessed May 16 2014）。「620 Tremont St.」と「148 Warren Ave.」は、コプリー・スクエアから徒歩で約一〇分程度の位置にあり、「40 Bowdoin Street」のみ、徒歩で三〇分程度離れたところにある。いずれも、捨次郎が住んでいた当時の建物は現存していない。

（16）慶應義塾編『福沢諭吉書簡集』第五巻（岩波書店、二〇〇一年）、一九二―六頁。

（17）http://library.mit.edu/item/000861802, accessed May 1, 2014.

（18）Fukuzawa, Stejiro. "The narrow gauge railway versus the standard gauge", Institute Archives - Noncirculating Collection 3, Thesis C.E. 1888 B.S.. なお、同論文の大要の翻訳が、一八九四年一一月一〇日付『時事新報』に「本軌鉄道と狭軌鉄道」と題して、「理学士　福沢捨次郎」の署名入りで掲載されている。その冒頭には、「左の一編は先年福沢捨次郎氏が米国留学中鉄道本軌狭軌の得失を論じたる作文の中より大要を抜萃して翻訳したるものなり方今世間に広軌鉄道の議論ある折柄なれば参考の為め記して社説に代ふ」との解説が付されている。

（19）『時事新報』一八八七年一二月一六日付。

（20）前掲「子どもの留学」、三九九―四〇一頁。

（21）前掲西澤「福沢捨次郎」、五六三頁。

（22）「福沢捨次郎氏の訃報」（『三田評論』第三五二号、一九二六年一二月一日）、四九頁。

（23）板倉卓造「奇才もまた失敗者だった」（『五十人の新聞人』電通、一九五五年）、六九―七八頁。

（24）「板倉卓造―聴きとりでつづる新聞史（聞き手・内川芳美、西田長寿、春原昭彦）」（日本新聞協会編『別冊新聞研究―聴きとりでつづる新聞史（一）』日本新聞協会、一九七五年）、九六―九頁。

（25）内川芳美「福沢諭吉後の時事新報」（『三田評論』第八二四号、一九八二年四月）、三二―四頁。

（26）記念式の演壇に立ったのは鎌田栄吉（慶應義塾長）、尾崎行雄（東京市長）、ルーク・E・ライト（駐日アメリカ大使）、牧野伸顕（文部大臣）、大隈重信（早稲田大学総長）、捨次郎などで、一太郎はまだ社頭ではなかったため、捨次郎が福沢家を代表して演説することになったのだろう（慶應義塾編『慶應義塾百年史』中巻（前）、慶應義塾、一九六〇年、五五七―八二頁）。

(27) 「福沢捨次郎君演説」(『慶應義塾学報』第一一七号、一九〇七年五月)、二〇―二頁。

(28) 前掲『慶應義塾百年史』中巻(前)、五五七―八頁。

(29) *Massachusetts Institute of Technology, Class of '88, Second Decennial Record, 1908*, p.24, Institute Archives and Special Collections, Massachusetts Institute of Technology.

(30) *Massachusetts Institute of Technology, Class Record of '88, 1924*, p.51, Institute Archives and Special Collections, Massachusetts Institute of Technology.

(31) Alfred E. Burton, "An Eclipse Expedition to the Island Sumatra," *The Technology Review*, Vol. 4, No. 1 (January, 1902), p.56.

(32) William G. Snow, "News from the Classes '88", *The Technology Review*, Vol. 29, No. 3 (January, 1927), pp.173-174. なお、本文の通り、死去したのは東京ではなく葉山の別荘であり、捨次郎と菊(林董の長女)との間に生まれたのは、園のほか、時太郎、富士、堅次の三名がいる(「福沢家家系図」前掲『福沢諭吉事典』、四二四―五頁)。

追記 マサチューセッツ工科大学での資料調査にあたり、同大学インスティテュート・アーカイブス・特別コレクションのアーキビストであるノラ・マーフィ氏にご協力いただいた。記して感謝申し上げたい。

第五章　慶應義塾社頭・福沢八十吉とハーバード大学

一、戦前のボストン三田会

現在、日本国内のみならず、全世界で展開されている慶應義塾の同窓会組織である三田会だが、その歴史を顧みると、すでに約一〇〇年前には、欧米の主要地域で開催されていた。一九〇八（明治四一）年にはハワイ三田会が発足し[1]、一九一〇年にはベルリン三田会[2]、一九一一年にはロンドン三田会が[3]、それぞれ催されていたことが、『慶應義塾学報』で確認できる。

これら草創期の海外三田会にとって、一つの転機となったと思われるのが、第一次世界大戦である。ヨーロッパが戦場となったことによって、現地に滞在していた日本人留学生や駐在員などが退去せざるを得なくなり、三田会の開催も困難になった。海外留学生史をみても、第一次大戦でドイツ留学が難しくなったため、留学先をアメリカに切り替える人々が増えたといわれている[4]。

アメリカで大学が集中している都市圏としてよく知られているのは、ボストンである。近隣地域を含めて、ハーバード大学、マサチューセッツ工科大学（ＭＩＴ）、ボストン大学などの有力大学が集

福沢八十吉

慶應義塾福沢研究センター提供

まっている。第一次大戦勃発前の一九一二―一三年度にハーバードに留学していた日本人は七名に過ぎなかったが[5]、大戦終結後の一九一九―二〇年度には三三名に急増している[6]。この一九一九―二〇年度にハーバードに留学していた山本五十六（のち、連合艦隊司令長官）[7]とともに学んだ森村勇は、「ハーバート《ママ》大学には当時三十余名の留学生が居た」と回顧しており[8]、やはり山本の学友であった小熊信一郎も、「ハーバート《ママ》大学には、日本人学生が、約四十名在学してをつた」と証言している[9]。森村も小熊も慶應義塾に学んでおり、当時、ハーバードに日本人留学生が多かったこと、また、そのうち義塾関係者が少なからぬ割合を占めていたことがうかがえよう。

『三田評論』を確認してみても、一九一七（大正六）年から一九一九年にかけて、ボストン三田会が計三度、開催されていたことがわかる[10]。現在のボストン三田会は一九九八（平成一〇）年に発足しており、戦前のボストン地域には基本的に三田会のような慶應義塾関係者を組織した会は存在しなかったようで[11]、実際、『慶應義塾学報』や『三田評論』で確認できる「ボストン三田会」の開催例もこの時期に限られているが、このことも、第一次大戦期に集中的に義塾関係者がボストン地域に滞在していたことを示唆している。

奇しくも、福沢諭吉の孫であり、その長男・一太郎の嗣子で、のちに慶應義塾社頭となる八十吉が、一九一八年から二一年にかけてハーバード大学に留学していた。大戦によってアメリカの日本人留学生がにわかに増加し、義塾関係者も多くがボストン地域に学ぶ中で、八十吉という結節点を得て、ボストン三田会が開催されたわけである。

本章では、草創期の海外三田会の一例として、第一次大戦期におけるボストン三田会開催の経緯を探るとともに、八十吉の留学の経緯を中心に、慶應義塾と縁の深いハーバード大学(12)の日本人留学生事情の一端を明らかにしようとするものである。

二、ボストン三田会の開催と八十吉の留学

はじめてボストン三田会が開催されたのは、一九一七年二月五日のことである。会場はボストンの「旗邸田中」で、慶應義塾派遣留学生(13)としてヨーロッパに学んでいた小林澄兄が、ハーバード大学を視察することとなり、これを迎えて現地の義塾関係者が三田会を開催した。参加者は、小林をはじめ、川崎吉兵衛、齋藤甚一、近藤眞一、小野京太郎、の計五名で、齋藤と近藤は、ハーバードの大学院(Graduate School of Art and Sciences. 以下、GSAS)の一年生で経済学を専攻しており、小野はハーバード・カレッジの「Unclassified Student」として学んでいた。川崎は、一九一五—一六年度にハーバードの経営大学院（Graduate School of Business Administration）の一年生として学び、その後ニューヨークのギャランティー・トラスト・カンパニーを見学しており、この会は川崎の送別会も兼ねていた。主催したのはいずれもハーバードの学生だったわけだが、「米独国交断絶に気焔を吐き

或は小林氏の最近欧洲事情を傾聴し愉快に吹雪の一夕を送り」と伝えられているから、大戦の影響を濃厚に受けていたことが確認できる。(14)

参加者の人である近藤は、一九一七年四月三日付で石田新太郎宛に書簡を送り、第一次大戦に対するアメリカ議会・世論の動向を伝え、「当ケムブリッジは学校町丈けに愛国的色彩頗る鮮明にしてハアヴアドユニヴアーシテーホール、クラブ等を始め寄宿舎、商店等悉く国旗を掲げて熱誠を表し居り候。……ハアヴアド大学は以前より主戦論最も盛にして従て昨今の活動頗る目覚ましきものに御座候」として、ハーバード大学の学生一二〇〇名が義勇兵に応募し、大学では軍事訓練なども施され、教員学生も真面目に取り組んでいると述べ、「昨今漸く遊惰に流れんとする我国青年は現時米国の風潮を凝視して大いに奮起せざれば他日必ず悔ゆる事あらんと堅く信じ申候」と強調している。(15) 当時のハーバードの日常の一端が垣間見えよう。この三日後、アメリカはドイツに宣戦布告する。

なお、イエール大学でも、慶應義塾関係者がはじめて集まって「エール大学に於ける義塾同窓会」を開催したのは、義塾派遣留学生としてドイツに学んだ神戸寅次郎が、帰国途上で、同大学に足を伸ばしたのを契機としていた。(16) 一八九九年から開始された義塾派遣留学生は、義塾を代表して欧米に派遣された、義塾関係の留学生にとっては憧れと尊敬の対象であり、(17) その来訪は彼等の結束を強める重要な契機であったに違いない。ボストン地域では、小林がその役割を果たしたわけである。

二回目にボストン三田会が開かれたのは、一九一八年一二月二三日で、会場は「田中富士館」、参加者は齋藤甚一、直田義盛、福沢八十吉、高橋直一郎、弓削家廣、の計五名である。前回から継続して参加しているのは齋藤のみで、すでにハーバード大学に在籍してはいなかったが、ボストン地域には留まっており、この年九月からハーバードに留学してきた八十吉を迎えて、会を催したものと思われる。直田と高橋の所属は不明だが、八十吉はハーバード大学の大学院（ＧＳＡＳ）の一年生で経済学を専攻、弓削も同じ大学院の特別学生（Special Student）として学んでいた。八十吉の住所はハーバードのあるマサチューセッツ州ケンブリッジの「7 Mason St.」で、キャンパスの中心であるハーバード・ヤードのごく近くであった。(18)

八十吉は、一八九三年五月一八日に一太郎の長男として東京に生まれ、その名の候補を祖父の福沢があれこれと考案したことは、よく知られている。慶應義塾幼稚舎、普通部を経て、大学部理財科を卒業したのが一九一八年三月、この年九月から右の通り、ハーバード大学に留学した。(19) 第四章で取り上げたように、叔父で福沢の二男である捨次郎は、一八八四年から一八八八年までＭＩＴで土木衛生工学を学んで卒業しており、四男の大四郎も、一九〇四年から一九〇六年までハーバードの大学院（The Graduate School）で政治学と経済学を学んでいた。(20) 八十吉が出た義塾大学部の発足にあたって、福沢がハーバードから教員を招聘したことは周知の通りであり、(21) 後述の通り、八十吉の義塾在学中にもハーバード出身の経済学者が教鞭を執っていたし、義塾派遣留学生としてハーバードに学んだ堀江帰一と堀切善兵衛は、(22) 八十吉が在籍した当時の理財科で中心的存在となっていた。(23) こうした環境下で育った八十吉が、ボストン地域、ハーバードを留学先に選び、経済学を専攻するのは、自然なことであったといえよう。(24)

ボストン三田会は第三回目になって、参加者が倍増している。一九一九年一〇月一六日に「大浦富士館」で開催された同会には、齋藤甚一、竹内義成、阿部舜吾、岩崎清一郎、福沢八十吉、小熊信一郎、石田新吉、荘田孝平、渡邊茂蔵、森村勇の計一〇名が出席した。齋藤は先述の通り、ハーバードを去ってボストン地域に留まっていた人物で、荘田はＭＩＴで機械工学を専攻していた。竹内、阿部、岩崎、小熊は、ハーバードの大学院（ＧＳＡＳ）の一年生で経済学を専攻しており、八十吉は同大学院の二年に在籍中、石田は同大学経営学大学院の一年生で、渡邊はハーバード・エンジニアリング・スクールの学生であり、森村はハーバードの教養学部（Faculty of Art and Sciences）で「Special Student」として英語を学んでいた（山本五十六も森村と同じ身分である）。八十吉は、やはりハーバード・ヤードのすぐ近くの「19 Trowbridge St.」に転居している。[25]

三、ボストン三田会参加者とハーバード留学事情

ボストン三田会の参加者をみてすぐに理解されることは、ハーバード大学の学生が多数を占めていることである。慶應義塾大学渉外室は一九四九年に、慶應義塾大学部設置以来、義塾の外国人教師の大半はハーバードの推薦を受けて赴任しており、それが、義塾出身者がハーバードに多く留学する要因になったとしている。[26]

第一次大戦勃発当時、ハーバード大学出身の教師としては経済学者のロバート・Ｊ・レイが義塾で教鞭を執っていたが、開戦翌月に辞任し、一九一六年四月にやはり経済学者のジョン・ボビンドンが着任して、一九一九年三月まで在任した。[27] ボビンドンは、日本人学生の海外留学や日米間の教育交流の必要性を積極的に説いており、例えば一九一七年八月に発表した論文では、日本は未だ貧しく、経

済規模が小さいため、教育に割ける予算が限られており、陸海軍や産業が優先されていると指摘した上で、「海外から帰国した日本の学生たちが、彼等自身の社会的な要請や諸問題について学習することが期待される。……日本人学生たちが帰国し、教師となるなら、外国情勢からみた診断結果を自分の学生たちに教えることになり、彼等自身が助力なしに自らの問題に立ち向かっていくことができる」と強調している。(28) また、一九二〇年八月の論文においては、アメリカの教育者団体から専門家代表団を日本に招請し、日米の教育者が会議を開催して、日米が相互に抱える問題について協力する必要性を説いた。(29) ハーバード出身の経済学者であるボビンドンが教えていただけでなく、海外留学の必要性も説いていたことは、義塾の学生たちを留学、とりわけハーバードへと送り出す一つの推進力になったと思われる。

実際、ボストン三田会参加者には、ハーバード大学の大学院（ＧＳＡＳ）で経済学を専攻する学生が多いことも目立ち、八十吉もその中の一人であった。八十吉は、一九二〇—二一年度まで在籍した。(30) ハーバード大学アーカイブスに残されている八十吉の成績表によると、一九一八—一九年度は、英語、経済学原理、社会学原理、経済理論、労働問題、一九一九—二〇年度は、租税・社会主義・無政府主義、社会学原理、経済理論、富の分配、一八四八年までの経済史、一九二〇—二一年度は、財政、労働問題、社会倫理、の各科目を履修しているが、いずれも単位は取得できていない。(31)

周知の通り、第一次大戦で日米両国は大戦景気と呼ばれる未曾有の好景気を迎えており、そのことも、アメリカで経済学や経営学を学びたいという学生を増加させた要因となったと考えられる。この結果、留学生数全体も押し上げられる結果となった。なお、八十吉はボストン日本人学生会の役員にも就任しており、第三回ボストン三田会の出席者のほとんどが、こちらにも出席している。[32] 八十吉がボストン地域の日本人留学生の中心的存在であったことがうかがえよう。

右にみた留学生は、慶應義塾から資金が支出された小林を除いて皆、私費による留学生であり、ある程度の経済的余裕のある家庭の子弟であったことが想像されるが、実際、阿部舜吾は阿部泰蔵（明治生命保険創設者）の子、荘田孝平は荘田平五郎（三菱合資会社理事長）の子、森村勇は森村豊（モリムラ・ブラザーズ創設者）の子と、福沢門下の財界人の二世が目立つ。彼等以外にも、大戦景気によって家計が潤った家庭が多かったのであろう。

ハーバード大学に留学した義塾関係者の多くも、のちに財界・実業界で活躍することになり、試みに一九四〇（昭和一五）年刊行の『塾員名簿』をみてみると、齋藤甚一は櫻組製靴会社、近藤眞一は旭電化工業（取締役）、阿部舜吾は横浜正金銀行、岩崎清一郎は豊田セメント会社（取締役）、小熊信一郎は小熊商店（代表社員）、森村勇は森村同族会社（取締役）、といった会社に勤め、実務や経営にあたっており、川崎吉兵衛は白金で農業を営んでいる。[33]

四、アメリカの大学情勢と八十吉の社頭就任

小林澄兄は一九一七年三月三一日に帰国し、[34] 三田演説館で「アメリカ大学の発達と今後」と題して演説している。そこで小林は、ハーバード大学創立の経緯などについて述べた上で、「私立大学がアメリカに於てかゝる発達をなしたに就ては様々の原因がありますが、第一に発起者若くは創立者の識

見と手腕とが優れてゐること、第二に発起者又は創立者が適当であつた場合には、何事にも企業心の盛んなアメリカ人は之を助けて立派なインスチチューションにすることを吝まない、かういふ事情からであらうと思ひます」と評し、イギリスのオックスフォード大学やケンブリッジ大学が「古くて貴族的」であるのに対して、「ハアヴアアド大学、エール大学などですら四千五千の学生を収容して、非常に平民的にやつてゐる。エールやハアヴアアドの学生を見ると、田舎から出て来た儘でまだ素樸の風が抜けきらないやうな者が少くない。かやうにアメリカの大学は疑ひもなく平民的であり民主的であります」と論じて、日本の大学は資金、組織、精神などの面でとても比較にならないとしている[35]。ハーバード訪問や慶應義塾関係の留学生との交流などを通して、アメリカの私立大学について肯定的な印象を持ったことが理解される。

こうした「平民的」「民主的」環境の中で、経済学や経営学、英語などを学んだ義塾関係者の多くが、その後、財界や実業界で活躍することになるのは、先述の通りである。その意味で、彼等の留学の成果は一定程度、発揮されたといってよかろう。

八十吉はハーバード大学留学後[36]、帰国して慶應義塾で塾監局塾長秘書、大学及高等部教務係主任事務取扱兼庶務係、参事などを歴任したあと、一九三九年一〇月、慶應義塾社頭に就任した[37]。この間、一九三九年六月の藤原工業大学の開校式では、「福沢の一家を代表して祝辞」を述べ、「学問の範囲に於て有形科学の方面をも取り入れたいといふことは、祖父諭吉の素志であり義塾社中の多年の念願」であったとして、同大学設立は「国家緊急の必要を充足せしめ、延いては人類文化の発達の上に、多大の貢献をせらるゝもの」だと賞讃している[38]。社頭就任にあたっての挨拶では、社中協力の精神の重要性を強調し、「私が社頭の任に就きますことは、甚だ当らない次第でありますが、塾員大多数の方々よりの御推薦を得ました以上は私に於て出来得る限りの努力を以て其職分を全うしたい考であります」と述べ、塾生諸君もそれぞれの職分を全うして共に義塾の名誉を高めようと呼びかけた[39]。太平洋戦争直前の一九四一年一一月に開催された慶應義塾商業学校創立五〇周年記念式典では、同校は祖父の福沢などが「商業実務ニ従事スル優秀ナル青少年ヲ育成センガタメニ設置」したと述べた上で、「今ヤ我国ハ有史以来未曾有ノ重大時期ニ際会シ教育ノ必要愈々重大ヲ加フルノ秋ニ当リ益々奮励シテ学徒トシテノ本分ヲ全フシ光輝アル五十年ノ歴史ニ鑑ミ義塾ノ徽章ノ名誉ヲ一層発揚センコト冀望ニ堪ヘザルトコロナリ」と述べている[40]。時勢を意識しながらも、義塾および福沢の伝統を引き継ごうとする意識を、読み取ることができる。

富田正文によれば、八十吉は「立派な文学鑑賞家」で、その蔵書には「日本の近代文学の良書が頗る多」かったといい、自らも俳句を嗜んだ。性格としては「平常きわめて寡黙謙抑な人柄で、自己を押し出して人を凌ぐというようなことは絶えて無かったが、みずから守るところは頗る固く、聞くところによると、塾の参事をやめて社頭に就任されたとき、塾では八十さんに適当な給与を差上げようとの議があったが、八十さんは、塾の御好意は有難いがそれは断じて頂くわけには行かぬと、固く辞退されたということである[41]」。このあたりも、自らの「職分」を守ろうとするポリシーによるものであったに違いない。

筆者もボストン三田会の会員であり、ハーバード大学に留学したが、現在の会員も多くが同大学の関係者である。ボストン地域にはハーバード・メディカル・スクールの関連病院が数多くあることから、慶應義塾大学医学部出身の医師が多いのが特色にもなっている。その歴史の淵源を辿ると、第一次世界大戦と八十吉の存在があった。大学部発足時における教員招聘に主に焦点があてられがちな、義塾とハーバードとの関係ではあるが、こうした留学生の系譜がその歴史を支えてきたことも、記憶されるべきであろう。

注

（1）「布哇三田会発起」（『慶應義塾学報』第一三五号、一九〇八年一〇月）、九〇―一頁。
（2）「伯林三田会」（『慶應義塾学報』第一六一号、一九一〇年一二月）、八五―六頁。これは「第二回」目の開催だが、初回がいつなのかは判然としない。
（3）「倫敦三田会」（『慶應義塾学報』第一六五号、一九一一年四月）、八七頁。なお、ロンドンでは、一八九八年に「倫敦の慶應義塾同窓会」が開催され（『慶應義塾学報』第三号、一八九八年五月、七六頁）、それ以降も同様の名称の会合が開かれていた。
（4）辻直人「留学の日本近代化に果たした役割」（『近代日本研究』第三六巻、二〇二〇年二月）、八―一〇頁。
（5）*Harvard University Catalogue 1912-13* (Cambridge: Harvard University, 1912), pp.75-161.
（6）*Harvard University Catalogue 1919-20* (Cambridge: Harvard University, 1920), pp.100-266.
（7）*Ibid.*, p.167.
（8）森村勇「強い犬は吠えない」（山本元帥編纂会『噫山本元帥』文藝春秋、一九四四年）、一一六頁。
（9）小熊信一郎「山本元帥と将棋」（前掲『噫山本元帥』）、一一七頁。
（10）「ボストン三田会」（『三田評論』第二三七号、一九一七年四月）、六五頁、「ボストン三田会」（『三田評論』第二六〇号、一九一九年三月）、六四頁、「ボストン三田会」（『三田評論』第二六九号、一九一九年一二月）、七六頁。
（11）戦後のボストン三田会の設立に寄与された、土方允久氏のご教示による。
（12）慶應義塾とハーバード大学との関係については、都倉武之「慶應義塾史上のハーバード―両者を結んだ人々」（『三田評

論』第一一八九号、二〇一五年五月）、六四—七〇頁、など参照。

(13) 慶應義塾派遣留学生については、辻直人「慶應義塾海外留学生の派遣実態とその意義」（『近代日本研究』第三〇巻、二〇一四年二月）、一二三—五一頁、など参照。義塾派遣留学生の留学先をみても、一九一〇年代前半はヨーロッパで、一九一五年以降はまずアメリカに渡り、情勢が落ち着いた段階でヨーロッパに移る、といった傾向となり、一九二〇年頃からヨーロッパに回帰している（同前、一二八—九頁）。

(14) 「ボストン三田会」（『三田評論』第二三七号、一九一七年四月）、六五頁、*Harvard University Catalogue 1915-16* (Cambridge: Harvard University, 1916), pp.170, *Harvard University Catalogue 1916-17* (Cambridge: Harvard University, 1916), pp.127-161. 小林は一九一四年九月にライプツィヒでヴィルヘルム・M・ヴントの第一次大戦に関する講演を聴き、その翻訳を『三田評論』に掲載している（小林澄兄「ヴント教授の戦争観」『三田評論』第二一四号、一九一五年五月、五五—九頁）。小林自身はイギリスに移り、ロンドンを経てオックスフォード大学に留学した。小林は当時のオックスフォードについての所感も、『三田評論』に寄せている（小林澄兄「オクスフォードに来て」『三田評論』第二一六号、一九一五年七月、三二—四〇頁）。

(15) 近藤眞一「米国よりの近信」（『三田評論』第二三八号、一九一七年五月）、一九頁。

(16) 「エール大学に於ける義塾同窓会」（『慶應義塾学報』第六〇号、一九〇三年一月）、一〇三—五頁。

(17) 慶應義塾編『慶應義塾百年史』中巻（前）（慶應義塾、一九六〇年）、五九七頁。

(18) 「ボストン三田会」（『三田評論』第二六〇号、一九一九年三月）、六四頁、*Harvard University Catalogue 1918-19* (Cambridge: Harvard University, 1919), pp.162-184.

(19) 慶應義塾編『慶應義塾百年史』中巻（後）（慶應義塾、一九六四年）、六二九頁、清水繁隆編『慶應義塾塾誌』（慶應義塾塾誌編纂部、一九三一年）、フ（一一）頁、〔福沢八十吉命名之記〕（慶應義塾編『福沢諭吉全集』第二一巻、岩波書店、一九七一年）、四一一—二頁。

(20) *The Harvard University Catalogue 1904-05* (Cambridge: The University, 1904), p.103, *The Harvard University Catalogue 1905-06* (Cambridge: The University, 1905), p.99.

(21) この経緯について詳しくは、清岡暎一編／訳『慶應義塾大学部の誕生—ハーバード大学よりの新資料』（慶應義塾、一九八三年）、白井堯子『福沢諭吉と宣教師たち—知られざる明治期の日英関係』（未來社、一九九九年）、など参照。

(22) 前掲「慶應義塾海外留学生の派遣実態とその意義」、一三二頁。

（23）慶應義塾編『慶應義塾百年史』別巻（大学編）（慶應義塾、一九六二年）、二五〇—六一、二八〇頁。

（24）叔母にあたる清岡俊のメモによると、祖母の錦（福沢の妻）は「八十吉の事を悪く思」っており、それは「八十吉が勉強もせずレコード等買ひちらして」遊んでばかりいると思ったためだという。メモの作成年月日は不明だが、錦は八十吉の留学から帰国後間もなく、一九二四年に没しており、おそらくは留学前の慶應義塾の学生時代のことと思われる（「清岡暎一旧蔵資料」慶應義塾福沢研究センター蔵、受入番号・K0500853-147-4）。八十吉にとって、福沢家は必ずしも居心地のよい場所ではなく、それも渡米の一因になったのかもしれない。

（25）「ボストン三田会」（『三田評論』第二六九号、一九一九年一一月）、七六頁、*Harvard University Catalogue 1919-20* (Cambridge: Harvard University, 1920), pp.129-181, Massachusetts Institute of Technology, *Register of Former Students: Including Lists of Members of the Corporation and of Administrative Instructing Staff* (Cambridge: The Technology Press, 1930), p.201.

（26）慶應義塾大学渉外室「はしがき」（平松幹夫編『Current American Studies : Lectures by Members of the Harvard Club of Japan』山川出版社、一九四九年）。

（27）慶應義塾一五〇年史資料集編集委員会編『慶應義塾一五〇年史資料集2　基礎資料編　教職員・教育体制資料集成』（慶應義塾、二〇一六年）、一〇〇二、一一二六、一一七二—四頁。

（28）John Bovingdon, "Education and Custom in Japan", *School and Society*, Vol.6, No.139 (August 25, 1917), pp.211-214.

（29）John Bovingdon, "Educational Relations with Japan", *School and Society*, Vol.12, No.293 (August 7, 1920), p.106.

（30）*Harvard University Catalogue of Names 1920-21* (Cambridge: The University, 1920), p.146. 住所は二年次と変わっていない。

（31）Harvard University. Graduate School of Arts and Sciences. Record card for Yasokichi Fukuzawa. UAV 161.272.5 File I Box 5. Harvard University Archives. 本資料の提供、および掲載許可をいただいたハーバード大学アーカイブスのご好意に感謝申し上げたい。当時のカリキュラムについては、以下の文献参照。*Announcement of Courses of Instruction offered by the Faculty of Arts and Sciences, During the Winter and Spring Terms 1918-1919* (Cambridge: The University, 1918), pp.91-95, *Announcement of Courses of Instruction offered by the Faculty of Arts and Sciences of the Academic Year 1919-1920* (Cambridge: Harvard University, 1919), pp.101-104, *Announcement of Courses of Instruction offered by the Faculty of Arts and Sciences of the Academic Year 1920-1921* (Cambridge: Harvard University, 1920), pp.99-104.

（32）三好彰『ボストン日本人学生会の記録』（三好彰、二〇二〇年）、二七—三六頁。

(33)慶應義塾編『塾員名簿』(慶應義塾、一九四〇年)、二六、一〇三、一五六、三七八、三八八、四一九、五〇一頁。このほか、例えば小野京太郎は一九一六年二月に慶應義塾大学部を退学して渡米、ハーバード大学に学んで帰国後、義塾で学び直し、その後、太洋火災保険で課長を務めていたが、一九二七年七月八日に死去している(「学籍簿」慶應義塾大学学生部所蔵、『東京朝日新聞』一九二七年七月九日付夕刊)。

(34)「義塾留学生小林澄兄氏の帰朝」(『三田評論』第二三八号、一九一七年五月)、六五頁。

(35)小林澄兄「アメリカ大学の発達と今後」(『三田評論』第二四一号、一九一七年八月)、七—一八頁。

(36)帰国後も八十吉はハーバード大学留学経験者との交流を続けており、一九二五年一月には東京・虎ノ門で、石田新吉、岩崎清一郎、近藤眞一、川崎吉兵衛、阿部舜吾、齋藤甚一など八名とともに「ハーヴァート《ママ》三田会」を開催している(「ハーヴァート《ママ》三田会」『三田評論』第三三一号、一九二五年三月、七八頁)。

(37)前掲『慶應義塾百年史』中巻(後)、六二八—九頁。なお、一九三八年六月二四日に社頭・一太郎が没した後の同年八月二五日付の小熊信一郎宛書簡で、慶應義塾長の小泉信三は、八十吉を幼稚舎長に就けようと考えたところ、八十吉が辞退したとして、「貴兄には意外に御心配をかけ、まことに難有存じます。また岩崎君をも此為め出動せしめられたる由、御好意深謝いたします。貴兄から岩崎君へも何卒宜しく御伝へ下さい」と述べ、「既に福沢宗家の当主たる今日、一局部の事務の更に一局部の主任たるが如きは同君にふさはしからず、同僚諸君と双方に不便あることと思ひます。さりとて、同君の目下の年齢では、職務なくして只々家事を視るといふ如きは感心しません。恐らくは同君を早老せしめるでせう。貴兄にも何か御気付きがありましたら御聴かせ下さい」と小熊の意見を問うている。こうした経緯を経て、八十吉の社頭就任が実現したわけだが、ハーバード大学で学友であった小熊や岩崎と八十吉が、当時もなお親密な関係にあったことがわかる(小泉信三『小泉信三全集』第二五巻上、文藝春秋、一九七二年、二二一—二頁)。なお、慶應義塾の理事会が八十吉を社頭に推薦することを決したのは一九三九年九月一九日で、そこから推薦事務手続きが開始され、塾長名で全塾員に推薦依頼状を発送した結果、八十吉が総数九二三〇のうち九一九一の推薦状を獲得して推薦され、一〇月二四日の評議員会で社頭に当選した旨が報告されて、翌日に社頭に就任した(「昭和一四年一〇月　福沢社頭推薦記録」慶應義塾福沢研究センター蔵、受入番号・寄10340)。八十吉が死去したのは一九四七年二月一五日で、幼稚舎において葬儀が営まれ、以後、社頭は空席となっている(前掲『慶應義塾百年史』中巻(後)、六二九—三〇頁)。

(38)福沢八十吉「祝辞」(藤原工業大学編『藤原工業大学開校記念誌』藤原工業大学、一九三九年)、三三—四頁。

(39)福沢八十吉「社頭就任之辞—一一月一五日三田本塾に於ける披露式挨拶草稿」(『三田評論』第五〇八号、一九三九年一二月）、一〇頁。

（40）「式辞」（慶應義塾福沢研究センター蔵、受入番号・K97219）。

（41）富田正文「福沢八十吉さんのこと」（慶應義塾職員会編『塾監局小史』慶應義塾職員会、一九六〇年）、二〇六—七頁。

第二部　明治期のイエール大学留学生

第六章　慶應義塾とイエール大学

――世紀転換期における法学・社会学・哲学の継受

一、慶應義塾とハーバード大学

慶應義塾と歴史的に関わりの深いアメリカの大学というと、まず、ハーバード大学を思い浮かべる人が多いであろう。福沢諭吉が義塾に大学部を設けるにあたって、一八八九（明治二二）年に宣教師のアーサー・M・ナップを介してハーバード大学総長チャールズ・W・エリオットに親書を送り、その結果、ジョン・H・ウィグモア、ギャレット・ドロッパーズ、ウィリアム・S・リスカムの三名がそれぞれ法律科、理財科、文学科の主任教師として招聘されたことは、よく知られている。福沢はこの親書の中で、大学部を「a Japanese branch of Harvard University」のようなものにしたいとまで述べていた[1]。この三名については、それぞれ、法律学、経済学、英文学などの分野で、研究が深められてきている[2]。

都倉武之によれば、三人のうち特にウィグモアは日本滞在を満喫し、福沢との交遊などを楽しんだという。福沢は慶應義塾とハーバード大学の間で留学のための特別な協定を結ぶことを模索し、大学部第一期生の池田成彬（のち、日銀総裁）も、ハーバードに入学した。この協定は実現しなかったものの、その後もハーバードは塾生や教員の主要な留学先の一つとなり(3)、多くのハーバードの教授も義塾に招聘されて、エリオット自身も総長引退後に来日して三田演説館で講演した。ウィグモアは一九三五（昭和一〇）年に再来日して義塾で演説しており、翌年にハーバードから義塾に創立三〇〇周年記念式典への招待状が届くと、ウィグモアは塾長・小泉信三の渡米を後押しし、実際に小泉は渡米することとなった。小泉はハーバードでジェームズ・B・コナント総長と会見し、式典に参加、その後、マサチューセッツ工科大学（MIT）やコロンビア大学、イエール大学などを視察したが、その際に紹介状を書いたのもウィグモアであった。一九六三年にはハーバードが小泉に名誉博士号を授与する旨を打診したが、病床の小泉は授与式に参加できず、辞退している。こうした経緯を踏まえて、都倉は、「ハーバードと義塾の縁は長く深いのであり、これは義塾の財産といえるだろう」としている(4)。

さて、明治期の日本人にとって、アメリカの大学といえば、まずハーバード大学とイエール大学を思い浮かべる人が多かったらしく、一八九六年から九九年にかけてイエールに留学した松本亦太郎（のち、東京帝国大学教授）は、「米国で最も名声のあった大学はエールとハヴァート《ママ》の両大学であったから、日本から行く者は其孰れかを選んだ」と証言している(5)。新渡戸稲造は一八九一年に刊行した『日米関係史』で、一八七一年から八六年までの間に、「ハーバード大学には、最も優秀な若者」が留学しており、計一五名が法律や医学などを専攻したと述べており、ほぼ同じ時期に「エール大学には、約二十名の若者たちが留学したが、うち法律専攻者が大半を占めた」と記している(6)。

実際、明治期に慶應義塾からイエール大学に留学した人物も少なくなく、杉井六郎によると、明治期の日本人イエール留学生の出身学校のうち、最多の留学生を送り出したのは同志社で、第二位が慶應義塾となっている(7)。一八九九年にはじまった慶應義塾派遣留学生の初期における留学先をみても、堀江帰一と堀切善兵衛はハーバード大学、田中一貞と岡本謙三郎はイエール大学、名取和作と板倉卓造はコロンビア大学に学んでいる(8)。しかしこれまで、義塾とハーバードとの関係は語られても、イエールとの関わりについて、論じられることは少なかった。

そこで本章では、まず、明治期にイエール大学に留学した慶應義塾関係者(9)を明らかにし、留学の時期や専攻などの傾向について論じたい。その上で、留学生が集中している、二〇世紀を迎える世紀転換期に焦点をあて、当該期にイエールに学んだ政尾藤吉、田中一貞、柴田一能、岡本謙三郎の四名を事例として取り上げて、彼等の留学の背景と経緯、特に留学中に習得した法学や社会学、哲学などの内容を検討し、最後に、彼等の留学の成果と意義について考察する。

二、明治期にイエールに留学した慶應義塾関係者

杉井六郎が、イエール大学図書館が所蔵する各年度の学生カタログをもとに作成した明治期の日本人イエール留学生のリストである「イェール大学在籍者リスト」(10)と、慶應義塾の入学記録である『慶應義塾入社帳』(11)を照合して、明治期にイエール大学に留学した義塾関係者を以下に、在籍年順に紹介しておきたい。同リストおよび先行研究などにより、イエールでの専攻分野、および取得学位が判明

している場合は、それも付記した。

- 田尻稲次郎（一八七四年―一八七九年）☆　経済学　Bachelor of Arts
- 津田純一（一八七五年―一八七七年）☆　法律学
- 箕作佳吉（一八七七年―一八七九年）☆　生物学　Bachelor of Philosophy
- 岡部長職（一八七九年―一八八一年）☆　生物学
- 政尾藤吉（一八九五年―一八九七年）☆　法律学　Doctor of Civil Law
- 三浦慶三郎（一八九七年―一八九八年）☆　法律学
- 若松忠太郎（一八九八年―一九〇〇年）☆　電気工学
- 松本宗吾（一八九九年―一九〇一年）　政治学　Mater of Arts
- 田中一貞（一九〇一年―一九〇二年）　社会学　Mater of Arts
- 柴田一能（一九〇一年―一九〇三年）　宗教哲学　Mater of Arts
- 蔵田宜彦（一九〇一年―一九〇四年）　経済学　Mater of Arts
- 山崎快英（一九〇一年―一九〇五年）　哲学　Mater of Arts
- 平野一郎（一九〇二年―一九〇六年）　経済学
- 石村誠一（一九〇三年―一九〇四年）　政治経済学
- 鈴木市之助（一九〇五年―一九〇六年）　経済学
- 藤山九一（一九〇五年―一九〇六年）　経済学

・松尾武夫（一九〇五年―一九〇七年）　経済学
・瀬川巌（一九〇五年―一九〇七年）〇　経済学　Mater of Arts
・高橋政次郎（一九〇六年―一九〇八年）　歴史学
・稲岡世民（一九〇七年―一九〇八年）☆　経済学　Mater of Arts
・岡本謙三郎（一九〇七年―一九〇九年）　英文学　Mater of Arts
・柳雄吉（一九〇七年―一九一〇年）〇　経済学

以上は、☆印と〇印のついている人物を除いて、「イェール大学在籍者リスト」に日本での最終学歴として「Keio」と記載されており、『慶應義塾入社帳』でも氏名が確認できた人物である。☆印は、「イェール大学在籍者リスト」に日本での最終学歴として「Keio」の記載がないが、『慶應義塾入社帳』には氏名があり、義塾への入学年や出身地、これまでの研究などから、義塾を経てイエールに学んだことが確実な人物である。

『慶應義塾入社帳』には、一九〇一年一一月までに入学した者しか記載されていないため、一九〇一年一二月以降に入学した人物については、「イェール大学在籍者リスト」と照合することができない。〇印は、「イェール大学在籍者リスト」に日本での最終学歴として「Keio」と記載されているものの、『慶應義塾入社帳』には氏名が記載されていない人物で、「Segawa Iwao」「Inouye Tora」「Izumi Akira」「Yanagi Yukichi」の四名がこれに該当する。彼等は一九〇一年一二月以降の義塾入学者だと思われるため、慶應義塾の卒業生名簿である『慶應義塾塾員姓名録』『慶應義塾塾員名簿』[12]および、

『マイクロフィルム版福沢関係文書』に収録されている「卒業生名簿」[13]を調査したところ、いずれも氏名は確認できなかった。ただし、「Segawa Iwao」と「Yanagi Yukichi」については、慶應義塾大学部の学籍簿に記載があり、氏名が「瀬川巌」、「柳雄吉」であることが判明した。[14]いずれも卒業はせずに退学あるいは除籍となっており、「Inouye Tora」と「Izumi Akira」についても同様だと思われるが、学籍簿で氏名が確認できなかったため、この二名はリストから除外した。

以上を踏まえると、明治期にイエール大学に留学したことが確実な慶應義塾関係者は二二名となる。イエールに入学した最初の日本人は一八七〇年入学の大原令之助（本名・吉原重俊、のち、日銀総裁）で、[15]慶應義塾関係者でも、最も早い入学者の田尻稲次郎（のち、東京市長）が一八七四年、続く津田純一（のち、兵庫県師範学校長）が一八七五年、箕作佳吉（のち、東京帝国大学教授）が一八七七年、さらに岡部長職（のち、司法大臣）が一八七九年という明治初期の段階で入学しているが、[16]それ以外の人物は、一八九五年から一九一〇年の間に留学期間が集中しているのが、特徴的である。専攻分野は、前半期はかなりのばらつきがみられ、後半期はほとんどが経済学になっているが、いわゆる文系に偏っており、理系の学問を専攻したのは箕作と岡部、若松しかいない。全体の約三分の一が修士号、政尾のみ博士号を取得した。この間、一八八〇年代には誰も入学しておらず、その原因は定かでないが、一八七七年の西南戦争前後から士族の困窮などによって慶應義塾は経営の危機に陥っており、[17]一八八〇年代は松方デフレによる不況で都市住民や農民が困窮したことはよく知られている。これにより、義塾関係者も留学にかかる費用を捻出することが困難になっていたのではないかと推測される。

辻直人は、「エール大学には慶應義塾出身者が一八九六年と九七年に各一名入学した後、一九〇〇年～一九〇九年には計十三名の塾関係留学生が入学している。ただしその後は一九二〇年代に三名入学したにとどまっている」として、一八七〇年から一九三七年までの日本人イエール大学留学生の情報を記載した「ヱール大学日本学生名簿[18]」の中で、「最も古い慶應義塾出身留学生」として若松忠太郎と松本宗吾を挙げ、両名が一八九七年時点で在籍していたとしている[19]。ここにいう慶應義塾出身者は卒業生のみを指しているのかもしれないが、これを卒業生だけでなく在籍者まで広げると、右のリストの通り、イエールにはすでに一八七〇年代に田尻、津田、箕作、岡部の四名の義塾関係者が入学しており、若松、松本の前には、政尾と三浦も入学していた。また、「イェール大学在籍者リスト」に依るならば、若松の入学年は一八九八年、松本の入学年は一八九九年である[20]。もっとも、一九〇九年で義塾からの入学者が一旦途絶え、一九二〇年代まで入学者がいないという指摘は、明治期のみを分析対象としている本章に示唆する点は大きい。辻は、慶應義塾派遣留学生として、義塾が校費をもってイエールに派遣したのは田中一貞と岡本謙三郎のみであり、それ以外の塾員や教職員は自費による留学であり、特に明治期においては、こうした自費留学が多数を占める傾向がみられていたと指摘しているが、そうした傾向は、このリストからもうかがえよう[21]。

三、世紀転換期前後の留学――背景と経緯

なぜ、多くの慶應義塾関係者が二〇世紀を迎える前後の世紀転換期にイエール大学で学んだのか。

留学の経緯や背景がある程度判明する人物について、個別に検証しておこう。

まず、留学の経緯が比較的詳しくわかっているのは、政尾藤吉である。主に香川孝三の研究[22]に依って、その経緯をみていきたい。

政尾藤吉は一八七〇年に愛媛県に生まれ、喜多学校を経て大阪に出て、ミッション・スクールに学び、一八八八年一一月に慶應義塾に入社した[23]。同じ頃に、中村敬宇の同人社にも入っていたらしいが、一八八九年三月には東京専門学校に転じている。義塾にいたのはわずかであったが、東京専門学校も四ケ月在籍しただけで英語普通科を卒業し、翌年には関西学院に転じた。この間、広島英和女学校で教えていたらしく、そこで貯めた資金などをもとに、渡米した。香川は政尾のアメリカ留学の動機として、立身出世を目指したこと、英語に磨きをかけたかったこと、私費での留学が可能と判断したこと、そして徴兵猶予の特典を得るため、の四点を挙げている[24]。

政尾はまず、一八九一年一〇月にヴァンダービルト大学に入学して神学とリベラル・アーツを学び、その後、ウェスト・ヴァージニア大学のロースクールに転校して卒業、弁護士登録をした。その上で、イエール大学に学んでいた友人から、東京専門学校の先輩である杉田金之助がイエールで博士号を取得したと聞き、一八九五年にイエール・ロースクールに入学、松本亦太郎などの日本人留学生と一緒に暮らし、一八九七年に「日本の新しい民法典」の論文で博士号を取得する。松本は、政尾が流暢なラテン語でこの論文の末尾を朗読し、大喝采を受けていたと回顧している[25]。指導教授はサイモン・E・ボールドウィン教授で、政尾とは生涯にわたって連絡を取り合う恩師となる。政尾は在学中に、イエールの助手として月給二五〇ドルを得ていたという[26]。アメリカに永住することを考えていたが、日本人排斥運動が広がりはじめていたことなどを受け、一八九七年七月二九日に帰国した。[27] イエール卒業後も、大学側は政尾の動静を伝える新聞記事などを収集しており、一九二一年八月に政尾が没した際には、詳細な経歴書を作成した上で、「彼はロースクールの大変な人気者で……その能力は高く尊敬されていた」と評している。[28] 政尾がいかに優秀な学生であったかがうかがえよう。

帰国後は、『ジャパン・タイムズ』に短期間勤務して退職、一八九七年一〇月に外務省が政尾に対し、シャム（タイ）の法律制度についての顧問職に就くよう依頼した。これを受けて、政尾は翌月にシャムに赴いている。[29] 以後、政尾は日本とシャムを往復しながら、シャムの法典編纂や日本とシャムとの交流などに尽力していくことになる。[30]

続いて、第二回慶應義塾派遣留学生としてイエール大学に赴いた田中一貞を取り上げよう。田中に関しては川合隆男の研究[31]があるため、それに依りながら、留学の経緯を追っておきたい。

田中は一八七二年に酒田県に生まれ、鶴岡蔵修学校、鶴岡朝暘高等小学校などを経て上京、東京英語学校や東京物理学校に学んだのち、一八九〇年一〇月に慶應義塾に入社[32]し、大学部文学科に進学、在学中には福沢とも交流を持った。一八九六年一二月に卒業し、宮崎県延岡の私塾・亮天社の教師として赴任、一九〇一年二月まで務めたあと、五月に林毅陸とともに第二回の慶應義塾派遣留学生に選ばれ、渡米することとなった。[33] 一八九九年に開始された義塾の派遣留学生は、それまで外国人教師に依存していた大学部の教育体制を改革すべく、理事の門野幾之進が、留学生を派遣して自前で教師を養成すべきだと提案し、専門的学問を日本語で語ることのできる日本人教師を育成するという目的で、決定されたものであった。[34]

田中一貞

慶應義塾福沢研究センター提供

田中は一九〇一年からイエール大学の大学院で、同大学で政治学と社会学を担当していたウィリアム・G・サムナー教授などのもとで社会学研究に取り組み、翌年にマスター・オブ・アーツの学位を取得、その後フランスに移って、パリにあるコレージュ・ド・フランスのガブリエル・タルド教授に就いて社会心理学などを学び、ヨーロッパ各国を視察して、一九〇四年三月二日に帰国した。川合によると、「サムナーは、アメリカ合衆国の歴史的転換期における人々の行為や規範にみる『民習』(folkways)や『習律』(mores)の変化を自由主義、社会進化論の視点から考察しようとしていたアメリカ社会学を代表する創立者のひとり」であり、またタルドは、「判事、犯罪学者、社会学者、社会心理学者で、個人と個人の関係を基礎とする立場・社会的名目論の視点から社会現象を解明しようとして、『模倣の法則』(一八九〇)、『社会法則』(一八九三)、『世論と群衆』(一九一〇)を著わしていた」という[35]。

田中は渡米前から社会学、社会心理学に開眼し、教育や論文の執筆、翻訳活動に熱心に取り組んでおり、留学の機会が訪れた際には、サムナーやタルドのことも知った上で、イエール大学とコレージュ・ド・フランスを留学先に選んだのであろう。帰国後、田中は一九〇四年四月に慶應義塾大学部教授に就任して、社会学とフランス語を教えることとなった。翌年には図書館監督（館長）を兼務し、その発展に尽力することになる。三田社会学会初代会長などを務めたあと、一九二一（大正一〇年）

年九月二三日に死去した。[36]

田中が留学した一九〇一年に、イエール大学は創立二〇〇周年を迎え、記念祭や式典が開催された。田中は、「エール大学二〇〇年祭の状況」と題するエッセイを『慶應義塾学報』に寄せ、記念祭が賑わっている様子を伝えつつ、「小生等もだまつて居るわけにも参らず、小生が主任になりて大なる角燈をつくることゝ相成候……日本人一同桜色のガオンを着、手に〳〵日本提灯を捧げ真先に国旗を推したて中央に此御所車に擬したる角灯を六人にて担ぎ」、沿道の喝采を浴びながら練り歩いたと伝えている。田中は、「何しろ一私立学校の祝賀炬火行列に儀仗兵を出し、大統領が態々学位を受けに出張するなど、実に日本の私立学校待遇とは余り違たものに候はずや」と嘆じた。[37]

なお、田中はイエールを去るとき、「一年間住みなれて少なからざる利益を小弟に与へたる楡の都を去り申候東巌西崖エールの校舎、王冠街、去るにのぞみて痛く別の惜まれて異邦なから故郷を去るの感あるも可笑し」と日記に記し、イエールへの愛惜の情を示している。[38]

田中は卒業後もイエール大学との関係を維持していたらしく、イエール側には彼が慶應義塾で教育に従事していることや、その住所などを記したメモが複数残されている。死去後の一九三六年九月二九日にはイエールからその家族宛に書簡が送付され、イエール側で死亡記録を作成するにあたり、田中の伝記的な文章を準備しているとして、田中の生年月日や死亡年月日、死因、葬儀場、家族構成、学歴、職業、住所、義塾卒業からイエール入学までの間の動静、所属団体、などに関して問い合わせている。一〇月三日には義塾に対しても、田中が義塾図書館に関係していたことを承知しているとした上で、同様の質問を寄せた。[39]

柴田一能の留学については、安中尚史の研究がある。[40] 以下、主にそれに沿って、留学の経緯をみていこう。

柴田は一八七三年に京都府に生まれ、一八九六年一月に慶應義塾に入社、[41] 在学中に東京の仏教青年会、三田仏教会のメンバーとなった。一九〇一年四月に大学部文学科卒業後、[42] 山口高等学校の教授に招聘されようとしたところ、イエール大学に留学することになり、帰国後は日蓮宗大学林設立委員会の秘書役として活躍、義塾から協力を受けて同大学林設立申請書類を作成し、設立後は、同大学林の中等科教頭、義塾大学部教授、日蓮宗衆務総監などを歴任して、アメリカへの海外布教にも力を入れた。一九五一年に没している。[43]

柴田がイエール大学に留学することになったのは、先述の田中一貞に同行することになったためである。柴田は田中とともに一九〇一年五月二八日に横浜を出発し、六月二二日にイエールのあるコネチカット州ニューヘイブンに到着、曹洞宗からの留学生である山崎快英と三名でイエールに入学した。その際、慶應義塾の同窓生である松本宗吾の案内で入学手続をしている。[44] イエールにも、義塾のネットワークが存在していたことがうかがえよう。

柴田はイエール大学在学中、こうした慶應義塾のネットワークを強化しようと努めたようで、一九〇二年一一月、第一回義塾派遣留学生の神戸寅次郎がドイツ留学から帰国の途上、イエールに立ち寄った際には、山崎、蔵田、平野とともに「エール大学に於ける義塾同窓会」を開催し、発起人を代表して、「神戸氏の来米を機としてエール大学に同窓会の基礎を置く事を得たるの幸ひを喜び、這度神戸氏の成業は義塾の将来の為め帝国の文化の為めに一大白を挙げて祝すべき事にして向後第二、第三と新進留学生の欧米に派遣せらるゝは勿論の事一般塾員同窓にも、学業なり商工業なり夫々志す所に従つて続々と海外に出遊する者の日一日より加はり来らん事を望む」と挨拶している。[45]また、翌年二月三日の福沢の命日には、「エール大学に於ける故福沢先生第三週年紀年会」が催されて、柴田、山崎、蔵田などが集まって「先生の感化の下に人となりし吾等……海外遠遊の身の、唯だ心ばかりの香華を手向けて、今も尚ほ歴として吾等の精神に生き給へる、故先生の俤を偲」んだが、「故先生の霊を祭る」との文章を読み上げ、この会の開催を義塾に報告したのも柴田であった。[46]

柴田はイエール大学で、ジョージ・T・ラッド教授に師事して、哲学・倫理学・宗教学の研究に従事し、在学中には釈尊降誕会を田中や山崎などと催し、日蓮聖人立教開宗六五〇年を記念する講演会も開催して、柴田は「宗祖伝」、山崎は「開宗記念会に際して所信をのぶ」と題する講演をしている。一九〇二年、「カント学及び実在論管見」と題する論文でマスター・オブ・アーツの学位を受けたが、当時の柴田の様子は日本の新聞でも報じられており、『東京朝日新聞』は、「柴田一能氏（二十八）はエール大学に入りラツド博士の教授を受け居れるが此程同校に於て講義の節学生及び教授等に対し仏教の大乗起信論を説き現今最高の哲学思想と称せらるゝ」と、学生や教授陣に仏教教説を説いていたことがうかがえる。[47]翌年にイエール哲学会で日本人留学生による講演会が開催されると、柴田は「日宗教義の一班」、山崎は「禅宗とは何ぞや」、同志社から留学していた村田勤が「キリストの立場より真宗を論ず」と題して講演した。ヨーロッパを視察したあと、同年九月一五日に帰国している。[48]

ラッドはイエール大学哲学部でカントを中心に研究・教授した哲学者、また心理学者、神学者で、親日家としても知られ、日本人留学生のために奨学金を設け、自らも学資を援助するなど、その受け入れにきわめて積極的な人物であった。ラッドに師事した松本亦太郎は、「日本学生でラッド教授の講義や演習に或る期間出席し其教を受けた品性上の薫陶を受けたものは甚だ多い」と述べている。[49]実際、同志社からイエールに留学した森田久万人（のち、同志社神学校教授）、浮田和民（のち、早稲田大学教授）、小崎弘道（当時、同志社社長）、三宅亥四郎（のち、早稲田大学教授）なども、柴田と同時期にラッドに師事している。[50]ラッド自身、一八九二年、一八九九年、一九〇六年から七年にかけて三度の来日を果たし、勲二等旭日重光章を授与された。[51]田中が際会したイエール大学創立二〇〇周年記念式典において、伊藤博文と鳩山和夫に名誉博士号が授与されているが、彼等への授与を斡旋したのもラッドであった。[52]

柴田は、宗教哲学という専門分野はもとより、ラッドのこうした親日的な姿勢に期待して師事することとなり、ラッドもこれを歓迎したのであろう。山崎快英も哲学を専攻し、また柴田と行動を共にしていることから、やはりラッドに師事していた可能性が高い。柴田と同時期に同志社からイエール大学に留学し、ラッドに学んだ河邊治六（のち、慶應義塾大学教授）[53]は、「彼の哲学的思索は基督教から入つたものであつて、終まで基督教主義を離れなかつた。彼は自己の宗教の忠義なる擁護者であつた……その思想といひ人格といひ比較的に保守的色彩を帯び穏健着実であつたから、当時米国で優勢であつたやゝ保守に傾いた思想界から非常に重ぜられたも偶然でない」とラッドを評している。[54]こうした宗教的、保守的影響を、柴田も多分に受けたに違いない。なお、柴田は帰国後もラッドとの交際を続けており、一九〇四年には、柴田訳によるラッドの講演筆記が『慶應義塾学報』に掲載されている。[55]

田中一貞もラッドと接点があり、一九一三年から翌年にかけて欧米視察に出かけた際には、イエール大学を訪問し、ラッドの家に泊まっている。二人には、留学中から面識があった(56)。田中によると、そこは伊藤博文が式典出席の際に泊まった家であり、「夫婦共非常な日本贔屓で夫人は復日本に行き度くてホームシックに罹つて居ると語られ、家中一杯に飾つてある日本の美術品に就て一々説明して聞かせられたが、日本でも容易に見られぬ貴重な陶器や紺地金泥の古写経抔があつた。朝などはラッド博士が筒袖の糸織の着物を着て、縮緬の兵児帯を締めて出て来ることもあつた」という。また、当時イエールで教鞭を執っていた朝河貫一がラッド宅の夕食に招かれると、ラッドは朝河に「日本の利益となるべき書類や新聞の切抜を示し、自分の健康が許すならば之を纏めて一冊の本にしたいが其れも叶わぬ」として、これを基礎に博士論文を書く学生を紹介してほしいと述べたという(57)。田中はこれをみて、「博士が日本を思ふことの厚き実に感謝に堪へぬ次第である」と記している(58)。ラッドが、日本とイエール、また慶應義塾とイエールを結びつける上で、重要な役割を果たしていたことが理解されよう。

なお、柴田は日蓮宗の正式な留学生として派遣されており、出発に際しては日蓮宗青年同志会や日蓮宗大檀林有志らによる送別会、告別演説会が開かれ、日蓮宗管長から法華経と折五条が贈られている。日蓮宗からの経済的な援助があった可能性も高い(59)。

柴田と山崎の留学のあと、慶應義塾からの留学生は、専ら経済学を学びにイエール大学に留学していくことになる。その経緯や背景は不明だが、例えば鈴木市之助はイエールで経済学を学んで帰国後、旭電化工業の常務に就任、社長を務めており(60)、同時期にやはりイエールで経済学を専攻した藤山九一は、帰国後に日東化工の監査役となっている。[61]経済界での活躍を目指して、イエールで経済学を学んだ人々が多かったのであろう。例外は、高橋政次郎と岡本謙三郎で、このうち高橋は、一八八八年二月一五日に慶應義塾に入り、[62]一九〇〇年九月まで学んで渡米、一九〇一年にローウェル高校、一九〇四年にミルトン・カレッジに進学し、一九〇六年からイエール大学で歴史学を専攻した。[63]あえて歴史学を学んだ理由は定かでないが、中等教育段階からアメリカで教育を受けたことが、ほかの留学生との相違点になっているのかもしれない。

高橋のイエール大学在学中に、慶應義塾派遣留学生としてイエール大学に入学した岡本謙三郎は、一八八三年に福沢諭吉の側近として知られる岡本貞烋の二男として東京に生まれ、芝区三田南海小学校を経て、一八九七年四月に慶應義塾に入社、大学部では当初法律科に属したが、すぐに文学科に転じ、一九〇七年三月に文学科を卒業後、同年七月にイエールに派遣された。[64]義塾在学中から主にイギリスの古代文学を研究したが、絵画にも詳しかった。友人の山下吉三郎と安藤復蔵によると、イエールを修了後、イギリスに行ってロンドンの図書館で英文学書を読む傍ら、美術館に足を運んでいたという。[65]やはり友人の下田将美も、岡本の「文学観は絵画と切り離して考へることはどうしても出来ない」とした上で、イエールでは英文学やアルフレッド・テニスン、ロバート・ブラウニングなどの詩に関心を寄せ、スピノザやデカルトの哲学との関係性について研究していたという。修士論文のタイトルは「詩の理論」であった。一九〇九年一二月に帰国後、翌月に慶應義塾大学部教授となり、古典英文学の研究に従事したが、すぐに病に伏してしまい、一九一二年一〇月一日に没した。[66]死去した際、イエールで英文学を教えていたウィリアム・L・フェルプス教授から岡本貞烋に、「小生は御令息の麗しき御心情と才覚とを敬し、その人格を愛し居り候」といった書簡が届いているので、イエールでは主にフェルプスに師事していたのであろう。(67)

このため、帰国後の業績はあまり残されていないが、留学中に、岡本は「エール大学生活」と題する文章を『慶應義塾学報』に寄せている。そこで岡本は、日本や中国からの留学生の近況や、ハーバードと比較したイエールの校風などについて伝え、「小生はエール学生々活を知る便利上 Student appartment《ママ》に下宿致居候。同宿の学生の多くは Freshmen か或は Junior にて、小生が一番の先輩なるには少しく恐縮致し居候。彼等は小生を呼んで Old Boy! と申候。種々面白き校風など知る事を得大に愉快に感じ申候」などと、寄宿舎生活について報告している。(68)

四、留学の成果・意義

世紀転換期にイエール大学に学んだ慶應義塾関係者のうち、帰国後に活躍したのは政尾や田中、柴田などに限られ、同時期に原田助、小崎弘道、横井時雄、牧野虎次という四名の、社長・総長を務める人材を送り出した同志社と比べると、地味な印象は否めない。明治期のイエール留学生の総数も、同志社関係者は三七名に上っている。(69)

ただ、政尾の民法学、田中の社会学、柴田の哲学の継受による、法整備支援や社会学および哲学研究・教育への貢献は、イエール大学留学の意義として、見過ごされるべきではなかろう。

香川孝三は、政尾がシャムの立法作業や司法制度の改革、法の近代化に貢献した点を、高く評価している。それを可能にしたのは、日本法を英語に訳し、シャムの立法化に利用できたという、政尾の学識と語学力であった。[70] その意味で、アメリカ留学の意味は大きかった。もっとも、政尾が慶應義塾にいたのは短期間に過ぎず、その後は東京専門学校や東京帝国大学の人脈を頼っているので、義塾の留学生としての位置付けは難しい。

一方、田中については、慶應義塾から派遣され、義塾の教授として社会学と図書館の発展に尽力した。川合隆男は、「田中一貞の社会学観、社会学論」について、「当時の東京帝大の建部遯吾らの国家有機体説を軸とする社会学観と対比して、むしろ個人間の関係を根本現象として重視、個人の社会関係を基礎とする社会学における心理学的社会学という新たな学問傾向を推し進め、また塾の社会学の中心的存在を担った」と評価している。[71] 寺川隆一郎は、こうした個人主義的な社会学説は、「サムナー、タルドゆずり」のものだと指摘し、「田中が監督に就任してからの図書館の発展は目覚ましいものがある」として、義塾図書館発展への貢献についても強調する。[72]

田中とともに留学した柴田は、イエール大学在学中の一九〇二年に日蓮の立教開宗から六五〇年を迎えた。日蓮宗内ではこれを契機としたさまざまな改革案が練られ、特に教育の重要性が強調されている。柴田の派遣はその一環であった。[73] 柴田自身がイエールで修士号を得て帰国し、その後日蓮宗大学林中等科教頭などを務めたことは、こうした日蓮宗のニーズに応えたものであったといえよう。慶應義塾では大学部の教授として一九〇四年から六年にかけて「哲学概論」を担当しており、[74] ラッドから学んだカントを中心とする哲学を講じていたものと思われる。先述の河邊治六も、帰国後に慶應義塾大学部教授となって「哲学概論」や「倫理学」などを教え、ラッド哲学の系譜を受け継いでいる。[75]

彼等の留学経験は、義塾の哲学研究・教育史を考える上で、無視できない[76]。

なお、柴田は卒業後もイエール大学との関係を維持しており、一九二九年八月五日には、同窓会記録係のマリオン・L・フィリップスから、蔵田宣彦についての情報提供に感謝する書簡が発信されている。柴田の動静はイエール側にも伝えられており、日蓮宗大学林や慶應義塾などで働いたことや家族構成、出版物、住所などが同窓生情報として記録されており、死去した際には死因や葬儀場、長男の氏名、職業、住所、義塾での役職や退職年が整理されている[77]。

詩と哲学の関係を探究した岡本は、イエール大学時代にも画家として多くの作品を描いており、留学の前後には美術論も書き残している[78]。帰国後の入院中、一九一一年に記した論文では、ターナーの風景画を分析して、そこに「他の画家に一寸見られぬだけの分量で時間の感がある」と評した[79]。フェルプスは、「令息の彩管に成りし絵画は今猶茲にありて、深く賞讃致居候。御令息は誠の世界の市民、全き紳士と常に見受けられ、且つ良家の子弟にして善良なる教養をうけられたる事も承知致し居り候。小生はわが命のあらん限りその面影を忘るまじく小生が此世に別れて逝かん日には必ずかの世にて再会すべきを露疑はず候」と貞然に伝えている[80]。夭折しなければ、英文学者や画家、美術評論家、哲学者として、歴史に名をとどめていたかもしれない。

イエール大学は、東京大学との間で二〇〇七（平成一九）年に「Todai-Yale Initiative」を設立して協力関係を築き、早稲田大学もまた、その卒業生である朝河貫一がイエールで日本人として初の教授となったこともあって、浅からぬ関係にある。しかし明治史を顧みると、ラッドをして「同志社とエール大学の間に親密なる関係を生じたるを祝す[81]」といわしめたのは同志社であったが、それに次ぐ密接な関係を持ったのは慶應義塾であった。[82] これもまた一つの歴史的遺産として、顧みられるべきであろう。

注

（1）一八八九年四月日未詳チャールズ・W・エリオット宛福沢諭吉書簡（慶應義塾編『福沢諭吉書簡集』第六巻、岩波書店、二〇〇二年）、一三三―六頁、「慶應義塾大学部の設置」（前掲『福沢諭吉書簡集』第六巻）、四〇五―七頁、「三人の招聘外国人教師」（福沢諭吉事典編集委員会編『福沢諭吉事典』慶應義塾、二〇一〇年）、一五九―六〇頁。大学部設置の経緯については、清岡暎一編／訳『慶應義塾大学部の誕生―ハーバード大学よりの新資料』（慶應義塾、一九八三年）、白井堯子『福沢諭吉と宣教師たち―知られざる明治期の日英関係』（未來社、一九九九年）、なども参照。

（2）ウィグモアについては、岩谷十郎「ウィグモアの法律学校―明治中期一アメリカ人法律家の試み」（『法学研究』第六九巻一号、一九九六年一月）、岩谷十郎「ジョン・ヘンリー・ウィグモアの残した二つの契約書―「日本関連文書」の構造とその研究」（『近代日本研究』第一三巻、一九九七年三月）、岩谷十郎「福沢諭吉とジョン・ヘンリー・ウィグモア―法律専門教育をめぐる二つのヴィジョン」（安西敏三・岩谷十郎・森征一編著『福沢諭吉の法思想―視座・実践・影響』慶應義塾大学出版会、二〇〇二年）、ドロッパーズについては、西川俊作「G・ドロッパーズの履歴と業績」（『三田商学研究』第二六巻一号、一九八三年四月）、池田幸弘「ギャレット・ドロッパーズの経済学―ギャレット・ドロッパーズとドイツ歴史学派」（『近代日本研究』第一四巻、一九九八年三月）、池田幸弘「ギャレット・ドロッパーズとドイツ経済思想」（池田幸弘・小室正紀編著『近代日本と経済学―慶應義塾の経済学者たち』慶應義塾大学出版会、二〇一五年）、リスカムについては、土屋博政『ユニテリアンと福沢諭吉― Unitarian= 自由キリスト教』（慶應義塾大学出版会、二〇〇四年）附論「ウィリアム・リスカムとユニテリアン主義」、など参照。

（3）その一端は、第五章で論じた通りである。

（4）都倉武之「慶應義塾史上のハーバード―両者を結んだ人々」（『三田評論』第一一八九号、二〇一五年五月）、六四―七〇頁。

（5）松本亦太郎「ラッド教授を追憶す」（『心理研究』第二〇巻一一八号、一九二一年）、二五〇頁。

（6）新渡戸稲造著／木下菊人訳『日米関係史』（新渡戸稲造全集編集委員会編『新渡戸稲造全集』第一七巻、教文館、一九八五年）、五四〇―一頁。

（7）杉井六郎「イェールの日本人」（『同志社アメリカ研究』第一三号、一九七七年三月）、九三頁。ちなみに、第三位は早稲田、第四位は東京帝国大学、第五位は東北学院、となっている（同前）。

（8）辻直人「慶應義塾海外留学生の派遣実態とその意義」（『近代日本研究』第三〇巻、二〇一四年二月）、一二八―三二頁。

（9）慶應義塾では、一八七三年三月に卒業制度が設けられた（慶應義塾編『慶應義塾百年史』上巻、慶應義塾、一九五八年、四一一―六一頁）。本章では、卒業制度成立前に義塾を出た者、また成立後の卒業生、および退学、除籍となった者も含めて検討対象とするため、彼等を慶應義塾関係者と呼び、その基準を、義塾に入学・在籍した者とする。

（10）「イェール大学在籍者リスト」（前掲「イェールの日本人」）、七二―九一頁。英文で、氏名や出身地、日本での最終学歴、イエール入学・在籍年度、所属学部、専攻、住所、取得学位、典拠文献などが記されている。

（11）慶應義塾福沢研究センター編『慶應義塾入社帳』全六巻・索引（慶應義塾、一九八六年）。氏名や義塾への入社年月、本籍、保証人などが記されている。

（12）慶應義塾塾監局『慶應義塾塾員姓名録』（一九〇五年八月―一九一〇年八月）、慶應義塾塾監局『慶應義塾塾員名簿』（一九一一年九月）。

（13）「卒業生名簿」（慶應義塾福沢研究センター蔵、福沢研究センター編『マイクロフィルム版福沢関係文書　福沢諭吉と慶應義塾（収録文書目録第三分冊・慶應義塾関係資料（三））』雄松堂、一九九一年、K5-A01-01）。

（14）「学籍簿」（慶應義塾大学学生部所蔵）。瀬川は、一九〇二年五月に慶應義塾大学部入学、一九〇四年一〇月に「渡米ノ為メ退学」しており、柳は一九〇三年九月に慶應義塾大学部入学、一九〇七年二月に除籍されている（同前）。なお、村山鉄次郎「わが国の体操の歴史―特に昭和初期までの器械体操について（その1）明治時代の体操の展開」（『明治大学教養論集』第二二〇号、一九八九年三月）に、ウィスコンシン大学に転校した人物として慶應義塾器械体操部員の瀬川巌の名がある（一五頁）。渡米してまずウィスコンシン大学に入り、イエール大学に転じたのであろう。

（15）拙稿「初代日銀総裁・吉原重俊の思想形成と政策展開」（『法学研究』第八七巻九号、二〇一四年九月）、参照。

（16）田尻・津田・箕作・岡部の留学については、北口由望「明治初期のイェール大学日本人留学生―田尻稲次郎が学んだカリキュラムを中心に（一）（二）」（『専修大学史紀要』第六・一〇号、二〇一四年三月・二〇一八年三月）、本書第二章、溝口元「動物学者箕作佳吉、谷津直秀の滞米在学記録について」（『生物学史研究』第六四号、一九九九年一〇月）、拙著『評伝 岡部長職―明治を生きた最後の藩主』（慶應義塾大学出版会、二〇〇六年）、など参照。

（17）「維持資金借り入れ運動の失敗」「廃塾宣言」「慶應義塾維持法案」（前掲『福沢諭吉事典』）、一四七―九頁。

（18）「エール大学日本学生名簿」（Yale University, Sterling Memorial Library, Manuscripts and Archives Group Number 40, Kan'ichi Asakawa Papers, Series No.III. Box. 60, Folder No.296）。同資料については、増井由紀美「朝河貫一―自覚ある「国際人」明治末から大正にかけてイェール大学に見る日本人研究者事情」（『敬愛大学国際研究』第一八号、二〇〇六年一二月）、参照。

（19）前掲「慶應義塾海外留学生の派遣実態とその意義」、一三七―四三頁。

（20）前掲「イェール大学在籍者リスト」、八〇、八九頁。なお、一八九五年から九七年にかけて、イエール大学出身の弁護士であるヘンリー・T・テリーが慶應義塾大学部理財科・法律科で教鞭を執っており、このことも、義塾の学生がイエールを身近に感じるようになった要因の一つかもしれない（慶應義塾一五〇年史資料集編集委員会編『慶應義塾一五〇年史資料集2 基礎資料編　教職員・教育体制資料集成』慶應義塾、二〇一六年、七六〇、一二六四―一二六五頁、慶應義塾編『慶應義塾百年史』別巻・大学編、慶應義塾、一九六二年、四三九―四〇頁）。テリーの業績や講義の様子などについては、東京帝大で授業を受けていた高柳賢三による追想などがある（高柳賢三「ヘンリ・T・テリイ先生の追想」高柳賢三『米英の法律思潮』海口書店、一九四八年、三一五―二二頁、「高柳賢三先生にきく（一）―日本における英米法研究の足跡をたどる（聞き手・伊藤正己・田中英夫）」『書斎の窓』第九七号、一九六二年一月、一―五頁）。

（21）前掲「慶應義塾海外留学生の派遣実態とその意義」、一三二―四三頁。

（22）香川孝三『政尾藤吉伝―法整備支援国際協力の先駆者』（信山社出版、二〇〇二年）。

（23）前掲『慶應義塾入社帳』第四巻、一七頁。

（24）前掲『政尾藤吉伝―法整備支援国際協力の先駆者』、六―二六頁。東京専門学校では、一八八七年に英学科からはじめてのアメリカ留学生が生まれており、このことも政尾の留学志望の一因になったのではないか、と香川は指摘している（同前、二七―八頁）。当時の東京専門学校からの英米留学生については、武田勝彦「東京専門学校海外留学生の航跡」（『早稲田大学史記要』第二八号、一九九六年九月）、七七―一〇八頁、参照。また、今村賢司は、喜多学校時代の恩師である青山彦太郎の影響でアメリカ留学を希望したとする（今村賢司「法学博士・政尾藤吉の生涯をたどる」『温古』復刊第三一号、二〇〇九年三月、四頁）。

（25）松本亦太郎「エール在学中の政尾博士」（政尾隆二郎編『政尾藤吉追悼録』政尾隆二郎、一九二二年）、二七―八頁。

(26) 三木栄「政尾公使伝」(前掲『政尾藤吉追悼録』)、八頁。

(27) 前掲『政尾藤吉伝―法整備支援国際協力の先駆者』、二八―四四頁。

(28) Tokichi Masao, LL.D. '96 1m, Box993-Ⅳ-Law-1949 T-Z, B.L.C. 1905-1917, LLM. 1877-1906, Alumni Records (RU830). Manuscripts and Archives, Yale University Library.

(29) 前掲『政尾藤吉伝―法整備支援国際協力の先駆者』、六二―七四頁、前掲「法学博士・政尾藤吉の生涯をたどる」、五―六頁。

(30) 詳しくは、前掲『政尾藤吉伝―法整備支援国際協力の先駆者』、七四頁以下、香川孝三「政尾藤吉の業績と現代の法整備支援事業との比較」(『アジア法研究二〇〇九』第三号、二〇〇九年一〇月)、五一―六頁、飯田順「タイ法の発展と政尾藤吉」(『ジュリスト』第一一二一号、一九九七年一〇月一五日)、一〇二頁、前掲「法学博士・政尾藤吉の生涯をたどる」、五―一二頁、など参照。なお、政尾は一九〇〇年五月に帰国した際、東京帝国大学の穂積陳重と梅謙次郎から博士論文を提出するよう薦められ、一九〇三年に「シャムの古代法に関する研究」と題する論文で、法学博士の学位を授与されている(前掲『政尾藤吉伝―法整備支援国際協力の先駆者』、九八―九頁)。

(31) 川合隆男『近代日本社会学の展開―学問運動としての社会学の制度化』(恒星社厚生閣、二〇〇三年)第四章「慶應義塾初代社会学教授　田中一貞」。

(32) 前掲『慶應義塾入社帳』第四巻、一六三頁。

(33) 前掲『近代日本社会学の展開―学問運動としての社会学の制度化』、一七三―八頁。林と田中に義塾から支給された留学費の詳細については、慶應義塾編『慶應義塾百年史』中巻(前)(慶應義塾、一九六〇年)、三二二頁、渡辺實『近代日本海外留学生史』下(講談社、一九七八年)、八一九頁、参照。田中が留学中に日本に送ろうとした絵葉書の下書きが残っており、そこには下宿先の「婆さんは私の学費を吹き散らしてゐる始末」とあり、「学資の件……慶應よりの輔助にあらざれば他よりは一切借用したいとは存し《ママ》ません」との苦悩が綴られている(「田中一貞家旧蔵資料」慶應義塾福沢研究センター蔵、受入番号・K1100127)。

(34) 前掲「慶應義塾海外留学生の派遣実態とその意義」、一二五―七頁、前掲『近代日本海外留学生史』下、七九四―五頁、前掲『慶應義塾百年史』中巻(前)、三二三頁。

(35) 前掲『近代日本社会学の展開―学問運動としての社会学の制度化』、一七八―八五頁。

(36) 前掲『近代日本社会学の展開―学問運動としての社会学の制度化』、一七八―九三頁。

(37) 田中一貞「エール大学二百年祭の状況」(『慶應義塾学報』第四七号、一九〇一年一二月)、四一―三頁。

(38) 田中一貞「大西洋横断記」(『さゝやき』第一巻五号、一九〇八年一一月)、二〇頁。こうしたイエール大学への愛着からか、帰国後、田中は「エール大学同窓会幹事」を務めており、一九一五年二月には、浮田和民と田尻稲次郎から欠席を知らせる葉書が届いている(前掲「田中一貞家旧蔵資料」、受入番号・K11100125)。

(39) Tanaka Kazusada-Box1068- VI -Graduate School-M.A. 1901 U-Z - 1904 A-L, Alumni Records (RU830). Manuscripts and Archives, Yale University Library.

(40) 安中尚史「近代日蓮宗の海外留学についての一考察」(『印度学仏教学研究』第四二巻二号、一九九四年三月)。

(41) 前掲『慶應義塾入社帳』第四巻、四四三頁。

(42) 丸山信『福沢諭吉門下』(日外アソシエーツ、一九九五年)、一七四頁。

(43) 前掲「近代日蓮宗の海外留学についての一考察」、二五〇―一頁。

(44) 前掲「近代日蓮宗の海外留学についての一考察」、二五一―二頁。柴田の、新橋出発から横浜出航、太平洋横断の過程については、柴田一能「渡米雑記」(禅文化研究所編『禅僧留学事始』禅文化研究所、一九九〇年、三一七―二五頁)、参照。初出は『日宗新報』第七八二号、一九〇一年七月八日。ビクトリア港到着からニューヨークまでの旅程については、柴田一能「北米大陸横断の記」(前掲『禅僧留学事始』、三二六―四五頁)、参照。初出は『日宗新報』第七八四・七八八・七八九号、一九〇一年七月二八日・九月八日・九月一八日。松本宗吾は、一八七七年に三重県に生まれ、同志社を経て、一八九六年一月に慶應義塾に入り、卒業後に渡米、イーストマン・ビジネス・カレッジに留学したあとイエール大学に入学した。政治学を専攻してマスター・オブ・アーツの学位を取得し、ヨーロッパを歴訪して帰国後、松本商会を創設して実業家として活躍したほか、衆議院議員にも選出されている(『人事興信録』データベース、http://jahis.law.nagoya-u.ac.jp/who/docs/who4-9188、二〇二一年一月一一日アクセス、前掲『慶應義塾入社帳』第四巻、四四四頁)。

(45) 「エール大学に於ける義塾同窓会」(『慶應義塾学報』第六〇号、一九〇三年一月)、一〇三―五頁。

(46) 「エール大学に於ける故福沢先生第三週年紀念会」(『慶應義塾学報』第六二号、一九〇三年三月)、八四―五頁。柴田は福沢没後の一九〇一年二月三日に開催された「三週日ノ忌辰」において、慶應義塾大学部五年生総代として「嗚呼先生ノ形骸ハ先生ニアラス其ノ尊ク美ハシキ徳ト高ク懇ロナル教ヘコソ永ク乾坤ヲ照ラシテ我皇ノ士ヲ護リ我皇ノ人ヲ導キ玉ハン」との弔詞を読んでいる(「弔詞(追悼の辞)」慶應義塾福沢研究センター蔵、福沢研究センター編『マイクロフィルム版福沢関係文書 福沢諭吉と慶應義塾(収録文書目録第四分冊・福沢諭吉関係資料(二))』雄松堂、一九九五年、F8-F13-02)。柴田が優秀な学生であったこと、また福沢に対して特別な思い入れを抱いていたことが察せられよう。実際、柴田は福沢と交流があり、高橋誠一郎によると、柴田が学生時代に寄宿舎の舎監を務めていた際、福沢からハンセン病患者の世話を勧められ、柴田自身、その救済に終生打ち込む決心でいたという（前掲『慶應義塾百年史』中巻（前）、七九二頁）。

(47)『東京朝日新聞』一九〇二年七月二一日付朝刊。

(48) 前掲「近代日蓮宗の海外留学についての一考察」、二五二―三頁。柴田はイエール大学で開催した釈尊降誕会について、「楡樹の都に於ける釈尊降誕会」と題する文章を記しており、「ここに北米新大陸における異教異俗の中央に介して這般生々たる喜望と理想とに充たされたる小祝会を大聖釈尊の御名の下に開設することを得たるは幸福、何たる冥加ぞや」と伝えている（前掲『禅僧留学事始』、三四六―九頁。初出は『日宗新報』第八一四号、一九〇二年五月二五日）。日蓮聖人立教開宗六五〇年記念講演会についても、柴田は「敢えて喜びを頒たんと欲す」との文章を記し、「諸士、生は満肚の赤誠を抽て宗祖の大前に額づき、感謝の祈禱を捧ぐるを禁ずることあたわざるにいたりぬ」と述べて、同会の様子を伝えている（前掲『禅僧留学事始』、三五〇―四頁。初出は『日宗新報』第八一五号、一九〇二年六月九日）。イエール哲学会講演会に関しても、柴田は「改年劈頭の快事」においてその様子を報じ、会長としてラッドも出席して、活発な質疑応答に参加していたとしている（前掲『禅僧留学事始』、三五五―六〇頁。初出は『日宗新報』第八四三・八四五号、一九〇三年三月八日・三月二八日）。

(49) 前掲「ラッド教授を追憶す」、二五〇―一頁。

(50) 荒川歩「同志社英学校からエール大学のラッドの元への森田久万人の派遣とその成果」（『心理学史・心理学論』第五号、二〇〇三年一二月）、一五―二二頁、姜克實『浮田和民の思想史的研究―倫理的帝国主義の形成』（不二出版、二〇〇三年）、二五六―三〇〇頁、小崎弘道『小崎全集』第三巻（自叙伝）（小崎全集刊行会、一九三八年）、七八―九二頁、三宅亥四郎「ラッド教授の回想」（『心理研究』第二〇巻一一八号、一九二一年）、二六二―八一頁、参照。柴田は、留学前の段階で、イエール大学でラッドに師事して帰国した浮田和民と親交があったらしく、浮田の講義筆記を発表している（浮田和民講述／柴田一能筆記「欧洲現時之社会観」『六合雑誌』第二一五号、一八九八年一一月、四五―五三頁）。柴田は浮田を通して、かねてよりイエールやラッドに関心を持ち、留学の機会をうかがっていたのかもしれない。

(51) 高砂美樹「G・T・ラッドと日本の心理学」（『心理学ワールド』第五六号、二〇一二年一月）、二一―三頁。

(52) 前掲「ラッド教授の回想」、二六四頁。伊藤への博士号授与の政治外交史的意義については、拙稿「伊藤博文への博士号授与と日米外交―「文明」の普及をめぐって」（『法学研究』第八七巻一〇号、二〇一四年一〇月）、参照。なお、『慶應義塾学報』には、「柴田木公」による「エール大学紀念式所感」が掲載されており、セオドア・ローズヴェルト大統領が他の人々と同様に名誉博士の学位を授与されたことについて「所謂米国特有の平民主義」の実例として特筆している（柴田木公「エール大学紀念式所感」『慶應義塾学報』第四八号、一九〇二年一月、三〇―二頁）。当時、イエール大学に留学していた柴田姓の慶應義塾関係者は柴田一能しかいないため、これは一能によるものであろう。柴田は一九〇三年五月にも、『慶應義塾学報』に、同名でイエールの学生生活、特に舞踏会について紹介する記事を書いている（柴田木公「米国青年の学校生活」『慶應義塾学報』第六五号、一九〇三年五月、二六―三一頁）。ラッド、および同志社からのイエール留学生について詳しくは、第七章、参照。

(53) 前掲「イェールの日本人」、七七頁。

(54) 河邊治六「ラツド博士を追想す」（『心理研究』第二〇巻一一八号、一九二一年）、二五七―六一頁。

(55) ラッド博士講演／柴田一能訳「催眠術と法律の関係」（『慶應義塾学報』第七六号、一九〇四年四月）、一〇―二一頁、ラッド博士講演／柴田一能訳「催眠術と法律の関係（承前）」（『慶應義塾学報』第七八号、一九〇四年六月）、一二―二二頁。

(56) 本書一九〇頁に掲載されている、一九〇一年にラッド宅で撮影された集合写真には、田中と柴田、山崎も写っている。

(57) ラッドと朝河の関係については、第八章、参照。

(58) 田中一貞『世界道中かばんの塵』（岸田書店、一九一五年）、三四〇―二頁。田中はこの視察中、ニューヘイブンを含めた欧米各地で多数の絵葉書を買い求め、そこに現地名などを記して、一部は日本に送っている（前掲「田中一貞家旧蔵資料」、受入番号・1100126）。

(59) 前掲「近代日蓮宗の海外留学についての一考察」、二五一―二頁。

(60) 『東京朝日新聞』一九一七年一月二八日付朝刊、『読売新聞』一九三八年四月二三日付朝刊。

(61) 『東京朝日新聞』一九三八年八月二四日付夕刊。

(62) 前掲『慶應義塾入社帳』第三巻、四八九頁。

(63) 前掲「慶應義塾海外留学生の派遣実態とその意義」、一四三頁。

(64) 前掲『慶應義塾入社帳』第四巻、五一八頁、「岡本謙三郎君略歴」（岡本謙三郎著／下田将美編『岡本謙三郎遺墨』下田将美、一九一三年）。

(65) 山下吉三郎・安藤復蔵「亡友回顧」（前掲『岡本謙三郎遺墨』）、二五―三一頁。

(66) 下田将美「一〇月一日の夕」（前掲『岡本謙三郎遺墨』）、四一―八頁、前掲「岡本謙三郎君略歴」。

(67) 前掲『岡本謙三郎遺墨』、五二―三頁。

(68) 岡本謙三郎「エール大学生活―一月三日ニューハベンにて」(『慶應義塾学報』第一二八号、一九〇八年三月)、五二―四頁。このほか、イエール大学在学中に岡本は「学生と剣」と題するエッセイを記し、学生によって演じられたイギリスの戯曲について論じている(岡本謙三郎「学生と剣」『慶應義塾学報』第一四一号、一九〇九年四月、三二―七頁)。

(69) 第七章、参照。

(70) 前掲『政尾藤吉伝―法整備支援国際協力の先駆者』、二九八―九頁。

(71) 前掲『近代日本社会学の展開―学問運動としての社会学の制度化』、一九三頁。

(72) 寺川隆一郎「田中一貞」(Bibliographical Database of Keio Economics, http://bdke.econ.keio.ac.jp/psninfo.php?sPsnID=41 二〇二一年一月一一日アクセス)。田中の図書館発展への寄与については、慶應義塾大学三田情報センター編『慶應義塾図書館史』(慶應義塾大学三田情報センター、一九七二年)、五一―六八頁、も参照。

(73) 前掲「近代日蓮宗の海外留学についての一考察」、二五三頁。

(74) 前掲『慶應義塾一五〇年史資料集2　基礎資料編　教職員・教育体制資料集成』、五八九―九〇頁。柴田はその後も慶應義塾大学部、同大学などにおいて、一九三七年まで論理学や心理学、倫理、修身などを教えた(同前)。

(75) 前掲「ラッド博士を追想す」、二五七―六一頁、柴田隆行「日本の哲学教育史(下の二)」(『井上円了センター年報』第一三号、二〇〇四年七月)、一一八頁、前掲『慶應義塾一五〇年史資料集2　基礎資料編　教職員・教育体制資料集成』、四〇〇―三頁。

(76) 柴田や河邊よりやや早く、イエール大学に留学した蔵原惟郭も、義塾大学部で「哲学概論」「哲学史」「倫理学」などを教えている(前掲「日本の哲学教育史(下の二)」、一一八頁、前掲『慶應義塾一五〇年史資料集2　基礎資料編　教職員・教育体制資料集成』、四五三頁)。蔵原は同志社入学後、渡米してオーバーン神学校などに学んで博士号を取得、帰国して再度渡米し、イエールに学んだ。詳しくは、第七章、参照。

(77) Shibata Ichino-Box1068- VI -Graduate School-M.A. 1901 U-Z - 1904 A-L, Alumni Records (RU830). Manuscripts and Archives, Yale University Library.

(78) これらの絵画や美術論の一部は、前掲『岡本謙三郎遺墨』に収録されている。

(79) 岡本謙三郎「ターナーの風景画に現はれたる時間の感」(前掲『岡本謙三郎遺墨』)、一三―二〇頁。『研精美術』第七八号(一九一三年九月)には、この論文と、「老子とスピノーザの宇宙観に就て」と題する岡本の論文が収録されている。後者は「宇宙の本原を以て実態となせるスピノーザの思想」と、老子の思想が共通すると説いたものである(七―一六頁)。

(80) 前掲『岡本謙三郎遺墨』、五二―三頁。

(81) ラッド述『宗教哲学』(福音社、一八九二年)、一頁。これは同志社で行われたラッドの講義筆記である。

(82) 一九〇四年三月に、イエール大学の日本人同窓会である「エール大学会」が正式に発足したが、このとき会長に選出されたのは、鳩山和夫、岡部長職、箕作佳吉の三名であった(前掲『評伝 岡部長職―明治を生きた最後の藩主』、一五三頁)。鳩山は東京開成学校、岡部は慶應義塾、箕作は慶應義塾と大学南校に学んでいる。

第七章　同志社とイエール大学
――一九〇一年前後の留学をめぐって

一、「同志社からイエールへ」

二〇世紀を迎えた一九〇一（明治三四）年を前後して（一八八四年～一九一二年）、多くの同志社関係者（卒業者のほか、中退者、同志社校友会入会者）がイエール大学に留学し、神学をはじめ、哲学や心理学などを学んだ。この間、同大学に留学していた日本人の約五分の一を、同志社関係者が占めることになる[1]。

この点に関連して、かつて杉井六郎は、新島襄とイエール大学との関係などを踏まえた上で、明治期にイエールに学んだ日本人留学生のリスト（「イェール大学在籍者リスト」）、およびその「日本の大学出身別一覧」を示し、同志社が最多を占めていることを明らかにして、「この一覧表はイエールに寄せていた同志社の志向を端的にしめしているといってよい」と指摘している[2]。近年では荒川歩が、同志社からイエールに派遣された森田久万人について、その留学の経緯や意義について、主に心理学の観点から考察を加え、同志社とイエールが密接な関係にあったことを示唆している[3]。

これらの成果などを用いて、筆者は拙著『明治日本はアメリカから何を学んだのか―米国留学生と『坂の上の雲』の時代』において、「同志社からイエールへ」と題する一節を設け、一九〇一年前後にイエール大学に留学した同志社関係者の概要を示すとともに、小崎弘道、横井時雄、原田助、森田久万人、浮田和民について、その経歴と留学の経緯を簡単にまとめ、留学の仲介役となったのは同志社側ではドウェイト・W・ラーネッド、イエール側はジョージ・T・ラッドだったのではないか、という仮説を提示した[4]。

ただ、この分析や仮説はあくまで新書の一節で示したものに過ぎず、十分な紙幅を割いて検討することはできなかったため、本章では、一九〇一年前後にイエール大学に留学した同志社関係者について列挙した上で、個別の留学の経緯をできるだけ具体的に明らかにし、留学の仲介役と留学の背景となった事象についても分析を加え、その留学の意義について若干の検討をしようとするものである。

二、一九〇一年前後にイエール大学に留学した同志社関係者

まずは、一九〇一年前後(一八八四年〜一九一二年)にイエール大学に学んだ同志社関係者について、「イェール大学在籍者リスト」[5]から抽出して、さらに「ヱール大学日本学生名簿」[6]、『同志社校友会便覧』[7]などによって補っておきたい。始点を一八八四年に置く理由は、イエールに留学した同志社関係者は一八八四年から在籍した中島力造をもって嚆矢とするためである。終点を一九一二年とする

のは、「イェール大学在籍者リスト」が明治期のみ、すなわち一九一二年までを対象としている、という資料的制約による。(8)

以下、在籍年順に当該年間にイエールに留学した同志社関係者を列挙しておこう（カッコ内は在籍期間）。

・中島力造（一八八四年―一八八九年）
・重見周吉（一八八五年―一八九一年）
・湯浅吉郎（一八八八年―一八九一年）
・原田助（一八八九年―一八九一年）
・市原盛宏（一八八九年―一八九二年）
・森田久万人（一八八九年―一八九二年）
・広津友信（一八九〇年―一八九一年）
・足立通衛（一八九二年―一八九三年）
・青木要吉（一八九二年―一八九四年）
・浮田和民（一八九二年―一八九四年）
・小崎弘道（一八九三年―一八九四年）
・南熊夫（一八九三年―一八九四年）
・綱島佳吉（一八九四年―一八九六年）

・横井時雄（一八九四年―一八九六年）
・坂田貞之助（一八九五年―一八九九年）
・松本亦太郎（一八九六年―一九〇〇年）
・蔵原惟郭（一八九七年―一八九八年）
・白洲長平（一八九七年―一八九九年）
・三宅亥四郎（一八九七年―一九〇一年）
・山口精一（一八九七年―一九〇一年）
・河邊治六（一八九七年―一九〇四年）
・横山昌次郎（一八九八年―一九〇四年）
・中瀬古六郎（一八九九年―一九〇一年）
・松本宗吾（一八九九年―一九〇一年）
・牧野虎次（一八九九年―一九〇二年）
・芦田慶治（一九〇一年―一九〇二年）
・宝山良雄（一九〇一年一九〇三年）
・西池成義（一九〇一年―一九〇三年）
・槙和四郎（一九〇一年―一九〇三年）
・村田勤（一九〇一年―一九〇三年）
・松尾音次郎（一九〇一年―一九〇四年）

・森次太郎（一九〇一年―一九〇四年）
・中村長之助（一九〇三年―一九〇四年）
・木下準一郎（一九〇四年―一九〇七年）
・村川章次（一九〇五年―一九〇七年）
・田中四郎（一九〇八年―一九〇九年）
・井上良民（一九一一年―一九一二年）

一八八三年まで皆無であった同志社関係者が、それ以降、急増しているのがわかる。特に、原田、小崎、横井、牧野は、同志社の社長あるいは総長を務める人物であり、この間のイエール大学留学が同志社の歴史において、少なからぬ意味を持っていることがうかがえよう。

なお、「ヱール大学日本学生名簿」によると、イエール大学の日本人留学生としては、一八七〇年にロースクールに入学した大原令之助（本名・吉原重俊。のち、日銀総裁）がはじめてであり[9]、物理学を専攻して一八七五年に卒業した山川健次郎（のち、東京帝国大学総長）が、初の卒業生となる。以後、一八七〇年代から一八八〇年代にかけては、ロースクールに在籍する学生が目立っているが、一八九〇年代以降になると、同志社関係者、および神学、哲学、経済学を専攻する学生が際立つようになる[10]。

三、留学の経緯

前節で列挙した人物のうち、留学の経緯がある程度判明しているケースについて、以下、在籍年に沿って検討していきたい。

同志社関係者としてはじめてイエール大学に学んだ中島力造は、同志社を中退してのち、渡米、オハイオ州のウェスタン・リザーブ・アカデミーを卒業した。イエールではまず神学を学んだ上で、ノア・T・ポーター教授（一八七一年から一八八六年まで学長）から哲学、倫理学を学んで、「カント思想体系の"Thing-in-itself"」の論文で博士の学位を授与されている。[11] 中島はポーターとの関係について、「嘗テエール大学ニアリテ専ラ倫理学ヲ研究セシノ当時余ハ実ニ少ナカラサル先生ノ薫陶ヲ受ケシノミナラズ、日夜其謦咳ニ接シテ諄々タル指教ヲ辱フセリ、温乎タル其容ハ今尚我ガ眼前ニ髣髴シ、凜乎タル其言ハ今尚我カ心裡ニ刻銘ス」と回顧している。[12] 帰国後に帝国大学（のち、東京帝国大学）教授となって倫理学を講じた中島は、一九〇九年から翌年にかけて欧米を歴訪しており、そのときの感想を『欧米感想録』として刊行し、留学時代と対比しながら、当時の欧米の教育事情などについて報告している。[13]

重見周吉は同志社卒業後、イエール大学に留学してシェフィールド科学学校に学び、その後メディカル・スクールに転じて、医学博士の学位を得た。帰国後は学習院や東京慈恵医院医学校で教えながら、病院を経営している。[14] 湯浅吉郎は同志社を卒業して、ノースウェスタン大学、オバーリン大学に学び、イエールの大学院で旧約聖書と古代語を専攻して、「箴言の分類」の論文で博士の学位を取得した。帰国後は同志社神学校で旧約聖書を教えている。[15] 市原盛宏は熊本洋学校を経て同志社卒業後、仙台東華学校の校長となり、イエールに留学、経済学を専攻して、「日本の絹貿易」の論文で博士の学位を取得した。留学中に新島襄が死去して東華学校も閉鎖、市原は帰国後、同志社政法学校の教授となった。後述の通り、社長の小崎弘道もこののち渡米してイエールに学ぶため、当時教頭だった市原が社長代理を務めている。[16]

市原と同年にイエールに学んだ原田助（旧姓鎌田）も熊本洋学校出身で、同志社を卒業して神戸教会の牧師となる。原田の日記によると、一八八八年三月五日に同志社の宣教師でイエール出身のラーネッドのもとを訪れて「同氏ノ出身校エール大学ノ事」について相談したところ、当初は留学に反対されたが、「八ヶ月乃至一年間実地上ノ学識ト経験ヲ得バ或ハ益アラント申サル」と賛意を示してくれた。翌日、やはり同志社の宣教師のマークウィス・L・ゴードンに「渡米ノ決心」を示したところ、「同意」されたため、「エール大学在学中ノ学資其他ニ付種々依頼スル所アリタリ」という。同年八月に渡米後、原田は九月一〇日の日記に「本来エール大学ニ留学スル希望ナリシガ当地ノ諸氏ノ懇切ナル勧メモアリ予定ヲ変更シテ当地ニ留マリシカゴ神学校ニ入学スルコトニ決ス」とあり、まずはシカゴ神学校に入学することとなった。しかし、同郷の横井時雄から「小生ハ兄ガ直ニエール大学ニ行カザリシヲ憾ム」との書簡を受け取ったため、イエール神学校に転じた。[17] イエールでは、湯浅、市原、森田久万人といった同志社関係者を含む日本人留学生と交流を重ねている。イエール神学校では神学や教会史などを中心に学んだようで、一八八九年一一月一〇日付の婚約者・川本佐喜子宛の書簡で、原田は次のように報じている。

日々ノ勉強ハ「イヤ」ナコトモナキニ非ズ然レドモ概シテ云ヘバ満足ナリ、ハリス教授ノ神学、フィッシャー教授ノ教会史ナド面白シ書籍ハ自由ナリ学ブコト多シ知リタキコトハ限リナシ書生ノ一生ハ愉快此上ナシ、然レドモ久シク山上ニ留マルヲ得ズ山下ニ降ルノ時忽チ来ラン今ハ勉強ノ時節ナリ[18]

サミュエル・ハリスやジョージ・P・フィッシャーなどの薫陶を受けた原田は[19]、一八九一年に神学学士の学位を得て卒業し、帰国後は神戸教会の牧師などを経て、同志社社長に就任する[20]。

森田久万人は、熊本洋学校でクリスチャンとなり、同志社を卒業後、その教授となる。一八八九年、大学昇格の条件を整えるべく、同志社からイエール大学に留学生として派遣されるが、その目的は、心理学、倫理学、哲学、神学などの研究で、受け入れたのはラッドであった。荒川歩は、イエールを留学先に選んだ理由として、日本におけるラッドの評価の高さとラーネッドの影響の二点を挙げている。森田はラッドのもとで、哲学、心理学、倫理学、経済学、社会学、生理学を学び、「仏教における霊魂の概念と比較したロッツェの霊魂の概念」の論文で博士の学位を取得した[21]。一八九一年から翌年にかけては、イエールで東洋哲学史の講師も務めた[22]。市原、湯浅、原田とはイエール在学中に交流しており、一緒に写真を撮っている。帰国後、森田は同志社神学校の教授となった[23]。

森田と入れ替わりでイエール大学に入学した浮田和民も、熊本洋学校時代に受洗し、同志社を卒業後、その教授を経て一八九二年から留学している。同志社の学生時代、浮田はラーネッドを高く評価していたという。[24]かねてから浮田には強い留学願望があったものの、資金問題や校務負担などで実現しなかったが、湯浅や森田、市原などのイエールでの成功に刺激を受け、ラッドの紹介で留学することとなった。浮田は後述の通り、同志社でのラッドの講義の通訳を務めているが、その際に、「先生の奨励によりて二学年間ヱール大学に於て余の専務たる政治学及び歴史を研究し、傍ら先生に就て哲学を学ぶことを得たり」と浮田は述べている。[25]イエールでは大学院で学者を目指して、主にラッドのもとで学び、哲学や歴史学、政治学、社会学を研究することになる。[26]この間、浮田は、熊本バンドの基礎を築いたリロイ・L・ジェーンズの処遇をめぐって、アメリカン・ボードを厳しく批判し、アメリカの宗教、道徳、社会の現状についても痛撃した。この結果、宣教師など周囲から猛烈な反発を受け、一八九四年に帰国を余儀なくされる。その後、浮田は同志社政法学校の教師を経て、東京専門学校（のち、早稲田大学）の教授となる。[27]

ラッドは後述の通り三度の来日を果たし、その際の講演録も多数刊行されているが、講演の通訳の任を担った一人が、浮田であった。浮田の通訳により刊行されたラッドの講演録には、「習慣と品性との関係」（『躬行会雑誌』第七号、一八九九年）、「輓近教育の傾向」（『教育公報』第三一六号、一九〇七年）、『教育学ニ応用シタル心理学』（文学社、一九〇〇年）、『教育学』（三省堂、一九〇七年）、などがある。ラッドは、「浮田和民氏―現在は早稲田大学で社会学の教授を務めている―は、私が知る限り、もっとも優れた通訳であり、英語の講義を流暢でエレガントな日本語にし、二つの言語の特質や構造の大きな相違を残しつつ、スピーチを正確に転換させ、独自の解説を加えた」と絶賛している。[28] 周囲にも浮田の名通訳ぶりを語っていたようで、イエールの後輩にあたる三宅亥四郎によると、「(浮田の――引用者) 通訳の巧妙さにはラッド教授も余程感心され……日本人の内には非凡の記憶力を有する者ありと云ひ、其例として浮田博士の通訳振りを説明されたことがあつた」という。[29] こうした高評価の結果、ラッドが浮田にイエールに留学するよう「奨励」したのであろう。

浮田と一緒に渡米したのが、足立通衛と青木要吉である。[30] 足立は同志社を卒業してイエール大学で学び、浮田と同宿して一八九三年まで在学したが、学位は得ていない。[31] 帰国後はキリスト教関連書の翻訳や、銀行業務などに従事している。青木は同志社卒業後、仙台東華学校の教師を経てアメリカに渡り、イエールでは大学院に所属して、一八九四年に修士の学位を取得した。その後、コロンビア大学に転じて退学、帰国後は教育者、実業家として活躍した。[32]

浮田のイエール在学中に留学してきたのが、やはり熊本バンドの一員で、同志社の卒業生であり、当時同志社の社長を務めていた小崎弘道である。一八九五年四月二五日付で小崎が記した「同志社報告」には、「一昨年の初めに当り偶々米国エール大学の教授ラッド氏より余に米国遊学を勧奨するの書に接したり其後シカゴ万国宗教大会よりも之に出席すべき招状を受けたりしかば此機に乗じ平日の志望を果さんとて之を社員諸氏に図りたるに同年四月に開会せし社員会は余に許すに凡そ一ヶ年間の外遊を以てせり」とあり、一八九三年のはじめにラッドから留学を「勧奨」されていたことがわかる。[33] かくして、アメリカで開かれた万国博覧会にあわせて企画された万国宗教大会に出席するため渡米した小崎は、一八九三年一〇月から翌年六月までイエールに在学した。留学当時について、小崎は後年、次のように回顧している。

エール大学に入学したのは十月末で、翌年六月迄約八箇月間在学した。其間主として研究したのは神学の外ラッド博士の下にてカントの哲学と宗教哲学とを学んだことである。当時神学校は教会史の教授フイッシヤーの全盛時代で、其該博なる知識と卓越せる才能を以てエール大学は勿論英米の学者間に頭角を現し、勢力侮る可らざるものがあつた。神学生等の彼に冠した渾名は「法王」と云ふのである。……ラッド教授の下で学んだのは第一カントのプレロゴミナ、次は純理批判、次は実理批判、終が審美批判である。私が此期間エール大学に学び得たのはラッド教授の斡旋に係る奨学金の恩恵である。

留学を「勧奨」したラッドは、小崎に哲学を教授するとともに、奨学金の給付も斡旋した。小崎はフィッシャーをはじめ、ハリス、ジョージ・B・スティーブンス、フランク・C・ポーターといった神学・聖書神学の教授陣からも、大きな影響を受けた[34]。小崎は、浮田と同宿している[35]。

小崎の帰国と同年にイエール大学に留学したのが、小崎の後任として同志社社長となる横井時雄である。横井も熊本洋学校を経て、同志社を卒業後、同志社教授、本郷教会牧師を務め、一八九四年からイエールで哲学や史学を専攻したという。ラッドに師事していたとみてよかろう。帰国後、小崎の後を受けて一八九七年に同志社社長に就いた[36]。

横井と入れ替わる形でイエール大学に留学した松本亦太郎は、同志社を経て帝国大学の大学院に学んだが、一八九二年にラッドが来日して帝大で講演し、これを聴講したあと、ラッドに留学の相談を持ちかけたところ、イエールに来てはどうかといわれたという。松本は、「ラッド教授が帰る時私は船まで見送つて別れを告げ且海外留学の志あることを話したら、先づエール大学に来てはどうかと云ふことを言はれた。ラッド教授は此時の言をよく記憶されてゐて、明治二十九年に私がエール大学に行つた時は攻学に関し種々同情援助を与へられた」と述懐している[37]。この留学の結果、松本は「聴覚空間の研究」の論文でイエールから博士の学位を取得、その後、東京帝国大学に心理学実験室を設けることになる[38]。

松本とほぼ同時期に留学した三宅亥四郎（旧姓鎌田・原田助の実弟）も、ラッドの指導を受けた。同志社を卒業後、一八九七年から四年間イエール大学に在籍し、「律動的行動の研究」の論文で博士の学位を取得している[39]。在学中はラッドの哲学研究会に出席し、カントやヘーゲルの著作を研究したという。受講者はあらかじめラッドの課した課題について論文を提出し、これに出席者が意見を述べて、ラッドが批評する、という授業であった。ラッドには、授業以外でも自宅に食事に招かれることもあり、「教場以外に於て教授の教を乞ふ機会は少くなかつた」と回想している。三宅は、「エール大学に学びたる我国の学生にして教授の御世話にならなかつたものは少からう」とも述べている[40]。帰国後、三宅は早稲田大学や第六高等学校の教授などを務めた。

松本、三宅と同時期にイエールに在学したのが、蔵原惟郭である。熊本洋学校を経て同志社を中退した蔵原は、一八八四年に渡米、新島襄の斡旋を受けてバンゴア神学校に学び、その後、アンドーヴァー神学校、オーバーン神学校などで哲学、倫理学、社会学、歴史学などを学び、博士の学位を得たのち、渡英してエディンバラ大学大学院に留学して帰国、各地の学校の校長を務めたあと、一八九七年から翌年までイエール・ロースクールに学び、法学学士の学位を得て帰国、立憲政友会の政務調査委員などを経て衆議院議員となった[41]。

三宅とともにラッドの指導を受けたのが、河邊治六である。帰国後、慶應義塾大学教授として哲学、倫理学を担当することになる河邊は、同志社卒業後、イエール神学校を経て、大学院で哲学を専攻し、「朱子の哲学の影響下における日本の儒学の発展」の論文で博士の学位を取得した[42]。イエール時代のラッドの研究室の様子や、「博士の講義の大部分は哲学専攻の学生に向つて研究会に於て為されたものである」として、夜遅くまで約三〇名の学生が参加したラッドの研究会について回顧しており、研究会のテーマはカント、アリストテレス、心理学といった幅広い範囲にわたったという。河邊は「日本留学生に対して博士が如何に親切であつたか」も強調している[43]。

同志社卒業後、同志社予備校の寮長や土佐キリスト教会の伝道師などを経て、一八九九年からイエール神学校に留学した牧野虎次は、留学の動機について、次のように振り返っている。

私は同志社在学当時から、修学の仕上げは北米エール大学でと決めて居た。それは同志社学界の最高峯的存在のラルネデ博士の母校であり、在日宣教師間に親日家で知られたデフォレスト博士の母校でもあった上に、同志社での大先輩市原盛宏、森田久万人、両氏始め原田助、綱島佳吉等諸牧師の後を追いたいからだった。殊に新英州の清教徒的雰囲気が何よりも慕わしく思われた[44]。

「ラルネデ」とはラーネッド、「デフォレスト」とは、ジョン・K・H・デフォレストのことで、イエール大学卒業生である彼等の影響を受け、また市原、森田、原田、綱島といった先輩の後を追いたい、ニューイングランドの清教徒的雰囲気を味わいたい、と考えてのイエール留学であった。留学にあたっては、イエールから帰国の途上にあった同志社出身の坂田（村井）貞之助[45]が、イエール神学校のベンジャミン・W・ベーコンと連絡を取ってくれたという。坂田は自分の働き口まで譲ってくれ、それによって「一層私はエール大学の留学を決心することが出来た」と牧野は回想している[46]。一八九九年、ベーコンを窓口に、イエール神学校に入学した牧野は[47]、一九〇二年に卒業した。留学中の日記（一九〇一年―一九〇二年）には、ほぼ同時期に同志社からイエールに留学していた村田勤、槙和四郎、松尾音次郎、西池成義の日々の金銭出納が細かく記録されており、牧野が出納係のような役割を担っていたことを伝えている[48]。帰国後、牧野はキリスト教雑誌の編集や日本基督教組合教会本部総幹事などを経て、一九四一年に同志社総長に就任する[49]。

牧野と同じ年にイエール大学に入った中瀬古六郎は、同志社卒業後に同志社ハリス理科学校助手を務めて渡米、ジョンズ・ホプキンス大学において有機化学の研究で博士の学位を取得し、さらにイエールの大学院で生理化学を専攻して、一九〇一年に修士の学位を得た。帰国後は同志社で教育・研究に従事し、化学者、科学史家として多くの著作を残すことになる[50]。

中瀬古が卒業した一九〇一年にイエール大学に留学した村田勤は、同志社卒業後に渡米、イエール神学校で大学院生として学んで修士の学位を取得しているが[51]、留学時代に書いたエッセイが『新人』に掲載されており、「実は生は教会史と政治史の関係につきて学ばん事、是れ生の将来の志なり。前者を後者より引離して見るときは、何となく両者の活ける連絡を失ふが如くに覚ゆ」と修学の目的を記している。(52) 帰国後、日本女子大学の教授などを務めた。

村田と同年にイエール大学に入学した宝山良雄は、同志社を経て、東京帝国大学選科に学んだ仏教者で、留学中はラッドから最も大きな学問的、また人格的影響を受けた。帰国後は和歌山の耐久学舎で教鞭を執り、各地の中学校・高等女学校の校長を歴任している。(53)

村田、宝山と一緒にイエール大学に入学した松尾音次郎は、同志社卒業後に渡米し、イエールの大学院で政治学や経済学を学び、修士の学位を取得、帰国後は農商務省に入って殖産興業政策に従事し、京都商工会議所で京都の産業発展に努め、キリスト教主義に基づく経済論を唱えたという。(54) 留学から帰国後、ジャーナリスト、教育者として活躍する森次太郎も、同志社卒業後、村田や松尾と同年にイエールに入学、政治学を学んで、(55) 一九〇一年のイエール大学創立二〇〇年記念祭に際会した。後年、カンテラ行列に日本人学生二〇名余りが「日本人隊」を組織し、同大学卒業生でこの記念祭に際して名誉博士の学位を授与された嶋山和夫（衆議院議員）を先頭に練り歩いたことなどを振り返っている。(56)

この記念祭では、伊藤博文と嶋山和夫に名誉博士の学位が授与されているが、(57) 三宅によると、二人に学位を授与するよう斡旋したのはラッドだったようで、「エール大学が伊藤公と嶋山博士に与へたについては、ラツド教授の斡旋に依るところ、大なるものがあつたと私は信じてゐる。これより七八ヶ月以前であつたと思ふが、誰か日本人にこの学位をエール大学が授くるとの噂のあつたころ、私はラツド教授に嶋山博士其他二三のエール出身の日本人の名士の履歴の調査を委託されてこれを英文に草して教授に差上げた」という。(58) ラッドと伊藤には親交があり、のちに韓国統監として伊藤が渡韓する際には、ラッドが招かれて同行し、現地を視察している。(59)

四、イエール大学図書館所蔵史料

イエール大学に留学した同志社関係者について、イエール大学図書館に残されている史料を確認しておきたい。

中島力造と森田久万人については関連する史料は確認できないが、重見周吉に関しては、同窓生への書簡をはじめとする多数の関係史料が残されている。関東大震災の直後に重見が同窓生に宛てた書簡では、震災の状況や東京の惨状などについて知らせた上で、「思い出してください。私は皆さんにとっては、一人の日本人、外国人の男です。最後に会ってから三十五年が過ぎましたが、今でも、シェフィールドや、皆さんのような仲間たちが懸命に私を助けてくれたニューヘイブンで、ともに楽しんだ我々の古き若き良き日々を思います。私の人生にとって、それは砂漠の中のオアシスだったのです」と述べ、一九二三年一二月二四日に横浜正金銀行の支店から「クリスマスプレゼント」として一〇六三円八三銭を送金したので、イエールの同窓会基金に加えてほしい、と記している。この寄附は、重見への感謝の意を込めて、イエール側で「重見基金」と名付けられた。重見自身、「笑顔とともに涙が流れます。自分をオールド・マン・シゲミであると自任するとき、感傷的になりやすいのです」と書いているから、震災の影響で感傷的になり、懐かしい思い出を回顧したことから、寄附を投じたのであろう[60]。

このように、卒業後もイエールとの関係を維持した留学生は多い。湯浅吉郎も卒業後、イエールとの通信を続けていたが、一九二五（大正一四）年一月三〇日にイエール大学同窓会記録係のマリオン・L・フィリップスが、湯浅宛の書簡が宛先不明で返信されてきたとして、ラーネッドに現住所を問い合わせている。ラーネッドは三月六日付で湯浅の現住所を伝えており、その後も他の同志社関係者の住所照会を受けた[61]。原田助も卒業してから、同窓会記録係などと連絡をとっており、イエール側では、卒業生として各地で活躍する原田の新聞記事を、数多く収集している[62]。市原盛宏が没した際には、イエールから弔電が届き、これに対して息子の市原宏が同窓会記録係に礼状とともに死亡記事のための略歴を送り、イエール側では詳しい略歴が作成された[63]。

浮田和民に関しては、イエール側では経歴・住所の把握や同窓生の住所照会程度の記録しか残されていないが[64]、ラッドとの関係が濃厚であるため、その点は後述したい。足立通衛については住所の記録[65]、青木要吉に対しては同窓生の住所照会[66]、小崎弘道についてはその訃報[67]、横井時雄に関しても詳しい経歴や訃報記事、写真[68]、松本亦太郎も詳細な経歴や同窓生の住所照会[69]、蔵原惟郭も死去した際に作成された経歴、住所[70]、三宅亥四郎についても経歴と多くの同窓生の住所照会[71]、河邊治六に関しては経歴や同窓生基金に残された住所記録[72]、牧野虎次についても住所や役職[73]、宝山良雄もその役職や同窓生の照会[74]、松尾音次郎も同様に役職や同窓生の照会[75]、といったイエール側の記録がある。

中瀬古六郎は一九二八年から翌年にかけてハワイ大学の客員教授となり、「歴史の幕開けから現在までの東洋における科学の進展」と題する講義を担当し、中瀬古は自ら、その詳細をイエールの同窓会に報告している。中瀬古とイエールとの関係は濃厚で、その同窓会記録の作成にも貢献した[76]。一九一六年六月一日、村田勤はイエール大学事務局長のアンソン・P・ストークスに宛てた書簡の中で、中学校教育に従事している近況などを伝えた上で、「私は、イエールとアメリカ、特に、その思想が我々の偉大な先生である新島を育てたニューイングランドに対して、謝意を表します。私自身、イエール・マンと自称できることを名誉に思いますし、イエールの精神は人生の終わりまで、私を導いてくれるでしょう」と記している(77)。

イエール大学側は、同窓生ネットワークの維持と発展のために、同窓会記録係を通じて同志社関係者と連絡を取り続け、彼らが活躍した際には新聞記事を切り抜き、死去した際は詳しい死亡記事を作成した。同志社関係者たちも積極的にイエール側の要請に応じ、重見や村田に代表されるように、寄附や近況を寄せるなど、その愛校心は強いものがあった。

五、仲介役と留学の背景

第三節での検討から、イエール大学側の受け入れを担っていたのが、主にラッドであることは、間違いあるまい。ラッドは同志社関係者をイエールへの留学に勧誘・奨励し、奨学金を給付して受け入れたほか、彼らに哲学や心理学などを教え、多くの同志社関係者に影響を与えた。

ラッドは、一八四二年一月一九日にオハイオ州ペインズビルに生まれ、一八六四年、ウェスタン・リザーブ・カレッジを卒業し、アンドーヴァー神学校に進学、一八六九年に同校を卒業した。ボウディン・カレッジで哲学を教えたあと、一八八一年にイエールに着任、一九〇五年に名誉教授となるまで、教授として教鞭を執ることとなる。一八九二年には他の研究者とともにアメリカ哲学会を創設して、第二代の会長に就任している。頻繁に来日して講義を行ったことでも知られるが、一九二一年八月八日に死去した。[78]

イエール大学では哲学部の教授を務めたが、神学者でもあり、また心理学者でもあって、心理学の大学院ができると、そちらの講座も担当したという。はじめて来日したのは一八九二年で、このとき帝国大学で講演し、松本亦太郎がこれを聴講したことがイエール留学につながったことは、先述の通りである。その後も、一八九九年、一九〇六年から一九〇七年にかけて、とラッドは合計三度の来日を果たしている。[79]

ラッドはイエール大学で日本人留学生と接する中で、次第に日本人に好意を抱き、支援するようになっていったようである。松本亦太郎は、「ラッド教授が日本及び日本人に対し興味を有し始めた事に就て私は嘗て教授に尋ねたことがあつたが、特殊な理由があつて始まつたのでは無いとラッド教授は言つた」とした上で、明治初期以来、多くの優秀な日本人留学生がイエールに学ぶ中で、「エール大学の教職員中には自然に日本人に対し興味を感じ、其修学に対し種々の好意を表する人があつた、而してラッド教授も其一人であつた。教授は種々なる日本学生を相手にしてゐる間に漸次日本人に対し友愛の情を有するに至り、亦一方に於て自身尽力して日本学生奨学基金なるものを作り、優良の学生にして学資の十分ならざるものを援助する事さへ試みた」と述べている。[80] 三宅亥四郎も同様に、「私がエール大学に居た頃には同大学の教授中日本学生に深厚なるインタレストを有するは独りラッド教授のみではなかつた」としつつ、「然かしラッド教授のやうに日本人の性情を良く理解した人は稀れである……教授が日本人を愛する情は実に濃厚であつた」と証言する。[81] ラッド自身、一九〇八年に発表したエッセイの中で、「何千もの日本の若者がアメリカに来て、あらゆる機関で、すべての学科を学び、アメリカの教師たちに敬意と愛情を抱きながら、母国に帰って行った……私自身も、日本人のように賞賛し、感謝に値する学生のクラスを持ったことがない、と証言できる」と記している。[82]

そのような中で、一八八〇年代以降、同志社関係者と出会って、やはり好意を抱き、同志社との接点を深めていったものと思われる。姜克實は、「中島を始め同志社出身者の優秀さは、彼らの指導に当たっているラッド教授の心を引きつけ、ラッドの来日のきっかけを作った、といわれる」と指摘している。[83] 中島力造自身は、「予のエール大学に在るや、同教授は未た認識論を開講せられざりし、故に予は其高見を謹聴する能はず」[84] と述べているので、学生時代はラッドから教えを受けたわけではなかったようだが、帰国後、ラッド来日の際に講演録の校閲を担うなど、浅からぬ関係を築いていった。[85] 浮田和民もラッドの二度目の来日の際、「是より先き多年の間中嶋博士の如きは日夕先生に親接して先生に学び、又た自からも先生に学ばるゝ所の材料となられた」と述べている。[86] いずれにせよ、ラッドは、中島がポーターのもとで博士学位を取得していくのをみていたであろうし、湯浅吉郎や市原盛宏、森田久万人といった同志社関係の初期イエール留学生が次々と博士の学位を取得していった過程にも、時にイエールの一教員として、時に指導教授として際会していた。そうした中で、同志社に対する評価を高めていったことは、想像に難くない。

かくして、はやくも初来日の際には、イエール大学留学中の森田がその情報を同志社に伝えて招聘手続きがはじめられ、社長の小崎がラッドに招待状を送付、宗教的、政治的、知的なカオスの中にある日本人を光の道に導いてほしいとして講演を依頼し、実際にラッドは同志社で宗教哲学の講演を実施、その通訳を浮田が務める、といったかたちで、同志社との関係が顕在化している。[87] 新島襄も、アメリカ留学時代にはハーバード大学よりもイエールと近い関係を持っており、[88] また、ラッドはアンドーヴァー神学校で新島と会っていたようで、同志社での講義の冒頭で、次のように述べている。

余ハ先づ同志社とエール大学の間に親密なる関係を生じたるを祝す貴校教員諸君中にも我が大学の卒業生あり我が大学に於ても貴校教員の勉強しつゝあるものあり又故新島君アンドウアにありて基督教信徒の表白をせられたる時恰も余ハ同校に在りき今後永く諸君の記憶に存せられんことを希ふ[89]

ラッドは一八八一年から一九〇五年までイエール大学に在職したが、同志社関係者はこの時期に集中して留学しており、まさに「同志社とエール大学の間に親密なる関係」を促進する立役者としての役割を担っていく。

イエール大学側のラッド関係史料も確認しておこう。同大学図書館が所蔵している「George Trumbull Ladd Papers（MS1371）」には、「同志社事務」（Doshisha affair）と「同志社論争」（Doshisha controversy）と題されたフォルダーが存在しているが、内容は必ずしも同志社に限ったものではなく、国内外からのラッド宛書簡が幅広く収録されている。[90]

まず、「同志社事務」の冒頭には、一九一〇年一月四日に仙台東照宮の宮司からラッドに送られたクリスマスカードが収められており、中島力造とアメリカで会ったかどうか問い合わせた上で、渋沢栄一がアメリカ国民とアメリカ大統領に強い関心を寄せていることなどが伝えられている。ラッドが来日した際に、同宮を訪れていたのであろう。このほか、日露戦争下の一九一四年一一月三日に浮田和民（当時、早稲田大学教授）がラッドに宛てた長文の書簡が収録されているが、ここで浮田は、「ロシアはその拡張政策において過ちを犯し、イギリスも対ドイツ、フランス政策が観念的であるという意味において、同様です」などと述べ、「私は我が国の将来を心配しています。現在、我々には偉大な政治家がおらず、いてもすでに高齢で、政府は何もできないでしょう」と政治学者らしいコメントを伝えている。このファイルには、日本政府が発行した内国通行免状や、旅行免状なども含まれている。(91)

続いて「同志社論争」には、一八九八年五月一一日付でラッドに宛てた横井時雄（当時、同志社社長）の長文書簡が収められており、ここで横井は、「日本の学生と私の同志社の仕事に関心を持って下さり、ありがとうございます」と述べた上で、「私は同志社におけるかなり込み入った事柄を、記さねばなりません」として、当時横井が苦慮していた同志社綱領改訂問題について詳細に知らせ、「多大なご迷惑をおかけして、申し訳ありません。ただ、私はあらゆる意味で、孤立しているのです」と心情を吐露している。横井は七月三日にも、同志社が未だ「かなり大きな困難」に直面していることを伝える続報をラッドに送っており、ラッドが同志社にとって、よき相談役であったことがわかる。(92)

前年の九月一〇日には、小崎弘道もラッドに、「あなたはすでに、同志社における改革について、十分な情報を得ているでしょう。……この改革はかなり唐突なもので、皆、大変驚いています」などと同志社や宣教師の内情を伝える書簡を送っていた。一八九八年五月一四日には、ラーネッドがラッドに宛てて書簡を送り、「あなたは同志社における改革に多大な関心を寄せているでしょう」と書き出し、徴兵猶予特典の問題と、これに対する横井の対応などについて、詳しく伝えている。[93]

ラーネッドは右のラッド宛書簡で、一八九二年のラッドの同志社訪問について言及しており、この際に二人が会っていたことは間違いあるまい。先述の同志社での講義でラッドが述べている、「貴校教員諸君中にも我が大学の卒業生あり」とは、ラーネッドのことを指しているのであろう。このラーネッドが、同志社側からイエールに留学生を送り出す上で、重要な役割を果たした人物である。牧野虎次は、ラーネッドが「エール大学出身で、生粋なるニュー・イングランダーたる先生は、何時もデモクラシーの倫理思想を奨励して居られた」と印象深く振り返っており、[94]先述の通り、ラーネッドやデフォレストの影響を受けて、イエール大学留学を決意したと述べている。

香川孝三は、「同志社で教鞭をとっていたラーネッド博士の母校がエール大学であったために、同志社出身者がエール大学に来ていた」と述べ、関西学院から渡米し、イエール大学に学んだ政尾藤吉とほぼ同時期にイエールに在学していた横井時雄、綱島佳吉、坂田貞之助、白洲長平、山口精一、三宅亥四郎の名前を挙げて、その略歴を紹介している。[95]ラーネッドの影響は同志社開学当初から存在していたようで、杉井六郎は、一八七九年の同志社第一回卒業式での卒業演説で山崎為徳が、同志社が日本のイエール、アンドーヴァーとなることを期待すると述べたこと受けて、「これは当時の同志社学生が抱いたイェール大学像の端的な表白の一つであり、それがイェール大学の卒業生であるラーネッド D.W.Learned の影響の強かったことは否みえない」と指摘している。[96]

ただ、ラッドの行動が、奨学金の給付や留学の勧誘、奨励、学問の教授といった「動的」側面が強かったのに対し、ラーネッドの影響は、より「静的」である。ラーネッドは原田助の留学に当初は反対しているし、積極的に同志社の学生や卒業生に声をかけ、イエール大学に送り出したという形跡は、ほとんどみられない[97]。同志社に学んだ人びとが、ラーネッドの人格や学識を尊敬し、ラーネッドのようになりたい、その母校で学びたい、といった影響を受け、それがイエール留学の動機となったものと思われる。例えば、一八九四年からイエールに留学した綱島佳吉は、一九二八年にラーネッドが離日する際に英文で記した告別文で、次のように述べている。「三十五年前にイエールで学んだとき、私は、豊かなアメリカと世界に送り出された、イエールのよき教え子たちのたしかな流れを感じていた。ラーネッド博士は、イエールの著名な教え子の一人であった。……私は、彼の母校であるイエールが、日本にそのよき教え子の一人を送ってくれたと思っている」[98]。

ラーネッドについては、住谷悦治による浩瀚な伝記が存在するため、ここでは深く立ち入らないが、イエール大学に関係するところを中心に、その経歴を略述すると、一八四八年一〇月一二日、コネチカット州カンタベリーに生まれ、一八七〇年にイエールを卒業、同大学院でギリシャ語・ギリシャ哲学を専攻し、一八七三年に博士の学位を取得した。セイヤー・カレッジで教鞭を執ったあと、一八七五年に来日、翌年から同志社の教授を務めて、キリスト教教会史、キリスト教教理史、聖書神学、ギリシャ語から、経済学や物理学などに至るまで、多数の科目を教えた。一八九六年にはイエールから神学博士の学位を授与され、一九一九年には同志社大学長にも就任し、一九四三(昭和一八)年三月一九日にアメリカで没した。イエールとの関係は極めて深く、父ロバートはイエールの卒業生であり、父方の祖先であるドウェイト家は、三代続けてイエール大学総長を輩出している。母方の伯父にあたるセオドア・D・ウールセーも、イエール大学の総長を務め、ラーネッドはそのもとで学生生活を送った。[99]

では、なぜ一八八四年以降に、同志社からイエール大学への留学生が急増したのか。一つの要因として、イエールの学長だったポーターと新島襄が親密な間柄にあったことが挙げられる。一八八五年一月には、ポーターが北米滞在中の新島に、すでにニューヘイブンにいた重見周吉の処遇と、中島力造の様子を伝える書簡[100]を送っており[101]、新島が渡米に際し、彼等の留学についてイエール側に斡旋した可能性が考えられる。[102]また、中島や重見、湯浅、市原や森田などが、博士学位を取得するといったかたちで留学の成果を結実させ、それが後輩にとってよき「模範」「先例」となった。牧野虎次が、市原や森田、原田、綱島の「後を追いたい」と考えてイエール留学を決意したこと、浮田和民も、湯浅や森田、市原などのイエールでの成功に刺激を受けて留学したことは、先述の通りである。主な受け手のラッドのイエール着任が一八八一年であり、同志社関係者に関心を示しはじめたのが、中島が留学した一八八四年以降であったことも、無視できない。一八八九年の森田の留学以降、ラッドは積極的に同志社関係者を受け入れていった。

同志社側の事情に目を向けると、特にクリスチャンや神学との関係で大きな契機になったと思われるのが、一八八九年の大日本帝国憲法発布である。その第二八条で信教の自由が定められたことを受けて、同志社関係者たちが、かつて新島が理想郷として思い描き[103]、学んだアメリカに旅立ちやすくなったことは、容易に想像されよう。実際、渡米中に憲法発布の報に接した原田助は、その日記（一八八九年二月一三日条）に「憲法発布セラレタリ……信教出版演説ノ自由ヲモ認許セラレタリ云々、電文簡短ニシテ詳細ヲ知ル能ハザルモ日本歴史上特筆スベキ一大事ト云ハザルベカラズ、伏シテ上帝ニ感謝シ且祈ル」と記している。[104] さらに、一八九九年には、条約改正にともなって、日本政府はキリスト教を正式に公認した。それまでは「黙許」していたに過ぎなかったが、外国人の「内地雑居」に合わせて、その主な宗教であるキリスト教を認めたわけである。[105] 一方、『同志社百年史』が指摘する、「一八九〇年代に天皇制国家主義が急速に興隆し、教育勅語にもとづく臣民道徳が強調された。人びとはキリスト教を日本の伝統的習俗やそれに立脚する臣民道徳に合致しないものとして非難攻撃した」[106]といった日本国内の状況から、「脱出」したい、という指向性もあったと思われる。小崎弘道がラッドへの招待状に記したような、思想的混沌からの「脱出」という背景もあったであろう。

こうして、ラーネッドの影響が同志社関係者をイエール大学に向かわせ、彼等を主にラッドが窓口となって受け入れることとなったわけだが、ラッドは哲学や心理学を担当しており、同志社関係者にも哲学、心理学を中心に教授した。神学についても、日本人留学生や同志社に好意的な教授がいたのであろう。[107] 結果として、ラーネッドが同志社関係者に与えた影響は大きく、イエールから授与された神学博士の学位も、「博士の教育的功労に対する名誉学位」[108]であったというから、留学への貢献の延長線上で実現したものと考えられる。なお、大塚達也は、ラッドの初来日は、「同志社の欧米のおそらく神学者たちの招聘計画によるものであった」[109]と指摘しているが、この「神学者たち」にはラーネッドも含まれていたに違いない。両者は、すでにみたラッド宛ラーネッド書簡に示されているように、遅くとも一八九八年には交遊関係にあった。

なお、新島もラッドのことはよく認知していたものと思われる。一八八九年一一月一〇日に森田は、新島に宛てた書簡において、ラッドは哲学的・カトリック的で、特定の学問分野の研究者を超えたスターであり、「イエールの自由思想家」だと紹介している[110]。新島がラッドに好感を抱いたとしたら、それも同志社関係者がラッドのもとで学ぶ一つの原動力になったに違いない。

六、イエール留学の意義

一九〇一年前後に同志社からイエール大学に学んだ日本人留学生たちが、現地で学んだ神学や哲学、心理学などの宗教的・学術的意義については、それぞれの専門分野の研究者の検討に委ねるほかないが、帰国した留学生たちが、同志社や早稲田、慶應義塾などの私学や官立高等学校、帝国大学などで教鞭を執り、その後の各学問分野の基礎を築いていったことを考えると、彼らの留学の意義は決して小さくはなかったといえよう。例えば心理学においては、松本亦太郎がイエールで、ラッドが呼び寄せたエドワード・W・スクリプチャーから実験心理学の基礎を学び、その後の日本の心理学界に大きな影響を与えたことが、明らかにされている[111]。

同志社では、イエール大学留学生から、小崎弘道、横井時雄、原田助、牧野虎次と、四代の社長・総長を輩出したことは、その歴史において大きな意味を持つと思われる。例えば小崎は、アメリカ滞在中に国内外の知識人と意見を交換し、学校を大学とするためには、「伝道会社から独立」しなければならないというアドバイスを受けた。帰国後、同志社はアメリカン・ボードからの寄附金と派遣教師の謝絶を決議することになり、自立を求められた同志社は、尋常中学校の設立を企図する。教育勅

ラッド宅での記念写真「エール大学　日本学生」 1901年10月23日撮影
同志社社史資料センター所蔵

語に基づく道徳教育を求める政府の基準に対応することが求められ、聖書の利用や式典での祈禱が取りやめられたが、ボードとの決裂をめぐって社内が対立、これが小崎の辞任につながっていく(112)。その意味でも、同志社の一つの画期につながる渡米であった。

ラッドに目を向けてみても、同志社関係者をはじめとする日本人留学生を高く評価したことで、留学生をイエール大学に積極的に受け入れてこれを支援し、教育し、さらには三度にわたって来日して、同志社や日本と深い関係を持つこととなった。イエール大学創設二〇〇周年に際して、伊藤博文と鳩山和夫に名誉博士の学位を授与する斡旋をしたのも、その過程の出来事であったし、二〇〇年祭に際してラッド宅で撮影された記念写真には、ラッド夫妻と鳩山夫妻を囲んで、芦田、河邊、西池、槙、牧野、松尾、村田、森といった同志社関係者が写っている（**前頁写真**）。ここからも、ラッドが、同志社とイエールの結節点となっていたことが理解されよう。

この二〇〇周年記念式典に伊藤が出席したことが、日米外交において大きな意味を持ったことは、すでに明らかにされている。伊藤は「文明」の普及という使命をイエール大学から託され、その実践に取り組んでいった。[113] 三年後に発生した日露戦争では、伊藤の意を受けて渡米した金子堅太郎が、この戦争を「文明」国対「野蛮」国と位置付けて積極的な広報外交を展開し、セオドア・ローズヴェルト大統領の仲介を引き出すことに成功し、その際に金子は、「文明」国の象徴として、日本国内でロシア正教が保護されていることを挙げた。[114] 日本の仏教・神道・キリスト教の指導者たちは、ロシアの喧伝する「キリスト教」対「異教徒」という構図を打ち消し、「文明」のための戦争であることを宣言するが、その先頭に立った一人が、小崎であった。[115]

ラーネッドが同志社で、ラッド等イエール大学の教授陣がニューヘイブンで伝授した信仰と学問。それは、二〇世紀の日本が生きていく上で必須となる「文明」の一面を示すものであった。

注

（1）杉井六郎「イェールの日本人」（『同志社アメリカ研究』第一三号、一九七七年）、七二―九三頁。
（2）前掲「イェールの日本人」、六九―九三頁。
（3）荒川歩「同志社英学校からエール大学のラッドの元への森田久万人の派遣とその成果」（『心理学史・心理学論』第五号、二〇〇三年）、一五―二一頁。

(4) 拙著『明治日本はアメリカから何を学んだのか—米国留学生と『坂の上の雲』の時代』(文春新書、二〇二一年)、第四章第一節「同志社からイエールへ」。
(5) 前掲「イェールの日本人」、七二—九一頁。
(6) 「ヱール大学日本学生名簿」(Yale University, Sterling Memorial Library, Manuscripts and Archives Group Number 40, Kan'ichi Asakawa Papers, Series No.III. Box. 60, Folder No.296)。
(7) 今井隆吉編『同志社校友会便覧』(同志社校友会、一九二四年)、一一—一六三頁。
(8) 前掲「イェールの日本人」、七一—九一頁。
(9) 吉原のイエール留学については、拙稿「初代日銀総裁・吉原重俊の思想形成と政策展開」(『法学研究』第八七巻九号、二〇一四年)など、参照。
(10) 前掲「ヱール大学日本学生名簿」。
(11) 佐野安仁「同志社人物誌(七〇)中島力造」(『同志社時報』第九四号、一九九二年)、一四三頁、前掲「イェールの日本人」、八三頁。
(12) 中島力造「故エール大学総長ノア、ポーター先生」(『国民之友』第一五三号、一八九二年)、六六〇頁。
(13) 中島力造『欧米感想録』(東亜堂書房、一九一一年)。
(14) 菅紀子「漱石のライバル重見周吉—イェール大学ほか新資料から見える人物像」(『松山大学論集』第三〇巻一号、二〇一八年四月)、三四六—六六頁、前掲「イェールの日本人」、八六頁。
(15) 湯浅永年「同志社人物誌(二二)湯浅吉郎」(『同志社時報』第二四号、一九六七年)、四三頁、前掲「イェールの日本人」、九一頁。
(16) 田中良一「同志社人物誌(一六)市原盛宏」(『同志社時報』第一六号、一九六五年)、五二頁、小野英二郎「故市原盛宏君略歴」(市原宏『故市原盛宏記念』市原宏、一九一九年)、六—一二頁、前掲「イェールの日本人」、七五頁、田中良一「蔵原惟郭と市原盛宏—その人となりと業績」(同志社大学人文科学研究所編『熊本バンド研究—日本プロテスタンティズムの一源流と展開』みすず書房、一九六五年)、三九七—四一三頁。
(17) 原田健編『原田助遺集』(河北印刷、一九七一年)、六一—九五頁。傍線原文。
(18) 前掲『原田助遺集』、二七〇—二頁。傍線原文。
(19) 現在、原田のイエール大学における教会史と実践神学の受講ノートが残されている(「エール大学Fisher教授の教会史講義の筆記（明治二二年）」同志社社史資料センター所蔵、Y/HT、「エール大学 Brastow 教授の実践神学講義の筆記（明治二三—二四年）」同志社社史資料センター所蔵、Y/HT）。

(20) 沖田行司「原田助—国際主義を唱えた同志社人」（沖田行司編『新編同志社の思想家たち』上、晃洋書房、二〇一九年）、一三二—五三頁、前掲「イェールの日本人」、七三頁。

(21) この論文をタイプ打ちして製本したものが現存しており、全三二四頁に及んでいる（「中瀬古六郎関係資料」一六／三三、同志社社史資料センター所蔵、資料番号・分—三五八—一一七）。森田がイエール大学でラッドやウィリアム・G・サムナーなどから受けた講義ノートもあり、熱心に講義を聴いていたことがうかがえる（「中瀬古六郎関係資料」二九／三三、同志社社史資料センター所蔵、資料番号・分—三八五—一一〇、資料番号・分—三八五—二〇・二二）。

(22) 森田による東洋哲学史の講義用ノートが現在、残されている（「中瀬古六郎関係資料」一六／三三、同志社社史資料センター所蔵、資料番号・分—三五八—一—一・二・一三・一四・一五・一六）。

(23) 前掲「同志社英学校からエール大学のラッドの元への森田久万人の派遣とその成果」、一五—七頁、前掲「イェールの日本人」、八二頁、今谷逸之助「森田久万人の哲学」（『キリスト教社会問題研究』第七号、一九六三年）、五五—九〇頁。哲学者としての森田の業績については、前掲「森田久万人の哲学」、に詳しい。

(24) 浮田はラーネッドの著作の翻訳を手がけている（ラルネット著／浮田和民訳『経済学之原理』経済雑誌社、一八九六年）。

(25) 浮田和民「ラッド先生の来朝」（『教育公報』第二二七号、一八九九年）、一—二頁。

(26) 浮田の日記には、一八九二年九月二一日にニューヘイブンに到着し、二九日に学期が開始、一〇月一日に「初メテ出席ラッド哲学入門」と記されている（「明治二十年記憶帳」『浮田和民関係資料』同志社大学人文科学研究所所蔵、明治二五年八月二九日—一二月一六日条、資料番号・1—5）。留学中は体調不良に悩まされ、翌年一月の日記には「余程ヤセタレバ万一ハ速ニ帰国ヲ決行スルコトアル可シ……病人タルヲ免カレズ異郷之客トナリ屢々病ニ罹ル何ゾ愛愁ニ堪ヘン」などと記述されている（「在米日誌」前掲『浮田和民関係資料』、明治二六年一月条、資料番号・1—6）。浮田が留学中につづった妻いつめ宛の書簡も多数残されている（浮田いつめ宛浮田和民書簡、同前、資料番号・5—2—1—59）。

(27) 姜克實『浮田和民の思想史的研究—倫理的帝国主義の形成』（不二出版、二〇〇三年）、二六六—三〇〇頁、榎本恵理「浮田和民—「反宗教家」「全教育家」として」（前掲『新編同志社の思想家たち』上）、八六—一〇七頁、平林一「浮田和民と徳富蘇峰—若き日の思考と論理」（前掲『熊本バンド研究—日本プロテスタンティズムの一源流と展開』）、四一四—五頁、松田義男『浮田和民研究—自由主義政治思想の展開』（松田義男、一九九八年）、二六八頁、前掲「イェールの日本人」、八九頁。

(28) George Trumbull Ladd, *Rare days in Japan* (New York: Dodd, Mead and Company, 1910), p.105.

(29) 三宅亥四郎「ラッド教授の回想」(『心理研究』第二〇巻一一八号、一九二一年)、二六二頁。ラッドと浮田は親密な師弟関係にあり、松本亦太郎によると、ラッドは浮田に「自分の死後自分の遺灰の一半を日本の土に葬つて貰ひ度い、これは妻も承諾してゐるし、嗣子にも遺言をして置いたから宜しく取計つて呉れ」と依頼したという(松本亦太郎「ラッド教授を追憶す」『心理研究』第二〇巻一一八号、一九二一年、二五六頁)。実際、ラッドの遺骨は横浜の総持寺に分骨されており、一九二四年には東京帝国大学にラッドの記念奨学資金が寄附され、文学部における応用心理学的研究のためと指定された(鈴木祐子「日本におけるラッドの心理学―三度の来日をまじえて考える」『日本の現代心理学形成にかかわる学問史的検討』科学研究費補助金報告書〈基盤研究(B)〉(一)課題番号一〇四一〇〇二四、研究代表・西川泰夫、二〇〇一年)、二五七頁。浮田はラッドの哲学的方法論からも大きな影響を受けている。詳しくは、前掲『浮田和民の思想史的研究―倫理的帝国主義の形成』、三九八―四〇〇頁、参照。

(30) 前掲『浮田和民の思想史的研究―倫理的帝国主義の形成』、二六八頁。

(31) 前掲「イェールの日本人」、七二頁。

(32) 森田敬太郎編『青木要吉追憶集』(青木正雄、一九四〇年)、四五九―六二頁、前掲「イェールの日本人」、七二頁。

(33) 小崎弘道「同志社報告」(『同志社明治廿七年度報告』同志社、一八九五年四月二五日)、一頁。

(34) 小崎弘道『小崎全集』第三巻(自叙伝)(小崎全集刊行会、一九三八年)、七八―九二頁。現在、小崎がイエール神学校で受講して作成したフィッシャーの「教理史」「キリスト教神学史」、ポーターの「旧約聖書神学」「新約聖書神学」、およびラッドの「カント・セミナー」などの講義梗概ノートが残されている(「小崎弘道自筆集」第一七・一八・二〇巻、同志社大学神学部所蔵)。

(35) 前掲「イェールの日本人」、七八頁。

(36) 辻橋三郎「横井時雄と『時代思潮』―政治家横井のプロフィール」(前掲『熊本バンド研究―日本プロテスタンティズムの一源流と展開』)、三三一頁、前掲「イェールの日本人」、九〇頁。

(37) 松本亦太郎「ラッド教授を追憶す」(『心理研究』第二〇巻一一八号、一九二一年)、二五二頁。

(38) 高砂美樹「G・T・ラッドと日本の心理学」(『心理学ワールド』第五六号、二〇一二年)、二一―三頁、前掲「日本におけるラッドの心理学―三度の来日をまじえて考える」、二五七―七〇頁、前掲「イェールの日本人」、八〇頁。イエール大学在学中の松本の学費や奨学金、成績、博士号の授与推薦文、住所などについては、松本洸「資料 イェール大学における松本亦太郎のファイル」(『心理学史・心理学論』第四号、二〇〇二年)、三七―四三頁、参照。
(39) 前掲「イェールの日本人」、八一頁。
(40) 前掲「ラッド教授の回想」、二六二―四頁。
(41) 前掲「蔵原惟郭と市原盛宏―その人となりと業績」、三八一―九七頁、前掲「イェールの日本人」、七九頁。熊本、同志社時代の蔵原については、桜井純一「明治・大正デモクラシーの一系譜―蔵原惟郭とその周辺(一)―(五)」(『現代と思想』第一八・一九・二一・二二・二五号、一九七四年・一九七五年・一九七六年)、最初の渡米、および新島との交流や政治家としての蔵原については、岡林伸夫「ボストンの蔵原惟郭」(『同志社談叢』第二九号、二〇〇九年)、参照。
(42) 前掲「イェールの日本人」、七七頁、柴田隆行「日本の哲学教育史(下の二)」(『井上円了センター年報』第一三号、二〇〇四年)、一一八頁。
(43) 河邊治六「ラッド博士を追想す」(『心理研究』第二〇巻一一八号、一九二一年)、二五七―六一頁。河邊は、ラッドの講演の翻訳もしている(ラッド講演/河邊治六訳「道徳と政治経済の関係」『慶應義塾学報』第一一四号、一九〇七年)。
(44) 牧野虎次『針の穴から』(牧野虎次先生米寿記念会、一九五八年)、一五―六頁。
(45) 坂田は同志社卒業後に渡米して、一八九五年にイエール大学に留学、大学院でギリシャ語を学び、一八九七年に修士の学位を取得、学者を目指して一八九九年まで在籍した。帰国後に村井姓となって実業面で活躍し、「米国育ちの実業家」として知られることになる(前掲「イェールの日本人」、八五頁、「米国育ちの実業家　村井貞之助氏」『実業の日本』第二二巻八号、一九一九年、七一頁)。
(46) 藪崎吉太郎編『牧野虎次先生自叙伝』(藪崎吉太郎、一九五五年)、二九頁。
(47) 留学のためイエール大学のあるニューヘイブンの駅に到着したとき、牧野に声をかけてくれたのが、ちょうどダートマス大学を卒業してイエールの大学院に進学した朝河貫一(のち、イエール大学教授)で、朝河は何でも相談に乗ってほしいといってくれ、「君の友情に、私は一見旧知の感を抱いたのである。当時同大学に於る日本の留学生は二十余名に達し、その数に於ては全盛時代と云へる」と牧野は回顧している(牧野虎次「朝河貫一博士を偲ぶ」『日本歴史』第六九号、一九五四年、五五―六頁)。牧野と朝河の関係については、第八章、参照。
(48) 「牧野虎次日記帳(明治三四年)」(同志社社史資料センター所蔵、Y/MT-5)。
(49) 前掲『針の穴から』、一八〇―三頁、前掲「イェールの日本人」、七九頁。
(50) 末光力作「同志社人物誌(五〇)中瀬古六郎」(『同志社時報』第七三号、一九八二年)、七一―三頁、前掲「イェールの日本人」、八三頁。
(51) 前掲「イェールの日本人」、八二頁。
(52) 村田勤「北米所感」(『新人』第四巻三号、一九〇三年)、三八―四〇頁。
(53) 松本皓一「「教育者」型人格における宗教体験と聖・俗の行動傾向―栽松・宝山良雄の場合」(『駒澤大学仏教学部研究紀要』第四七号、一九八九年)、一―三二頁、前掲「イェールの日本人」、八八頁。
(54) 河野仁昭「松尾音次郎について」(『新島研究』第八〇号、一九九二年)、一四一頁、河野仁昭「解説」(松尾光風「新島襄先生を偲ぶ」『新島研究』第七九号、一九九一年)、五三―四頁、前掲「イェールの日本人」、八〇頁。
(55) 前掲「イェールの日本人」、八一頁。
(56) 森次太郎『欧米書生旅行』(博文館、一九〇六年)、二四―三〇頁。森は一九〇八年に刊行した『米国之家庭及社会』において、「学校と学生」の一項を設けているが、概説的な記述に止まり、イエール大学での学修についての言及はない(森次太郎『米国之家庭及社会』金港堂、一九〇八年、二六二―七頁)。
(57) 拙稿「伊藤博文への博士号授与と日米外交―「文明」の普及をめぐって」(『法学研究』第八七巻一〇号、二〇一四年)、一―三頁。
(58) 前掲「ラッド教授の回想」、二六四頁。
(59) 前掲「ラッド教授を追憶す」、二五五頁。韓国視察の記録は、ジョージ・T・ラッド著/桜の花出版編集部編『1907 In Korea with Marquis Ito』(星雲社、二〇一五年)、として刊行されている。同書の第一章冒頭でラッドは、「日本の保護国である大韓帝国で初代統監として奮闘していた伊藤博文の招待により、朝鮮半島に行くことを決意。その心を動かしたのは、朝鮮の皇帝と人びとの利益のために尽力する伊藤の姿だった」と記している(二三頁)。
(60) Shigemi Shukichi-Box651- Ⅱ -Sheffield-1888 G-Z, Alumni Records (RU830). Manuscripts and Archives, Yale University Library.
(61) Yuasa Kichiro-Box1042- Ⅵ -Graduate School-Ph.D1861-1895, Alumni Records (RU830). Manuscripts and Archives, Yale University Library.
(62) Harada Tasuku-Box1006- Ⅴ -Divinity-1889O-Z - 1891A-K, Alumni Records (RU830). Manuscripts and Archives, Yale University Library.
(63) Ichihara Morihiro-Box1042- Ⅵ -Graduate School-Ph.D1861-1895, Alumni Records (RU830). Manuscripts and Archives,

Yale University Library.

(64) Ukita Kazutani-Box1067- Ⅵ -Graduate School-Ph.D1949O-Z, M.A1877-1901A-T, Alumni Records (RU830). Manuscripts and Archives, Yale University Library.

(65) Adachi Michiye-Box1089- Ⅵ -Graduate School-x1877H-Z - x1895A-K, Alumni Records (RU830). Manuscripts and Archives, Yale University Library.

(66) Aoki Yokichi-Box1067- Ⅵ -Graduate School-Ph.D1949O-Z, M.A1877-1901A-T, Alumni Records (RU830). Manuscripts and Archives, Yale University Library.

(67) Kozaki Hiromichi-Box1089- Ⅵ -Graduate School-x1877H-Z - x1895A-K, Alumni Records (RU830). Manuscripts and Archives, Yale University Library.

(68) Yokoi Tokiwo-Box1090- Ⅵ -Graduate School-x1895P-Z - x1902A-P, Alumni Records (RU830). Manuscripts and Archives, Yale University Library.

(69) Matsumoto Matataro-Box1043- Ⅵ -Graduate School-Ph.D1896-1901, Alumni Records (RU830). Manuscripts and Archives, Yale University Library.

(70) Kurahara Koreteru-Box955- Ⅳ -Law-x1897-1899 A-S, Alumni Records (RU830). Manuscripts and Archives, Yale University Library.

(71) Miyake Ishiro-Box1043- Ⅵ -Graduate School-Ph.D1896-1901, Alumni Records (RU830). Manuscripts and Archives, Yale University Library.

(72) Kawabe Jiroku-Box1067- Ⅵ -Graduate School-Ph.D1949O-Z, M.A1877-1901A-T, Alumni Records (RU830). Manuscripts and Archives, Yale University Library.

(73) Makino Toraji-Box1012- Ⅴ -Divinity-1900-1902A-R, Alumni Records (RU830). Manuscripts and Archives, Yale University Library.

(74) Takarayama Yoshio-Box1091- Ⅵ -Graduate School-x1902 R-Z - x1907 A-C, Alumni Records (RU830). Manuscripts and Archives, Yale University Library.

(75) Matsuo Otojiro-Box1068- Ⅵ -Graduate School-M.A. 1901 U-Z - 1904 A-L, Alumni Records (RU830). Manuscripts and Archives, Yale University Library.

(76) Nakaseko Rokuro-Box1084-Ⅵ-Graduate School-M.A. 1949 J-Z, M.S. 1899-1923, Alumni Records (RU830). Manuscripts and Archives, Yale University Library.

(77) Murata Tsutomu-Box1068-Ⅵ-Graduate School-M.A. 1901 U-Z - 1904 A-L, Alumni Records (RU830). Manuscripts and Archives, Yale University Library.

(78) "George Trumbull Ladd papers" (https://archives.yale.edu/repositories/12/resources/3313, accessed December 1 2020). ラッドの心理学、および日本に与えた影響に関しては、前掲「日本におけるラッドの心理学―三度の来日をまじえて考える」、二五七―七〇頁、前掲「ラッド教授を追憶す」、二四二―六一頁など、参照。

(79) 前掲「G・T・ラッドと日本の心理学」、二一―三頁。一九〇七年にラッドが勲二等旭日重光章を授与された際、賞勲局総裁・大給恒はラッドの日露戦後の教育に対する貢献として、留学生の教育と各地での遊説によって「国民ノ美風ヲ発揮スルニ努ムル等其功労不少」との理由を挙げ、内閣総理大臣・西園寺公望に上申している（「英国人《ママ》勲三等ジョージ、チー、ラッド叙勲ノ件」JACAR（アジア歴史資料センター）Ref. A10112632900、叙勲裁可書・明治四〇年・叙勲巻四・外国人二止（国立公文書館））。

(80) 前掲「ラッド教授を追憶す」、二五〇―一頁。一八九九年にラッドが勲三等を授与された際の叙勲申請書によると、ラッドが設けた日本学生奨学基金とは、「同大学ニ遊ヘル優等学生ノ為ニ七カ年毎ニ私費五千弗ヲ積立置キ其学資トシテ之ヲ給与ス」るもので、ラッドは「此他本邦学生ニシテ資力ナキ者ノ為ニ前記金額ノ外別ニ自ラ其授業料（一ヶ年百弗）ヲ給与」していたという（「北米合衆国人ジョージ、チー、ラッド叙勲ノ件」JACAR：A10112504300、叙勲裁可書・明治三二年・叙勲巻二・外国人（国立公文書館））。なお、新島襄は一八八五年の段階で、ジョンズ・ホプキンス、イエール、アマースト、の各大学に留学するための奨学金を同志社に設ける構想を抱いており、この件についてイエールのポーター学長に話して、賛成を得たと、同年五月二六日付の書簡に記している（新島襄全集編集委員会編『新島襄全集』第六巻・英文書簡編、同朋舎出版、一九八五年、二六八―九頁）。この構想が実現したかどうか定かでないが、実現していた場合、同志社関係者のイエール留学を後押しするものになったに違いない。

(81) 前掲「ラッド教授の回想」、二六三―四頁。

(82) George Trumbull Ladd, "America and Japan," *International Conciliation*, Series 1, No. 2 (June 1908), p.9.

(83) 前掲『浮田和民の思想史的研究―倫理的帝国主義の形成』、二六八、二九七頁。

(84) 中島力造「凡例」（ラッド著／中島力造抄訳『認識論』富山房、一八九八年）、二頁。中島がポーターに師事していたことは、本文先述の通りであり、松本亦太郎も、「中島力造教授はラッド教授の学説は知悉して、ラッド教授とは勿論親交のあった人であるが、寧ろノア、ポルター教授の門弟と称した方が適当であるかと思はれる」と述べている（前掲「ラッド教授を追憶す」、二五一頁）。ただ、中島は周囲からラッドが博識であることは聞いていたようで、「氏の博学多能の士なることは、エール大学に遊びて其講義を聴きしもの丶、皆常に驚嘆せる所なり」と述べている（中島力造「ラッド教授の心理学書」『六合雑誌』第一六六号、一八九四年、四二頁）。

（85）坂野鉄也「谷本富の「新人物論」における商業道徳論―中島力造、ジョージ・トランブル・ラッドとの比較」（『滋賀大学経済学部 Working Paper series』第二六三号、二〇一六年）、一―二二頁。二度目のラッド来日の際には、中島は熱心にその斡旋に動いたようである（前掲「日本におけるラッドの心理学―三度の来日をまじえて考える」、二六〇頁）。このとき、中島はラッドの認識論についての抄訳を発表し、これに対する批判について、ラッドに代わって応答している（中島力造「ラッド氏認識論に就て関君に答ふ」『哲学雑誌』第一四巻一四九号、一八九九年、五六四―六頁）。

（86）前掲「ラッド先生の来朝」、一頁。実際、中島は原田に、ラッドの演説予定について伝えている（一八九九年一〇月一四日付原田助宛・中島力造書簡、同志社大学同志社社史資料センター所蔵、新島遺品庫資料・下・1914）。

（87）小崎弘道「同志社報告」（『同志社明治廿五年度報告』同志社、一八九三年三月三一日）、一頁、前掲「日本におけるラッドの心理学―三度の来日を交えて考える」、二五八頁、前掲「同志社英学校からエール大学のラッドの元への森田久万人の派遣とその成果」、一七頁。ラッドはその自伝に、同志社の人びとについて、欧州文化を獲得する一方で、東洋的・西洋的な道徳的・宗教的信念などを失いつつある若い日本人が増加している、と記しているという（前掲「日本におけるラッドの心理学―三度の来日を交えて考える」、二五八頁）。なお、浮田はこの年の八月二九日に横浜を発ち、九月二一日にニューヘイブンに到着している（前掲『浮田和民の思想史的研究―倫理的帝国主義の形成』、二六六―八頁）。

（88）前掲「イェールの日本人」、七〇―一頁。

（89）ラッド述『宗教哲学』（福音社、一八九二年）、一頁。傍線原文。

（90）このほか日本関連では、一九〇六年から一九〇七年にかけて日本を訪問した際にラッドが記した書簡を集めたフォルダー（「Correspondence Trip to Japan 1906（b. 11, f. 7, 1906）」「Correspondence Trip to Japan 1907（b. 11, f. 8, 1907）」）が含まれている。

（91）Doshisha affair（b. 7, f. 3, 1897-1898）, George Trumbull Ladd Papers（MS1371）. Manuscripts and Archives, Yale University Library.

(92) Doshisha controversy (b. 7, f. 2, 1898), George Trumbull Ladd Papers (MS1371). Manuscripts and Archives, Yale University Library.

(93) *Ibid.*

(94) 住谷悦治『ラーネッド博士伝―人と思想』(未來社、一九七三年)、六〇頁。

(95) 香川孝三『政尾藤吉伝―法整備支援国際協力の先駆者』(信山社出版、二〇〇二年)、三八、五八―九頁。

(96) 前掲「イェールの日本人」、七一頁。

(97) ただ、心理学研究を主な目的としていた森田久万人の留学にあたっては、同志社の宣教師であるマークウィス・L・ゴードンからアメリカン・ボード執事宛に書簡が送られており、そこには内容は不明であるものの、ラーネッドの書簡も添えられていたようである(前掲「同志社英学校からエール大学のラッドの元への森田久万人の派遣とその成果」、二〇頁)。イエール大学への紹介状であったのかもしれない。イエール大学同窓会からの照会に対し、湯浅吉郎などの現住所情報を提供するなど、同志社における窓口のような役割を果たしていたことも、先述の通りである。

(98) K. Tsunashima, "Farewell to Dr. and Mrs. D. W. Learned"(『人道』第二七六号、一九二八年)、六頁。

(99) 前掲『ラーネッド博士伝―人と思想』、三―四九頁。なお、セイヤー・カレッジとラーネッド来日の経緯については、大越哲仁「ラーネッドとセイヤー・カレッジ」(『新島研究』第九九号、二〇〇八年)、五六―八一頁、に詳しい。

(100) 一八八五年一月二四日付新島襄宛ノア・T・ポーター書簡(同志社大学人文科学研究所編『新島襄英文来簡集』木立の文庫、二〇二〇年)、一六五―六頁。

(101) 前掲「漱石のライバル重見周吉―イェール大学ほか新資料から見える人物像」、三四六―八頁。新島はこの渡米の際、イエール神学校で中島力造と会い、同志社の教師採用について話したようで、その後中島は適任者としてクラスメイトのマシューズという人物を紹介している(一八八八年八月二二日付新島襄宛中島力造書簡、前掲『新島襄英文来簡集』、三一四―六頁)。

(102) 中島は一八八八年一月二日に、新島に宛てた書簡で、イエール大学での学習計画と帰国後の進路などについて書き送っている(前掲『新島襄英文来簡集』、二八七―八頁)。

(103) 新島襄全集編集委員会編『新島襄全集』第一〇巻・新島襄の生涯と手紙(同朋舎出版、一九八五年)、一一―二頁。

(104) 前掲『原田助遺集』、七〇―一頁。

(105) 拙稿「明治期における内地雑居問題とキリスト教対策」(寺崎修・玉井清編『戦前日本の政治と市民意識』慶應義塾大学出版会、二〇〇五年、所収)、参照。

（106）上野直蔵編『同志社百年史』通史編一（同志社、一九七九年）、四三一頁。
（107）例えば、小崎は、イエール大学で聖書神学者のフランク・C・ポーター教授から有意義な講義を受け、イギリスやドイツの多くの学者に宛てて紹介状を書いてもらったという（前掲『小崎全集』第三巻・自叙伝、八九頁）。イエール神学校のベンジャミン・W・ベーコンが牧野の留学の仲介をしていたことも、本文で述べた通りである。
（108）前掲『ラーネッド博士伝』、四五頁。
（109）大塚達也「G・T・ラッドの講演をめぐって（一）―迂回をとって漱石論へ」（『語学文学』第三四号、一九九六年）、二〇頁。
（110）前掲『新島襄英文来簡集』、四一一―三頁。
（111）前掲「同志社英学校からエール大学のラッドの元への森田久万人の派遣とその成果」、一六頁。
（112）湯浅与三『小崎弘道先生の生涯』（湯浅与三、一九六七年）、二五―八頁、鈴木敦史「小崎弘道―社会の「聯繫」を求めて」（沖田行司編『新編同志社の思想家たち』下、晃洋書房、二〇一九年）、一六―八頁、前掲『同志社百年史』通史編一、四三〇―四四頁。
（113）前掲「伊藤博文への博士号授与と日米外交―「文明」の普及をめぐって」、一一―一四頁。
（114）松村正義『日露戦争と金子堅太郎―広報外交の研究』（新有堂、一九八〇年）、参照。
（115）前掲『小崎全集』第三巻（自叙伝）、一二五―八頁。

第八章　東京専門学校とイエール大学

――朝河貫一を中心に

一、イエール大学に留学した日本人

近代日本の海外留学生には、官費によるエリートはドイツを中心とするヨーロッパに、私費による一般大衆はアメリカに留学する傾向があったといわれている。アメリカは、中等教育機関が不足していた日本の受け皿となり、主に西海岸で、働きながら学ぶ日本人苦学生が目立つことになる(1)。

もっとも、東京専門学校(2)や慶應義塾、同志社といった私学からは、私費であっても、アメリカの西海岸で働きながら学ぶのではなく、東海岸の名門大学で専門知識の習得を目指す留学生も多く生まれた。草創期の東京専門学校を卒業してイエール大学に学んだ杉田金之助や政尾藤吉、朝河貫一、斎藤隆夫といった面々が、それぞれ法学者や外交官、歴史学者、政治家などとして活躍したことからも、その一端がうかがえよう。

イエール大学は、彼らのような私学エリートがアメリカに留学した当時、日本人留学生を数多く受

け入れていた。『東京朝日新聞』（一九〇二年一月二五日付朝刊）は、次のように報じている。

> ヱール大学ハ米国有数の大学校なること予が言を待たず同時に此の大学に日本の学生多きことも亦知れ渡れりハーバード、コロムビア、コー子ル等他に良校多きに拘らず独りヱール大学校にのみ日本人の学生多きハヱール大学校が日本人に対し特別なる恩恵を与ふるが故なりとす……ヱール大学日本人に限り無授業料にて入学しむるを以て年々日本人の学生多く入校し本年度の如き二十二名の多きに及べり[3]（傍点原文）

ここにいう、日本人の授業料を無償とする「特別なる恩恵」とは、イエール大学で日本人留学生を積極的に受け入れていたジョージ・T・ラッド教授が創設した、日本人留学生向けの奨学金を指すものと思われる[4]。

この前年からイエール大学に留学した同志社出身の村田勤は、同大学に到着した際の印象を、「総長はじめ諸部長諸教授の淡泊親切にして威張らず傲らず、邊幅を飾らず遠来の日本学生等に対して特殊寛厚の同情を寄せらるゝ処、凡て予が理想に適へり」と記している。やはり日本人留学生に対して、周囲は好意的であった[5]。

明治期にイエール大学に在籍した日本人について網羅的に検討した杉井六郎によると、当該期のイエール日本人留学生の出身校のうち、最多の留学生を送り出したのは同志社で、続いて慶應義塾、第三位が東京専門学校となっている。この三校は、第四位の東京帝国大学以下を大きく引き離す数のイエール留学生を輩出しており、当時の私学エリートの志向性を、典型的にあらわしているといえよう。[6]

そこで第六章、第七章では、慶應義塾および同志社に学んだ上でイエール大学に留学した日本人について、事例研究を行った。本章はそれを踏まえ、明治期に東京専門学校からイエールに留学した日本人の一覧を示し、その傾向について簡単な考察を加えるとともに、具体的事例として、朝河貫一を取り上げたい。いうまでもなく、朝河は東京専門学校を卒業後、ダートマス大学を経て、イエール大学大学院で博士の学位を取得し、その後、ダートマス、さらにイエールで教鞭を執って、日本人ではじめてイエール大学教授となった人物である。朝河はいかにしてイエールで成功を収め、学生として、また教員として、日本人留学生とどのように接し、それはいかなる動機や意図に基づいていたのか。こうした点について、詳しく検討を試みたい。

東京専門学校出身の海外留学生については、『早稲田大学百年史』第一巻の「学苑の海外留学生」の項に、同校を卒業して一八八五（明治一八）年から一九〇二（明治三五）年までの間に海外留学に出発した「初期海外留学生」の一覧、および代表的な留学生の略歴が紹介されており、その一覧に七名のイエール大学留学生を確認することができる。[7]しかし、武田勝彦は、ミシガン大学留学生に関する同書の記述に誤りがあることを指摘し、同大学への留学生の履歴を中心に、詳細な検討を試みている。[8]イエール留学生についても、さらなる慎重な考察が求められよう。[9]

このほか、中西敬二郎は、一九〇一年のイエール大学創立二〇〇年祭に参加した斎藤隆夫や鳩山和夫の書簡や演説などについて紹介しているが、[10]当時の留学生の全体像や朝河について、言及してはいない。朝河に関しては、これまで膨大な研究が蓄積されてきており、その留学時代についても、オーシロ・ジョージや甚野尚志によって明らかにされているものの、[11] 履修した授業や学費、日常生活、宗教についての検討が主で、日本人留学生との関係については、なお、十分に解明されてはいない。本章がまず明治期における東京専門学校出身のイエール留学生の一覧を示し、さらに朝河と日本人留学生との関係について検討しようとする所以である。

二、明治期における東京専門学校出身イエール大学留学生

明治期に東京専門学校を卒業し、イエール大学に留学した日本人の氏名、在籍期間、専攻、取得学位、同校の卒業年・学科は、以下の通りである。杉井が作成した「イェール大学在籍者リスト」[12] に最終学歴として東京専門学校と記載されている人物について、『早稲田大学百年史』第一巻の「初期海外留学生」一覧[13] や『校友会会員名簿』[14] から同校の卒業年・学科および人名を確認して一覧とし、最終学歴に同校の記載がなくとも、同校を卒業してアメリカの他大学などを経由してイエールに留学した人物を、「初期海外留学生」一覧や『校友会会員名簿』などから割り出して、これを補った。

・小倉松夫　一八八八年―一八八九年　法律学　LL.B.　一八八六年邦語法律科卒
・杉田金之助　一八九三年―一八九五年　法律学　D.C.L.　一八八七年邦語法律科卒
・政尾藤吉　一八九五年―一八九七年　法律学　D.C.L.　一八八九年英語普通科卒
・朝河貫一　一八九九年―一九〇二年　歴史学　Ph.D.　一八九五年文学科卒

・斎藤隆夫　一九〇一年―一九〇三年　法律学　一八九四年邦語行政科卒
・関和知　一九〇二年―一九〇三年　政治経済学　一八九五年邦語政治科卒
・人見潤之助　一九〇三年―一九〇五年　経済学　一八九六年英語政治科卒
・瀬下源三郎　一九〇三年―一九〇五年　経済学　一九〇二年英語政治科卒
・広田順吾　一九〇三年―一九〇六年　政治学　一九〇二年英語政治科卒
・佐藤甚九郎　一九〇四年―一九〇六年　政治学　一九〇〇年邦語政治科卒
・竹林長太郎　一九〇四年―一九〇七年　政治学　一八九六年邦語政治科卒
・渡部善次郎　一九〇五年―一九〇七年　経済学　M.A.　一九〇四年大学部政治経済学科卒
・関戸信次　一九〇七年―一九〇九年　英語学　M.A.　一九〇七年大学部文学科卒
・武井宗十郎　一九〇九年―一九一一年　経済学　一九〇三年邦語政治科卒
・内藤三介　一九〇九年―一九一一年　歴史学　M.A.　一九〇二年英語政治科卒
・雨宮治良　一九一〇年―一九一一年　経済学　一九〇九年大学部商科卒

「初期海外留学生」一覧に含まれている七名のイエール大学留学生のうち、増田英一については、イエールに在籍した記録がない。この間（一八八五年～一九〇二年に出発）、残り六名（小倉、杉田、朝河、斎藤、関、瀬下）のほか、政尾と人見の二名が東京専門学校を卒業してイエールに留学している。明治期全体では、総数一六名に及んだ(15)。

学問の専攻には、政治学や経済学、法律学、文学を重視した東京専門学校の学風が、よくあらわれているといってよかろう。実際、東京専門学校での専攻が、イエール大学での専攻と連携している人物が多かった。同志社の場合は、神学や哲学を専攻する学生が目立ち[16]、理財科に力を入れていた慶應義塾の場合は、経済学を専攻する学生が多い[17]。どの学校も、母校での学風や学修経験を踏まえて、留学先での専攻を選択するのが一般的であった。

東京専門学校出身者として最初にイエール大学に留学した小倉松夫は、同校を一八八六年に卒業し、一八八七年にミシガン大学ロースクールに留学、学位を得ないまま、イエール・ロースクールに転じ、法学士の学位を取得して帰国したが、一八九二年に夭折した[18]。続く杉田金之助も、一八八七年に東京専門学校を卒業、判事などを経て、一八九二年にミシガン大学ロースクールに留学し、法学の修士の学位を得て、イエール・ロースクールに進学し、博士の学位を取得している[19]。

この二人にみられるように、草創期の東京専門学校出身者には、ミシガン大学ロースクールへの留学者が多かった。一八八四年に東京専門学校を卒業した板屋確太郎がその嚆矢で、翌年にミシガン大学ロースクールに留学、法学士の学位を取得している。その後も、一八八八年にミシガン大学ロースクールに入学した神戸喜一郎と竹村眞次は、いずれも法学士の学位を得て、コーネル大学の大学院に進学した。一八八九年には、渡邊半吾もミシガン大学ロースクールに入り、法学の学士と修士の学位を取っている[20]。小倉や杉田がミシガン大学ロークスールに留学したのも、彼ら先輩にならった、ごく自然な流れに沿うものであり、その学問をさらに深めるべく、イエール・ロースクールに進んだわけである[21]。

政尾藤吉については第六章で取り上げたが、慶應義塾に学んだあと、一八八九年に東京専門学校を卒業、関西学院などを経て、ウェスト・バージニア大学ロースクールを卒業したが、先輩である杉田がイエール大学で博士学位を取得したと聞き、それに刺激を受けてイエール・ロースクールに学んだ。(22)斎藤隆夫も、一八九四年に東京専門学校を卒業し、同校校長で衆議院議員、またイエール・ロースクールの卒業生である鳩山和夫の弁護士事務所で働き、この鳩山の経歴が、彼がイエール留学から政治家へと進む先例となったといわれている。(23)杉田は帰国後に判事や弁護士を経て、早稲田大学の教授となり、政尾は外交官となって、シャムの法整備支援に尽力することになる。歴史学者として大成する朝河、弁護士や政治家として活躍する斎藤を含め、先駆者が大学や社会で大きな成功を収めていったことは、政尾や斎藤のケースと同様、東京専門学校の後進にとって、イエール留学に対する大きな動機付けとなったに違いない。(24)

一九〇七年に東京専門学校を卒業し、同年にイエール大学に入学した関戸信次が、八月二七日にニューヘイブンに到着した日の日記が『早稲田学報』第一八一号（一九一〇年）に掲載されており、そこではイエールのキャンパスに足を踏み入れたときの感触が、次のように記されている。

あゝ僕はこれから此の新英洲の大学生になるのだなと、多年の志望の今此処に実現せられてゐながら何だかまだ夢でも見て居る様な気が射した。日本の名士がいくたりとも踏み歩るいた地を自分は今踏んで居るのだ。田尻博士、浮田博士、さては箕作博士、鳩山博士等の仰いだ天を自分は今頭の上に戴いて居るのだとどうやら勿体無い様に思はれた。(25)

母校の校長であった鳩山や、その教授である浮田和民[26]、さらには田尻稲次郎（当時、会計検査院長）[27]や箕作佳吉（当時、東京帝国大学理科大学教授）といった先達に続きたいという意識が、濃厚に示されている。

なお、『早稲田学報』第六一号（一九〇一年）の「早稲田記事」欄によると、一九〇一年のイエール大学創立二〇〇周年記念祭に鳩山校長が参加した際、アメリカ留学中の塩沢昌貞[28]が鳩山と協議してシカゴ大学と交渉し、東京専門学校の卒業生を無試験で入学させる「約束」を結び、さらに「猶エール大学、ウ井スコンシン大学其他諸大学は順次相談中」であるという[29]。イエールとの「相談」が実現したかどうかは定かでないが、実現していれば、それ以降の留学を後押ししたことは間違いなく、実現していなくても、イエール卒業生の鳩山が一八九〇年から一七年間にわたって校長であったこと、また、その鳩山が母校のイエールとの間で提携を結ぼうという意欲をみせたことは、やはり東京専門学校生の背中をイエールへと後押ししたと思われる。

三、朝河貫一のイエール留学時代

朝河貫一がイエール大学大学院で専攻したのが歴史学であり、その博士論文のタイトルが「The Reform of 645: an Introduction to the Study of the Origin of Feudalism in Japan」であったことは、あらためて論じるまでもない。実際に履修した授業や、そこで学んだことなどについては、オーシロや甚野の研究に譲り[30]、ここでは、その所属・専攻が「Department of Philosophy and Arts, Graduate

School. History」（一八九九年―一九〇二年）であったこと、大学から奨学金を得ていたため、一九〇〇年から一九〇二年まで「University Fellow」という身分を付与されていたことを、確認するにとどめたい[31]。

朝河が在籍していた当時、多くの日本人留学生がイエール大学に留学していたが、朝河は、彼らと積極的に交際しようとはしなかった。オーシロはその点について、「日本人は人数が多いと、とかく自分たちだけでかたまってしまい、その結果英語が上達しないばかりでなく「アメリカ人のものの考え方や作法」を学ぶこともないと心配し、アメリカの友人にもそう話していた。そして、これら日本人学生とはできるだけ付き合わないようにするつもりだと手紙にも書いている。しかしながら、彼は他の日本人学生からまるっきり隔絶していたわけではなく、非公式な組織としての「Japan Club」を作る手伝いなどをしている」と指摘している[32]。周囲の英語力を上達させ、「アメリカ人のものの考え方や作法」を習得させるために、あえて積極的には関わろうとしなかったのである。

朝河と同年にイエール神学校に留学した牧野虎次（同志社出身[33]）も、次のように証言している。

朝河君の態度は、恰も高山絶頂の湖面の如く平静、明徹、超然として俗塵を脱して居た。偶ま留学生の近づき来る者あらば、君はいつも英語で応酬。郷に入っては郷に従へ、米国大学に学ぶ以上、英語を用うるは当然だと、君は邦人の陰口をも、恰も聞かざるものゝ如く平然として居られた[34]。

日本人留学生にもあえて英語で接するなど、なかなか近づき難い存在であったことがうかがえよう[35]。

朝河がイエール大学の教員となって以降、大正期に留学した田中文男や柿内三郎、平松清次、村松舜祐などに対しても、食卓では英語で話す態度が変わらなかったことは、すでに増井由紀美によって明らかにされている[36]。

もっとも、まったく世話や面倒をみなかったわけではない。牧野は、「ニュー・ヘブン駅頭に降り立った時、思ひ懸けなくも瀟洒たる日本学生が『牧野君ではないか』と声かけた時の驚きと喜びとは、今に忘れることが出来ない。『紐育の大塚素君から来信あり……在米既に三年間に及び、大凡その見当は附いて居る。何でも御相談に預り度い』と。初対面とも思へぬ君の友情に、私は一見旧知の感を抱いたのである」と朝河との出会いを回想している[37]。まだ渡米したばかりで英語に不慣れな留学生には日本語で接し、アメリカ留学の先輩として、一定の面倒はみていたわけである。

周囲と一定の距離を保ちつつ、イエール大学での学修を経た朝河は、日本人アメリカ留学生の系譜の中で、どのように位置付けられるのだろうか。

東京専門学校は創設以来、政治学や経済学、法律学、文学などを重視しており、同校からの留学生がその学風や学修に沿った専攻を選んだ傾向があることは先述の通りだが、朝河も文学の延長上で歴史学を専攻しており、その意味では、東京専門学校関係のイエール大学留学生の中では、「正統」な立場に位置付けられる。他方、朝河の留学当時は「哲学」「経済学」全盛時代で、イエール大学日本人留学生のほとんどは、この二つの学問を専攻していた[38]。その中で歴史学を探究するというのは、「異端児」といってよく、その意味でも周囲からは超然としていたのであろう。

日本人留学生の系譜の中に朝河を位置付けるとき、朝河が何より特徴的なのは、帰国せずにアメリカで常勤研究職に就けたことである。大学教授を含めて、ほとんどの日本人留学生は帰国して、就職している。その最大の要因が、すぐれた博士論文に代表される研究成果や学修態度にあったことはいうまでもないが、ここでは、留学生活の環境面について、朝河とよく似た傾向のある浮田和民と比較しながら、考察を試みてみたい。

同志社出身の浮田は、一八九二年に来日したラッドの通訳を務め、その英語力を高く評価したラッドから直接勧誘されて、同年からイエール大学に留学した[39]。学者を目指して、学者コースから大学院へと進んでいる[40]。留学中は、熊本洋学校在学中に世話になったリロイ・L・ジェーンズがアメリカで不遇と困窮に陥っていることなどに不満を抱き、宣教師やアメリカ社会を厳しく批判し、事実上追放されるような形で、イエールを去った。この間、就学のための奨学金の獲得をめぐって、指導教授のラッドと対立し、実業家のジョナサン・N・ハリスからの個人的支援を受けるよう勧めるラッドに対し、浮田はコロンビア大学の奨学金に申請して落選、結果としてハリスからの援助に頼ることになる。支援額は六〇〇ドルほどにのぼったが、宣教師・アメリカ批判をめぐって、ハリスとの関係も悪化してしまう[41]。

さらに浮田を悩ませたのが、健康問題であった。浮田の一八九三年一月の日記には、「夜十分眠ル能ハス蓋シ当地留学ノ適不適ヲ思フテナリ……病人タルヲ免カレズ異郷之客トナリ屢々病ニ罹ル何ゾ愛愁ニ堪ヘン」と記されている[42]。こうして心身の健康を害し、宣教師など周囲からの反発を受け、さらに支援者とも対立して、学者として大成する歩みに挫折して、帰国を余儀なくされたのである。

浮田の帰国から五年後にイエール大学大学院に進学した朝河もまた、学者志向であった。東京専門学校時代に横井時雄からダートマス大学学長のウィリアム・J・タッカーを紹介されて、朝河はダートマスに進学し、同大学卒業時には、タッカーが将来、歴史学の教授ポストを用意するとして、朝河に大学院進学を提案して、朝河がこれに大いに感動したことは、よく知られている。この時点で、朝河はアメリカで学者の道を歩むことを決意し、その進路を、東京専門学校時代の恩師・大西祝も支持してくれた。奨学金という面でも、イエールが入学前の段階で授業料免除を約束し、実際に大学院在籍の二年目以降、毎年三〇〇ドルから四〇〇ドルを支給し、さらにタッカーも毎年五〇〇ドルの支援をしていた(43)。

健康面も良好であった。一度インフルエンザで二週間寝込んだほかは、ほとんど健康な生活を送り、朝入浴して教室・図書館で勉強し、散歩・運動を心掛けて、帰宅してさらに勉強する、という日常生活を続けた(44)。こうして、浮田とは対照的に、母校や奨学金、健康に恵まれた朝河は、学者としての資質、教育、そして卓越した成績をオリバー・リチャードソン教授から高く評価され、実際に高い英語力と中国語やドイツ語文献読解能力まで身に付けて、ダートマスの教壇に立つことになったのである(45)。

四、教員としての朝河と日本人留学生

かくして、アメリカの大学教員という稀有なキャリアを歩みはじめた朝河は、一九〇七年に母校イエール大学に講師として着任する。

イエール大学教員としての朝河は、よく日本人イエール大学卒業生の世話を焼いている。慶應義塾

を卒業し、一九〇二年にイエールで修士の学位を取得して帰国後、慶應義塾大学部教授となった田中一貞[46]は、一九一四（大正三）年にイエールを再訪した際、ラッド宅に泊まったが、その夕食の席に朝河が招かれた。第六章でも言及したが、改めて田中の回想をみておこう。

エールには朝河貫一君が教授の位置を占めて名声嘖々たるものであるが、私の為に多忙の身を以て色々世話をして呉れられたので、私は非常なる便利を得た。一夕ラッド博士は朝河氏を夕食に招き、勿論私も加はつて種々の談話をした。……（ラッドは――引用者）一抱程の日本の利益となるべき書類や新聞の切抜を示し、自分の健康が許すならば之を纏めて一冊の本にしたいが其れも叶はぬから、誰かエールの学生で之を基礎にしてドクトルの論文でも書く人はあるまいかと朝河君に問はれた。[47]

朝河が多忙な中でも田中の世話を焼いたこと、また、ラッドから日本研究の協力者として捉えられていたことが、わかる。[48]

朝河が日本人卒業生と交流し、彼らの世話を焼く姿は、朝河に宛てられた書簡からも、うかがうことができる。一九一五年四月一日付で松本亦太郎は、日本の学界のドイツ崇拝を戒め、アメリカに学ぶべきだと提唱する書簡を朝河に送っているが[49]、おそらくはこうした問題意識を、両者は共有していたのであろう。一九〇七年にイエールで修士の学位を取得した中川末吉[50]からは、一九三五（昭和一〇）年一一月二二日に、ニューヘイブンを訪れた際に受けた世話に対する礼状が届いており[51]、朝河が長きにわたって、日本人イエール卒業生を世話していたことがわかる。

その一貫として朝河が取り組んだのが、日本人留学生名簿の作成・管理である。イエール大学図書館に所蔵されている「Kan'ichi Asakawa Papers」に含まれている「エール大学日本学生名簿」には、一八七〇年から一九三六年までにイエールに留学した日本人の氏名や在籍期間、所属先、取得学位などが記録されているが[52]、朝河はその整理・管理にあたり、過去の記録を収集した上で、入学者や中退者・卒業者を記録していき、死亡年や他大学での学位取得、爵位の授与など、卒業後の動向まで追跡していた[53]。「朝河は、イェールの日本人について最も語ることのできる人物であった」という増井の指摘の通り、朝河はイエールの日本人留学生について熟知する立場にあり、その名簿に関与していたのである[54]。

日本で組織された同窓会（「エール大学会」）との連携についても、逸することはできない。日露戦争後、ハーバード大学の卒業生団体が同大学に「日本文明講座」を設置するとの情報を受け、朝河はイエール大学の同窓生も奮発すべきだとして、イエールで博士学位を取得し、東京帝大の教授を務めていた中島力造に書簡を送り、留学生への奨学金給付や図書館の日本部門拡充支援などを提案している。朝河はエール大学会への働きかけを続け、同会はイエールに書籍・美術品を寄附するための基金を設立し、一九三四年には日本の古典籍などを寄附することとなる[55]。これは今日、イエール大学バイネキ稀覯書図書館所蔵日本文書コレクションの一翼を担っている。

こうした中で構築されたイエール大学日本人卒業生とのネットワークは、朝河が日本の対外政策を批判していく上でも、重要な人的資源となった。エール大学会の会長を務めた大久保利武[56]に対しては、満洲事変を引き起こした日本を厳しく批判する書簡を送り、これを兄で内大臣の牧野伸顕に伝えてほしいと依頼した。朝河と同時期にイエールに留学していた村田勤[57]に対する書簡でも、東亜新秩序や日独伊三国同盟について、忌憚のない批判を展開している[58]。

卒業生の面倒は親切にみるが、イエール大学の教員としては、現役の日本人留学生を贔屓するようなことはなかった。イエール留学時に朝河宅に同居していた関戸信次は[59]、帰国直後に、次のように回想している。

ヱール大学在学の日本学生は隔月位に会合し、其都度博士の感話を聴くのが常である。博士は嘗て、日本人は他を容るゝ度量が乏しい、他人の事業を批評するのみで、自分が進んで、其の難事に当るの男が無いと云はれた。博士は同胞に対しても、米人に対しても、極端にまでも公平無私である。時々、日本学生が博士の許に来り、ヱール大学に取りなし為て貰つて、特別の恩典に浴し度いと嘆願するが、博士は断じてその切なる請を斥ける。蓋し博士の真意は……須らく男らしく、米国学生と公然競争す可きであると云ふに在ると思ふ。博士がヱール大学の幹部の一人たる特権の地位より考へても、博士の態度の斯くあるは当然である。一部の日本人が博士の同胞に冷淡なるを責むるは無理であらう[60]

学生時代は英語力の向上とアメリカ文化の習得のため、あえて日本人留学生と距離を置いた朝河は、教員となっても、アメリカ人の学生と対等に競争させるため、日本人留学生を贔屓することはなかったのである。

朝河の卒業生との関係や、エール大学会との連携を示す事例を示しておこう。関戸は一九〇八年にイエール大学で修士の学位を取得したが、一九三一年一月二七日、関戸の住所が変更されて郵便物が返送されてきたとして、イエール大学事務局のチャールズ・A・パーセルズが朝河に関戸の連絡先を問い合わせている。朝河は、関戸の現住所は知らないとして、エール大学会に問い合わせるよう返信し、事務局も同会に問い合わせて、回答を得た。(61) また、杉田金之助が一九三三年六月に没した際、親戚総代がイエールに日本語で訃報を伝えているが、事務局は朝河にその翻訳を依頼し、朝河はそれに応じている。(62)

五、朝河の「情」

朝河がイエール大学の日本人卒業生の世話を焼き、彼らの名簿を管理し、同窓会との連携を図った背景には、自身の日本史研究のための資料収集という側面もあったが、同窓生に寄せる「情」的なものが、その根底を支えていたようである。

先述の通り、学生時代は英語力の向上やアメリカ文化の習得のため、また教員時代は平等な競争のため、日本人留学生とは距離をとった朝河だが、それは情を断ってあえて取り組んだ、意図的なものであった。イエール大学を退職（一九四二年）した晩年になると、もはやそうした「意図」からは解放され、「情」的な側面が、前面にあらわれてくるようになる。

例えば、一九四六年に牧野虎次が朝河から受け取った書簡に、「同窓知友の消息が知り度い。御多忙中であらうが、御来信を待つ」とあったという。[63]牧野は「同窓知友の消息」を伝えたらしく、朝河は一九四八年四月四日付で牧野宛書簡案を記し、「久々の御消息ニて往年の諸事を追憶し、まことになつかしく存じ候……湯浅、村田、徳富、諸氏の左右御報下され、拝謝の至ニ候」として、村田が無事と聞いて「せめてもの事」と安堵している。[64]湯浅は治郎（吉郎の兄）、村田は勤、徳富は蘇峰のことで、湯浅吉郎はイエール大学の同窓生であった。[65]この間の一九四七年一一月三〇日付の村田勤宛書簡でも朝河は、村田の家が空襲による罹災を免れたことを「喜びても余りあります」と述べ、「同志社の牧野、湯浅両氏の事、又御地の小崎道雄君の消息等拝承、喜ばしく思います」と記している。[66]牧野は虎次、湯浅は治郎、小崎道雄は小崎弘道の長男で、小崎弘道も同志社社長時代にイエールに学んだ一人であった。[67]

このような「情」に支えられて同窓生との絆を維持し、古典籍を収集して、それらを生かして歴史家として大成した朝河は、図書館を充実させるなど、イエール大学に大きく貢献した。太平洋戦争中も朝河はアメリカにとどまり、研究・教育・行動の自由を保障されたが、それは、大学や学問に果たした朝河の貢献に対する、イエール大学総長チャールズ・シーモアの感謝を込めた対応であったことが、知られている。[68]牧野も、次のように証言する。

エール大学もまた君に対しては、相当優遇を以て君の功に酬うた。助教授より教授に、更に名誉教授にと、学者を待つに人種的差別や、国籍的考慮をせなかった。停年後も自由に君の研究上の便宜を提供したのみならず、日米戦争中と雖も、君を大学構内のアパートに安住せしめ、君の生活と研

究とを保障し、何らの不安を感ぜしめなかったのである。(69)

朝河に対する人種や国籍による差別を超えた待遇を可能にしたものは、朝河自身が日本人留学生を贔屓せずにアメリカ人と対等に競争させ、人種や国籍による差別を超えた待遇を試みたことに、一因があった。それは「情」を断ち、あえて試みた教育者としての矜持のあらわれだったのである。

注

（1）辻直人「留学の日本近代化に果たした役割」（『近代日本研究』第三六巻、二〇二一年）、八—一五頁。

（2）一八八二年に設立された東京専門学校は、一九〇二年に早稲田大学と改称、一九二〇年に大学令による大学として認可される。本章では明治期を扱うため、途中で名称が東京専門学校から早稲田大学に改称されているが、叙述が煩瑣となるため、東京専門学校で名称を統一し、改称後の早稲田大学を含むものとする。

（3）『東京朝日新聞』（一九〇二年一月二五日付朝刊）。

（4）ラッドの創設した奨学金については、第七章、参照。

（5）村田勤「エール大学に遊ぶの記」（『六合雑誌』第二五四号、一九〇二年）、六五頁。

（6）杉井六郎「イェールの日本人」（『同志社アメリカ研究』第一三号、一九七七年）、九三頁。

（7）早稲田大学大学史編集所編『早稲田大学百年史』第一巻（早稲田大学出版部、一九七八年）、九二六—三九頁。

（8）武田勝彦「東京専門学校海外留学生の航跡」（『早稲田大学史記要』第二八巻、一九九六年）、七七—一〇八頁。

（9）なお、二〇二二年に刊行された『早稲田大学百五十年史』第一巻でも東京専門学校から海外留学した人物について言及があり、一九〇二年段階で、同校卒業生のうち留学経験者は五三名だったという。このうちイエール大学関係では、朝河貫一をはじめ、杉田金之助、斎藤隆夫、関和知について、経歴などが簡単に紹介されている（早稲田大学百五十年史編纂委員会編『早稲田大学百五十年史』第一巻、早稲田大学出版部、二〇二二年、二六六—七〇頁）。

（10）中西敬二郎「資料　東京専門学校とエール大学二百年祭」（『早稲田大学史記要』第六巻一〇号、一九七三年）、五一—四頁。

(11) オーシロ・ジョージ「日米史学のパイオニア、朝河貫一の海外留学」（朝河貫一研究会編『朝河貫一の世界―不滅の歴史家偉大なるパイオニア』早稲田大学出版部、一九九三年）、四一―五三頁、甚野尚志「歴史家・朝河貫一への旅（一）―イェール大学院時代について、Margaret Dimond宛書簡から」（『エクフラシス：ヨーロッパ文化研究』第八号、二〇一八年）、一―一三頁。

(12) 前掲「イェールの日本人」、七二―九一頁。このリストは、イエール大学スターリング・ライブラリー特殊文庫に収蔵されている各年度の学生カタログから、明治期にイエール大学に留学した日本人の氏名、出身地、最終学歴、在籍期間、所属、専攻、取得学位、住所などを、英語でまとめたものである。

(13) 前掲『早稲田大学百年史』第一巻、九二六―三九頁。

(14) 『校友会会員名簿』（早稲田大学校友会、一九一〇年）。

(15) なお、「イェール大学在籍者リスト」に最終学歴が東京専門学校とある中川末吉は、同校を中退して古河財閥の支援により渡米、ペンシルバニア大学、次いでイエール大学に留学し、一九〇七年に修士の学位を取得した（実業之日本社編輯局編『財界巨頭伝―立志奮闘』実業之日本社、一九三〇年、二一二―五頁、前掲「イェールの日本人」、八二頁）。一九〇九年に、推薦で早稲田大学の校友となっている（前掲『校友会会員名簿』、一九六頁）。イエール留学中に大学の奨学金を得ており、卒業後も有力な実業家としてイエール側に認知され、密接なやりとりを続けた（Nakagawa Suekichi-Box1070- Ⅵ -Graduate School-M.A. 1907 M-Z-1909 A-L, Alumni Records (RU830). Manuscripts and Archives, Yale University Library）。

(16) 第七章、参照。

(17) 第六章、参照。

(18) 前掲「イェールの日本人」、八三頁、前掲「東京専門学校海外留学生の航跡」、九六―七頁。

(19) 前掲「イエールの日本人」、八七頁、前掲「東京専門学校海外留学生の航跡」、一〇〇―一頁。

(20) 前掲「東京専門学校海外留学生の航跡」、八四―一〇八頁。

(21) 多くの東京専門学校出身者がなぜミシガン大学ロースクールに留学したのか、その理由は不明である。第二章では、慶應義塾を経て、一八七六年にイエール・ロースクールに留学し、その後ミシガン大学ロースクールに転じて、一八七八年に法学士の学位を取得した津田純一について、州立大学のため学費が安い点と、マイノリティに配慮した大学であった点を、ミシガンに移った要因として指摘した。同様の背景が東京専門学校出身者にもみられたのかもしれず、その解明は今後の課題としたいが、ミシガンとイエールの両ロースクールの間に、こうした日本人留学生の転学の事例がすでにあったことは、注目されよう。なお、この頃の日本人留学生は、ミシガン、イエールに限らず、ロースクールに留学する傾向が強かった。その背景などについては、拙著『明治日本はアメリカから何を学んだのか—米国留学生と『坂の上の雲』の時代』（文春新書、二〇二一年）第二章「ロー・スクール黄金時代」、参照。

(22) 香川孝三『政尾藤吉伝—法整備支援国際協力の先駆者』（信山社出版、二〇〇二年）、二〇—三五頁。

(23) 松本健一『評伝 斎藤隆夫—孤高のパトリオット』（岩波現代文庫、二〇〇七年）、五四—五頁。留学から帰国後も、イエール大学は斎藤との連絡を取り続けており、一九四九年一〇月に斎藤が死去した際には、斎藤を「強力な立憲政治の擁護者」と評した『Nippon Times』の記事を引用して、その訃報を記録している（Takao Saito x'03 grad.L., Box1091-VI-Graduate School-x1902 R-Z-x1907 A-C, Alumni Records (RU830). Manuscripts and Archives, Yale University Library）。

(24) 同志社でも、本文に登場する牧野虎次を含め、草創期のイエール大学留学生の成功をみて刺激を受け、後に続こうとした人物が目立つ（第七章、参照）。

(25) 関戸信次「新英洲日記の一節」（『早稲田学報』第一八二号、一九一〇年四月）、一九頁。

(26) 浮田が法学博士の学位を授与されたのは一九〇八年三月であるため、この時点では「博士」ではない。当時、学内ではこのように認識されていたか、一九一〇年に日記を公開するにあたり、修正したのであろう。

(27) 田尻は東京専門学校開学当初、科外講義で「経済論」を受け持っており、一九〇二年の東京専門学校得業証書授与式でも来賓として演説するなど、同校と関係があった（前掲『早稲田大学百五十年史』第一巻、一一一頁、田尻稲次郎「得業生へ」『早稲田学報』第七一号、一九〇二年、八—一四頁）。

(28) 塩沢は一八九一年に東京専門学校英語政治科を卒業し、一八九六年からウィスコンシン大学大学院に留学、一九〇〇年に博士学位を取得し、シカゴに滞在した後、ドイツに渡って経済学・財政学の研究を続けて一九〇二年に帰国、のちに早稲田大学総長となった。留学中に東京専門学校の派遣留学生に選ばれている（前掲『早稲田大学百五十年史』第一巻、二六九—七〇頁）。

(29) 「早稲田記事」（『早稲田学報』第六一号、一九〇一年）、三〇一頁。この交渉については、前掲「資料 東京専門学校とエール大学二百年祭」、五三頁、も参照。鳩山は帰国後、記念祭やイエール大学内の様子などについて演説しており、日本人学生二四名が大きな提灯を作成して鳩山を先頭に市内を練り歩いたとして、提灯の担ぎ手の一人に斎藤隆夫の名前を挙げているが、朝河については言及がない（鳩山和夫「海外旅行談」『早稲田学報』第六四号、一九〇二年、三三七—五六頁）。斎藤自身、記念祭の模様について、『早稲田学報』に詳しく報じており、ここにも朝河の名前は登場していないが、やはり「目下エール大学に二十四人の日本学生あれば、此等の者は少なからさる準備を以て神田神明《ママ》の祭礼に担くか如き灯籠を作り……鳩山博士を先棒とし、日本の国旗を翻しつゝ進行した」というから、朝河を含めた日本人学生が全員参加したのであろう（前掲「早稲田記事」、三一三―七頁）。

(30) 前掲「日米史学のパイオニア、朝河貫一の海外留学」、四四―八頁、前掲「歴史家・朝河貫一への旅（一）―イェール大学院時代について、Margaret Dimond宛書簡から」、六―一〇頁。

(31) 前掲「イェールの日本人」、七二―三頁。

(32) 前掲「日本史学のパイオニア、朝河貫一の海外留学」、五〇頁。

(33) 牧野自身のイエール大学の経緯、経歴などについては、第七章、参照。内藤三介は一九四一年六月、牧野が同志社総長に就任したことを、イエール大学に報告している（Makino Toraji-Box1012- V -Divinity-1900-1902A-R, Alumni Records (RU830). Manuscripts and Archives, Yale University Library)。

(34) 牧野虎次「朝河貫一博士を偲ぶ」（『日本歴史』第六九号、一九五四年）、五六頁。

(35) 朝河のイエール大学在籍中、東京専門学校出身者としては唯一、イエールで学んでいた斎藤隆夫は、『洋行之奇禍―人生の蹉跌』（渓南書院、一九〇七年）で詳細に留学生活を回顧しているが、そこには宝山良雄、西池成義、柴田一能といった留学生の名は登場するものの、朝河との交際には触れられておらず、ここからも、日本人留学生との交際に消極的だった朝河の姿がうかがえる。斎藤とこの三名との交遊に関しては、前掲『評伝 斎藤隆夫―孤高のパトリオット』、六四―八頁、参照。

(36) 増井由紀美「朝河貫一―自覚ある「国際人」明治末から大正にかけてイェール大学に見る日本人研究者事情」（『敬愛大学国際研究』第一八号、二〇〇六年）、一二〇―三一頁。

(37) 前掲「朝河貫一博士を偲ぶ」、五六頁。引用文中の大塚素は、同志社出身。北海道で監獄教誨師として牧野とともに活動し、一八九五年に渡米していた（室田保夫「近代日本の社会事業雑誌―『教誨叢書』」『関西学院大学人権研究』第一五号、二〇一一年、一―一八頁）。

(38) 「ヱール大学日本学生名簿」（Yale University Sterling Memorial Library, Manuscripts and Archives Group Number 40, Kan'ichi Asakawa Papers, Series No. Ⅲ. Box.60, Forder No. 296)。

(39) 第七章、参照。

(40) 前掲「イェールの日本人」、八九頁。

(41) 姜克實『浮田和民の思想史的研究―倫理的帝国主義の形成』（不二出版、二〇〇三年）、二六六―三〇〇頁。

(42)「在米日誌」(『浮田和民関係資料』同志社大学人文科学研究所所蔵、明治二六年一月条、資料番号・1—6)。

(43) 阿部善雄『最後の「日本人」—朝河貫一の生涯』(岩波書店、一九九四年)、一三—三〇頁、山内晴子『朝河貫一論—その学問形成と実践』(早稲田大学出版部、二〇一〇年)、一四八—五三頁。

(44) 前掲「歴史家・朝河貫一への旅(一)—イェール大学院時代について、Margaret Dimond 宛書簡から」、五頁。

(45) 前掲「日本史学のパイオニア、朝河貫一の海外留学」、四六—八頁。

(46) 田中の留学に関しては、第六章、参照。

(47) 田中一貞『世界道中かばんの塵』(岸田書店、一九一五年)、三四二頁。

(48) 一方の朝河は一九〇九年の時点で、ラッドが著作を記し、またことあるごとに伊藤博文(韓国統監)を賞讃することについて、その議論の価値を疑わざるを得ないという批判的意見を紹介している(前掲『朝河貫一論—その学問形成と実践』、三〇〇—一頁)。ラッドの著作とは、George Trumbull Ladd, *In Korea with Marquis Ito* (London: Longmans, Green and Co., 1908) のことで、伊藤と親しいラッドは、その要請で朝鮮半島を視察し、本書を記した。

(49) 山岡道男・増井由紀美・五十嵐卓・山内晴子・佐藤雄基『朝河貫一資料—早稲田大学・福島県立図書館・イェール大学他所蔵』(早稲田大学アジア太平洋研究センター、二〇一五年)、一四六頁。

(50) 前掲「イェールの日本人」、八二頁。

(51) 前掲『朝河貫一資料—早稲田大学・福島県立図書館・イェール大学他所蔵』、一四〇頁。

(52) 前掲「ヱール大学日本学生名簿」。

(53) 前掲「朝河貫一—自覚ある「国際人」明治末から大正にかけてイェール大学に見る日本人研究者事情」、一三二—六頁。名簿作成にあたっては、イエール大学から情報提供を受けていたようで、一九二三年五月二五日には、同大学同窓生登録アシスタントのマリオン・L・フィリップスが朝河に、「イエールで学んだ日本人の氏名と最新の住所」のリストを作成したとして、そのコピーを同封して送付している (Prof. Kan-Ichi Asakawa PhD. 02'dp, Box1044- VI -Graduate School-Ph.D1902-1904, Alumni Records (RU830). Manuscripts and Archives, Yale University Library)。

(54) 前掲「朝河貫一—自覚ある「国際人」明治末から大正にかけてイェール大学に見る日本人研究者事情」、一三二—六頁。

(55) 前掲『明治日本はアメリカから何を学んだのか—米国留学生と『坂の上の雲』の時代』、一六九—七二頁。中島宛の書簡は、朝河貫一書簡編集委員会編『朝河貫一書簡集』(朝河貫一書簡集刊行会、一九九〇年)、一八七頁に収録されている。

(56) 大久保は大久保利通の三男。侯爵。第一高等中学校を経て、一八八九年にイエール・ロースクールを卒業し、政治家として活躍した（前掲『明治日本はアメリカから何を学んだのか』、七八―九、一七一頁）。
(57) 村田は同志社出身で、イエール大学で一九〇二年に修士の学位を取得し、翌年まで在籍した（前掲「イェールの日本人」、八二頁）。村田は日本を発って、ニューヘイブンに到着するまでの経緯を、前掲「エール大学に遊ぶの記」（六〇―五頁）に記しており、また、イエール在学中に、欧米人の日本観や、受講した教会史の講義内容などについて、村田勤「北米所感」（『新人』第四巻三号、一九〇三年、三八―四〇頁）として発表している。留学にあたって、村田は「三十年来鳩山、田尻、横井、市原、中島、原田、故森田他諸先輩の苦学の地と思へば心何となく勇み転た切なり」と記し、同志社・イエールの先輩である横井時雄、市原盛宏、原田助、森田久万人に加え、鳩山和夫と田尻稲次郎の名を挙げているが、朝河について言及はなく、当初はあまり意識していなかったようである（前掲「エール大学に遊ぶの記」、六五頁）。おそらくは留学中、または卒業後に交際を深めたのであろう。
(58) 前掲『明治日本はアメリカから何を学んだのか』、二〇六―一一頁。
(59) 前掲「イェールの日本人」、八五頁。
(60) 関戸信次「ヱール大学に於ける朝河博士」（『実業之日本』第一三巻五号、一九一〇年）、四一頁。
(61) Nobuji Sekido '08 M.A., Box1070- VI -Graduate School-M.A. 1907 M-Z-1909 A-L, Alumni Records (RU830). Manuscripts and Archives, Yale University Library.
(62) Kinnosuke Sugita '95 dlc, Box995- IV -Law-LL.M. 1936-1949, D.C.L. 1895-1934, J.D. 1912-1924, J.S.D. 1925-1927, Alumni Records (RU830). Manuscripts and Archives, Yale University Library. なお、朝河は一九〇六年に日本関係図書を収集するために一時帰国し、東京専門学校で一年間、英語を教えている（前掲『早稲田大学百五十年史』第一巻、二六七、五四九頁）。
(63) 前掲「朝河貫一博士を偲ぶ」、五七頁。
(64) 前掲『朝河貫一書簡集』、七一六―七頁。
(65) 湯浅吉郎は同志社出身。一八九一年にイエール大学で博士の学位を取得した（前掲「イェールの日本人」、九二頁）。湯浅の留学については、第七章、参照。
(66) 前掲『朝河貫一書簡集』、七〇九―一〇頁。
(67) 小崎弘道の留学については、第七章、参照。
(68) 前掲『最後の日本人―朝河貫一の生涯』、二五一―二頁。
(69) 前掲「朝河貫一博士を偲ぶ」、五七頁。

付記　本章は、二〇二二年五月二一日に朝河貫一研究会で行った報告「イェール大学日本人留学生の系譜と朝河貫一」（オンライン）に基づくものである。イエール大学に留学した東京専門学校卒業生の特定や同大学所蔵資料の調査にあたっては、姜兌玧氏（慶應義塾福沢研究センター調査員）のご協力を得た。同氏に厚く御礼申し上げたい。

補　論　海軍士官のアメリカ留学
――ハーバード、プリンストン、イエール

一、エリート海軍士官と英米留学

一九一九（大正八）年から一九二九（昭和四）年にかけて、のちに太平洋戦争の際に日本海軍を率いることになる、山本五十六（開戦時、連合艦隊司令長官。一九四三年、戦死）、山口多聞（開戦時、第二航空戦隊司令官。一九四二年、戦死）、伊藤整一（開戦時、軍令部次長。一九四五年、戦死）といった海軍士官が、次々とアメリカ駐在を命じられ、それぞれハーバード大学、プリンストン大学、イエール大学に留学した(1)。

いずれも大尉・少佐級の人事だが、吉田満は、「海外駐在および留学は、少壮士官に見聞をひろめる機会を与えるとともに、将来の外交戦に備えて有力な戦士を養成することを目的としており、留学経験者が帰国後しばらく他の勤務についてから、ふたたび駐在武官として赴任する例もすくなかった」と述べている(2)。実際、山本と山口は、その後、駐米日本大使館付海軍武官として再度渡米した。

イギリスとアメリカへの留学は、日本海軍における重要な出世コースでもあった[3]。なお、日露戦争後の一九〇七年に策定された帝国国防方針で、アメリカはロシアに次ぐ仮想敵国の一つになっていたが[4]、一九二三年の帝国国防方針には、「帝国ノ国防ハ我ト衝突ノ可能性最大ニシテ且強大ナル国力ト兵備トヲ有スル米国ヲ目標トシ主トシテ之ニ備ヘ」とあり、最大の仮想敵国と位置付けられている[5]。

山本がアメリカ滞在中に石油や航空機に関心を持ったことは、よく知られている。山口も現地で意欲的に英語や歴史などを学び、アメリカ人と交遊を重ねた。伊藤が、在米中にレイモンド・A・スプルーアンスアメリカ海軍中佐（のち、海軍大将）と親密な関係を構築したことも、比較的有名である。しかし、明治期については、アナポリス海軍兵学校への日本人の留学や海軍士官のアメリカ留学について、高木不二や中挟仁、島田謹二の研究[6]などがあるのに対し、大正・昭和初期は、現地の大学に残されている資料や日本側の公文書などを用いて、海軍士官の留学の軌跡を追った研究は、管見の限り、ほとんどみあたらない。例えば山本の留学についても、田中宏巳は、「勉学については、着いた年の七月から英語夏期講習を受けたことぐらいはわかっているが、それ以上のことはほとんどわからない」と指摘している[7]。

第一次世界大戦後、戦勝国として国際社会で急速に台頭した日本とアメリカ。その渦中で、およそ二年の間、アメリカに滞在し、その間に大学で勉学に励むことになった海軍士官たちは、現地で何を学び、何を吸収して帰国したのか。本論は、山本、山口、伊藤の事例を取り上げ、受け入れ先となった各大学に残されている資料、日本側の公文書や私文書、および関係者の回想や伝記研究の成果などを踏まえながら、この点を検討しようと試みるものである。

二、山本五十六とハーバード大学

山本五十六は一八八四（明治一七）年四月四日、新潟県長岡に生まれ、一九〇四年に海軍兵学校を卒業し、日露戦争に参加、横須賀鎮守府司令長官副官兼参謀、海軍大学校甲種学生、第二艦隊参謀、海軍省軍務局員などを歴任する。第一次大戦後の一九一九年四月五日にアメリカ駐在を命じられ、同年から翌年にかけて、ハーバード大学に留学した。渡米時点で三五歳、階級は海軍少佐である。(8)

新渡戸稲造が一八九一年に刊行した『日米関係史』によると、一八七一年から一八八六年末までの間に、「ハーバード大学には、最も優秀な若者の何人かが留学」しており、ロースクール、カレッジ、メディカルスクールなどで計一五名が学んだという。(9)その後も留学者は途絶えておらず、海軍士官でも、一九一三年から永野修身（のち、軍令部総長）が少佐で留学している。永野は山本在米中の一九二〇年一二月、駐米日本大使館付海軍武官を命じられ、山本の上司となった。(10)

一九一九年四月二八日、栃内曾次郎・海軍次官は幣原喜重郎・外務次官に対し、山本が「語学一般海軍軍事研究ノ為……駐在被仰付候」として、アメリカ政府にこの旨を通牒するよう依頼し、決済されている。(11)栃内次官宛の山本の報告書によると、山本がアメリカに向けて横浜港を発ったのは五月二〇日、ワシントンDCに到着したのが六月九日で、ボストンに着いたのは六月一四日である。翌年五月一八日には、ボストンからワシントンDCに転居している。(12)この間、後述するように、ハーバード大学に「特別学生」として在籍していたのは、一九一九年九月から翌年二月までの約五ケ月であった。

一九一九年六月一九日付で山本が兄の高野季八に宛てた書簡では、ボストン近郊のブルックラインの「下宿」に住んでおり、そこは老婆とその娘の「家族二名」の家で、朝食を一緒にとって「会話の稽古」をしていると述べられており、日本に比べてアメリカは物価が高いことが詳しく記されている。来週から「家庭教師」を雇い、七月一日から、ハーバード大学の「英語夏期講習」に行くという(13)。

さらに同年九月三日、山本が高野に宛てた書簡には、次のようにある。

本月二十一日より愈々、ハーバード大学の一生徒と相成筈ニ御座候。尤も学校とて、誠ニ自由ニて、熱心ニやる考えのものハ、外国人ニ対する英語教授のみニて、他ニ歴史、政治の如き二三課目を慰み半分に採るといふニ過不申、どうせ永くも一年、短かけれハ、今年一杯ニてワシントンへ参らねハならぬことと存居候ニ付、学校もたた彼等、米国青年研学の一般を、割あひに委しく、知り得る位か取柄と存居候。しかし、昼ハ学校、夜ハ家庭教師と謂ふ次第なれハ、老骨ニハ充分の仕事なるへく、一年位ハ匆々経過可致と存居候(14)。

九月二一日からハーバードの学生となる予定であること、英語を中心に、歴史、政治を学ぶこと、留学の予定は一年程度で、ワシントンDCに移る予定であること、留学目的はアメリカの青年の勉学状況を知ることであること、さらに、昼は学校、夜は家庭教師を雇って勉強すること、などがわかる。

ハーバード大学アーカイブスが所蔵する山本自筆の入学申請書は、この入学予定日の翌日、九月二二日に記されており、山本は入学目的欄に「私は英語力のみを向上させなければなりません」と記入している。どんな指導を受けたいか、という欄には、「外国人学生向けの英語の特別指導」と記載して、「特別学生」として入学を申請した。歴史や政治を学ぼうという意志はみられない。なお、住所はハーバード大学近くの「157 Naples Rd. Brookline, Mass」で、同じ住所に住む人物として「Mrs. Sarah Elvira Clifford」と「Mrs. Frederich Charles Marrow」の二人の名が記されている。(15) 先述の老婆とその娘とは、彼女たちのことである。山本は大学の寄宿舎には入らず、一般家庭に下宿しながら英語を学んだ。

九月二八日に山本は高野に絵葉書を送り、「御端書三枚難有落掌。本日日曜日常例の会話（毎日曜ニ内の者ニ、日本の事を一つ宛、話し、会話の練習ニ資し居候）の好資料と致候」と、英会話練習の現状を伝えた上で、「漸々ハーバード大学の生徒と相成候。皆々様ニよろしく」と述べており、入学申請が許可されたことがわかる。(16)

やはり、ハーバード大学アーカイブスに残されている山本の成績表がある。それによると、山本は「特別学生」としてイングリッシュEというコースを履修しており、一九二〇年一月の第二週に二回欠席したのみで、あとは一九一九年九月から翌年二月まで、すべて出席するという勤勉ぶりをみせている。一九一九年一一月にはレポートを一回提出しているが、評価は「C＋」であった。一九二〇年二月に、退学した旨が記載されている。(17) イングリッシュEは、外国人学生向けに英語の特別指導を行うコースで、英語のライティング、スピーキング、暗唱などの練習が課された。(18) やはり歴史や政治を学んだ形跡はみられないが、「熱心ニやる考えのものハ、外国人ニ対する英語教授のみ」という当初の目的には沿った学習であった。ただ、成績からみると、英語には苦労したことがうかがえる。この間、一九一九年一二月八日には、高野に宛てた絵葉書で、「学校冬休ニつき、一寸、紐育（六時間）へ出かける筈ニ御座候」と、山本はニューヨークに出かける旨を伝えている。[19]

ハーバード大学時代の同窓生たちは、山本とともに楽しい学生生活を送ったことを回想している。共にハーバードで学んでいた森村勇は、山本の死去翌年に刊行された『噫山本元帥』で、留学時代の山本とマラソン競争やボーリング、日本料理屋でのすき焼き会などを楽しんだという追憶談を寄せている。[20] 同書では、同じく留学仲間だった小熊信一郎が、山本と二六時間ぶっ通しで七五番将棋を指した、という思い出も語っている。[21] また、海軍機関大尉としてマサチューセッツ工科大学（ＭＩＴ）に留学していた三戸由彦は、ボストンで山本を迎え、散策を共にしたり、さまざまなアメリカ人と交遊したり、視察旅行に同行したり、アメリカ人とチェッカーの勝負をしたことなどを回顧している。[22] 阿川弘之は『新版 山本五十六』の中で、「ハーヴァード大学の、外国人留学生に英語を教えるイングリッシュＥというクラスに籍を置いて、自由な勉強をしていた。よく勉強もしたが、よく遊びもしたらしい」と述べているが、[23] 妥当な記述といえよう。

ほかのハーバード大学のクラスメイトは山本について、働き者ではあるがガリ勉ではなく、並外れて好奇心が強く想像力に富んでいたと述べており、特にポーカーのプレーヤーとして記憶している。寝ずに夜通しでポーカーを楽しみ、最後は勝利を収めていたという。ただ、ホワイトハウスは山本の大学生活について危険視し、チェックを行っていた。[24]

一九二〇年一月一日、山本が栃内次官に宛てて提出した報告書には、次のようにある。「主トシテ「ハーバード」大学ニ在リテ語学ヲ修習シ併セテ一般海軍々事研究ノ準備トシテ米国歴史、行政、社会組織等ノ研究ニ従事セリ」。ハーバードでは語学を、学外でアメリカの歴史や行政、社会などを研究していることがうかがえよう。この頃もまだ英語には苦戦していたらしく、「会話ハ簡易用件ヲ弁シ得ルノ程度ニシテ新聞雑誌等ハ辞書ヲ使用セサレハ通読困難ナリ」とも述べている(25)。

その後山本は、一九二〇年五月にワシントンDCに移り、国際会議の事務などを担当したあと、一九二一年二月一四日には佐藤三郎（海軍少佐）、後藤兼三（海軍機関大佐）とともに、ニューヨークの海軍工廠に赴き、戦艦テネシーを視察して、長文の報告書を井出謙治・海軍次官に提出した。このアメリカ滞在生活が終わって帰国したのは、同年七月一九日のことである(26)。

山本はアメリカ滞在中、アメリカの石油の研究・視察に取り組み、カリフォルニアやテキサスの石油産地や製油所などを視察したほか、睡眠時間を削って関連文献や新聞を大量に読み込んでいたという。水嚢を頭に乗せて勉強している姿を時々みかけた、との逸話も残っている。メキシコの油田の視察にも出かけたほか、航空機についても強い関心を持って研究と現地視察を試みた(27)。なお、アメリカ滞在中の一九一九年一二月一日に、山本は少佐から中佐に進級している(28)。

山本がなぜ航空や石油に関心を持ったのか。田中宏巳は、留学の指導をしていたのは駐米日本大使館付海軍駐在武官であり、山本がアメリカに到着した際の駐在武官は上田良武大佐で、上田は「海軍における航空機開発の先頭に立ち続けた人物」であり、山本が航空機の将来性や、その燃料となる石油に着目したきっかけは、上田の指導にあると指摘している。山本は上田に定期的に報告書を提出して指導を受け、視察の旅費も上田が支給していたとして、「上田の指導が強く作用していたのは間違いあるまい」としている。上田は永野と交代して帰国後も、海軍の航空畑を歩み続けた(29)。

山本没後に刊行された朝日新聞社編の『元帥山本五十六伝』は、「この二年間の学究生活に、得るところはすくなくなかつた。米国といふところ、米国人といふ人種、米国人の、いゝところと悪いところ、強いところと弱いところ、それらを体得した。米国人を相手に物事を交渉をする手、米国人を相手に戦ふ戦略は、おのづから山本少佐の会得するところとなつた」と評している。(30)

山本は、一九二五年一二月一日に駐米日本大使館付海軍武官を命じられて、再度渡米した。(31) 駐在武官在任中、一九二七年二月から補佐官として仕えた三和義勇は、「この頃から元帥は米国航空のことについては犀利な眼で注視しておられた」として、大西洋横断飛行を達成したチャールズ・A・リンドバーグやリチャード・E・バードなどの飛行について研究し、意見を出すようにいわれ、日本海軍も「感《ママ》」に頼るのではなく「計器飛行」を重視すべきだと述べたところ、山本は同意し、報告書を添削してくれたと回想している。(32) 上田によって航空機に開眼した山本は、駐在武官という同じ立場に立ったとき、後進である三和に対して、やはり航空機研究について指導していたわけである。

麻田貞雄は、「山本の場合、四年以上にわたる駐米勤務の体験から、現実的な対米認識を身につけていた」として、山本がアメリカ人の闘争心や冒険心を強調し、後述するワシントン海軍軍縮会議の比率を肯定していたとした上で、山本が最初のアメリカ駐在と駐在武官時代を通して、「ウィリアム・ミッチェル将軍がさかんに鼓吹していた航空本位の新しい兵学思想の洗礼を受けていたものと思われる。二八年に帰国したとき、彼は近い将来に航空機が洋上決戦の主兵になると断言した」と指摘している。(33)

二度のアメリカ駐在を通して、山本はアメリカ人の国民性や航空技術、石油についての知見を深めた。一九二七年一一月一五日に帰朝を命じられた山本は、翌年に軍令部出仕、空母「赤城」艦長などを経て、一九二九年にロンドン海軍軍縮会議に随員として参加したのち、海軍航空本部技術部長、第一航空戦隊司令官、海軍航空本部長、海軍次官などを歴任して、一九三九年に連合艦隊司令長官となり、真珠湾攻撃を迎えることになる(34)。

三、山口多聞とプリンストン大学

太平洋戦争において、山本の下で戦い、ミッドーウェー海戦で第二航空戦隊司令官として空母「飛龍」で指揮を執り、戦死した山口多聞も、山本とほぼ同時期に、ニュージャージー州のプリンストン大学に留学していた。一八九二年八月一七日に東京に生まれ、一九一二年に海軍兵学校を出た山口は、海軍砲術学校学生、海軍水雷学校学生などを経て、一九二一年二月二五日にアメリカ駐在を命じられ、海軍大尉で渡米することとなる。この時点で、二八歳であった(35)。

一九二一年三月四日、井出謙治次官は埴原正直・外務次官に対し、山口が「今般語学及一般海軍軍事研究ノ為……駐在仰付」として、アメリカ政府にこの旨通牒するよう依頼し、決済されている。日本を発つ予定日は三月二五日、駐在期間は二年であった(36)。アメリカに到着した山口は、ワシントンDCの日本大使館を訪れると、石油研究に取り組んでいた山本がおり、その机にはアメリカ国内の石油産地や製油所に関する文献が山積みにされていて、圧倒されたという(37)。プリンストン大学はかつてニユージャージー大学という名称であり、折田彦市（のち、第三高等学校校長）を最初の卒業生として、以後も日本人留学生を迎え入れており、一八九六年にプリンストン大学と改称して以降も、キリスト教社会運動家の賀川豊彦などが留学している[38]。

プリンストン大学アーカイブスの記録によれば、山口は武藤嘉一（のち、慶應義塾大学教授、衆議院議員）とともに大学院に所属していたが、山口は武藤とは別々に暮らし、一九二一年から翌年まで、大学院の寄宿舎で過ごした[39]。武藤と別に暮らして寄宿舎で過ごしたのは、日本語を使う機会を減らし、英語力を上げるためだったと思われる。かくして、山口は全米各地から集まってきた二〇歳前後の若者と日夜、付き合うこととなる[40]。

一九二二年一月から六月までの山口の学習の記録が、六月二〇日付で井出次官宛に報告されている。山口は、「プリンストン大学ニ於テ左記学科ヲ習得シツヽ、兼子テ英語勉学ヲ志セリ」として、「アメリカ合衆国史」と「立憲政府」の二科目を挙げている。このほか、大学の「寄宿舎ニ住ム友人ト日夕相接スル機会」を通じて、「個人教師」によって「英作文並ビニ発音ノ匡正」を受けているという。山口は七月から八月にかけてメイン州で開かれる少年向けの「キャンプ」に参加して、「専ラ会話ノ練習ニ資セムトス」としており、同年九月にプリンストンを去って国内旅行に出、ニューイングランド地方の各地を回り、「英語研究旁々、地方人情風俗ヲ視察」する、との予定を記している[41]。

留学中、山口は、ちょうどワシントンDCで開かれていた海軍軍縮会議に裏方として参加している。この会議の冒頭で、アメリカ側が英・米・日の艦艇の保有比率を「一〇・一〇・六」とするよう提案し、海軍首席随員の加藤寛治中将が「対米七割」を強硬に主張する中で、首席全権の加藤友三郎はアメリカとの軍備競争を避ける観点から、提案を受諾した[42]。

山口は、プリンストンでアメリカ人と交際する中で、彼らは背が高く逞しく、スポーツ好きでユーモアもあり、自助独立の精神もあって、できれば喧嘩をしたくない相手だと思うようになったという[43]。山口の三男・宗敏は、「父は、それらの学生たちに伍して総ての艱難に堪え、異国での学生生活を満喫した。そういう父の姿に接した学生たちは、生来のきさくさもあって、「タモン、タモン」と呼んで親愛の情を示した。……父のこの二年間の留学生活は、日本内地に居てはとうてい学び得ないアメリカのフロンティア精神というものを体得し得たのであろう」と記している[44]。このあたりの記述は、ノン・フィクション作品や遺族の証言によるもので、山口を高く評価しようとする傾きが強いが、アメリカ人と交流する中で、その気質に触れたことは事実であろう。軍縮会議への参加も含めて、国際的視野が一気に開かれたアメリカ駐在であった。

一九二三年三月一〇日に帰朝命令を受けて帰国後、山口は翌年に海軍大学校甲種学生となり、一九二七年から軍令部に出仕、一九二九年には山本とともにロンドン海軍軍縮会議の随員を務めている。一九三四年、駐米日本大使館付海軍武官として再度渡米し、二年後に帰国を命じられ、一九四〇年に第二航空戦隊司令官となって、翌年、真珠湾攻撃に参加する[45]。

四、伊藤整一とイエール大学

山本五十六は先述の通り、一九二五年一二月一日に駐米日本大使館付海軍武官に任じられて再度渡米するが、この在任期間中にアメリカ駐在のため山本のもとを訪れたのが、伊藤整一であった。伊藤は一八九〇年七月二六日、福岡県三池郡に生まれ、一九一一年に海軍兵学校を卒業、海軍大学校乙種学生、第五艦隊参謀、霞ヶ浦航空隊附などを経て、一九二七年五月一日、海軍少佐でアメリカ駐在を命じられた。三六歳である[46]。

伊藤の回想によると、七月一〇日にワシントンDCに到着し、翌日、同行していた小林謙五（海軍少佐）、中野実（海軍中尉）とともに武官事務所を訪れると、山本は、伊藤に対し次のように語ったという。

駐在員が一日三度の食事を、しかも定刻にしようなどは、もってのほかの贅沢だ。三度の食事をするのは日本での話さ。君たちも「アメリカ」に来れば、是非とも自動車は持たねばならぬ、生活費の高いこの国で海軍士官としての体面を保たねばならぬ、何を勉強するにも高い月謝は払わねばならぬから、極端に貧乏するに決まっている。その間に、出来得るだけ観察旅行をする必要がある、否、米国の隅々残る隈なく踏破してもらいたいのである。この旅行が将来のため何より為になる勉強であり、研究である。室に閉じ籠もって英語の本を読むことも勉強かも知れぬが、それは日本にいても出来る。駐在中はこの国にいる時でなければ他所では出来ない事に主力を注ぐべきで、そのうちでも旅行が一番重要だ。ところが米国は、旅費が嵩むこともまた世界第一だから、平常およそ、あらゆる節約をして旅費を貯えることを心掛ける必要がある。それがために食事なども我慢して、いよいよ空腹でやり切れなくなったら、昼食《ママ》を問わずその時食べるのだ。これで栄養不良になることもなければ、元気が衰えることもない。僕が駐在時代に体験済みだ[47]。

山本がアメリカ駐在中、各地の石油産地や製油所などを視察して廻っていたことは先述の通りであり、そのための旅費を捻出するために、節約を心掛けて食事も我慢していた、というわけである。こうした実体験を踏まえての、伊藤へのアドバイスであった。伊藤はこれを受けてアメリカ生活をスタートさせ、そしてイエール大学に留学することになる。なお、伊藤の在米中の一九二七年一一月一五日に、先述の通り山本に帰朝命令が出され、同日、後任として坂野常善が任じられており、その翌月に伊藤は中佐に進級している[48]。

イエール大学には一八七〇年入学の大原令之助（本名・吉原重俊。のち、日銀総裁）以来、多くの日本人留学生が学んでおり、特に一八九〇年代以降に留学生が急増し、明治期だけでも、その総数は一七六名にのぼっている。初期は法律、続いて、経済学、神学、哲学を専攻する学生が目立つ[49]。一九〇二年にイエール大学で博士の学位を取得した朝河貫一が、当時、同大学で日本文化史担当の助教授を務めていた[50]。

イエール大学図書館に所蔵されている伊藤の履修登録カードは一九二七年九月二七日に提出され、伊藤の氏名、福岡とニューヘイブンの住所、学歴（海軍兵学校卒）、現職（海軍少佐）に加えて、大学院で経済学、社会学、政治学を履修することが記録されている。入学願書は一二月一三日付で作成されており、所属先は大学院で、福岡や東京の住所、海軍兵学校と海軍大学校での学歴、家族構成、海軍士官としての経歴、などが記載されている。一九二九年六月一五日に作成された同窓会記録には、海軍少佐の階級と氏名、ワシントンＤＣと福岡の住所に加え、「学位取得候補者ではなかった」旨が付記されている。[51]

イエール大学で伊藤の記録を調査した中田整一は、「伊藤は米国の国民性や歴史、伝統、政治など、将来の国策や外交に役立てる事項を懸命に身につけようとしていた」と指摘している。伊藤の住所にあったのは学生寮だったらしく、若い学生たちとともに語学の習得にも励んだ。[52] 日本語を使う機会がきわめて少ない場所を選び、大学の寄宿舎でアメリカの学生と生活を共にすることも、山本からのアドバイスであった。[53]

伊藤は、このアメリカ滞在中、アメリカ海軍作戦部情報課のレイモンド・A・スプルーアンス中佐と親交を持っている。スプルーアンスはのちに太平洋戦争の際、第二艦隊司令長官・伊藤の座乗する戦艦「大和」を撃沈する命令を下す、アメリカ海軍第五艦隊司令長官となる人物で、当時は情報収集のため、ワシントンDCに滞在している日本の軍人や外交官と接触していた。伊藤は海軍武官事務所の駐在員も務めており、その関係で、情報収集を目的としつつ、上司の坂野とともに、スプルーアンスの一家と交流を深めていったといわれている。[54] 吉田満は、伊藤とスプルーアンスを「学者風な肌合いの日米情報合戦の影の立役者」と称し、スプルーアンスの中には、坂野や伊藤との交流を通して、人種的偏見を超えた日本人に対する親しみと敬愛が生まれていった、と指摘する。彼らの交際は、慎重な情報交換から家族を交えたダンスやパーティーにも及んだ。[55] 伊藤は、山本にアドバイスされたように各地を視察旅行したようだが、[56] その上で、現地でしかできない体験を、たしかに重ねていたわけである。

一九二九年五月一日、伊藤は帰朝を命じられて、帰国、以後、巡洋艦「木曽」艦長、戦艦「榛名」

艦長、第二艦隊参謀長、海軍省人事局長などを経て、一九四一年に軍令部次長となって、日米開戦を迎える。(57)

五、その後の海軍士官とアメリカ留学

山本五十六、山口多聞、伊藤整一は、アメリカ滞在中、それぞれ名門大学で語学習得や政治、経済などの学習、国民性の理解に努め、また、アメリカ人との交流を深めて、現地でしか得られない情報の収集にも励んだ。いずれも、約二年間の滞在中、半年から一年ほどの間、大学で学んだほか、視察などの情報収集活動に取り組んでいたこと、まず山本が留学や視察にあたり、その経験が山口と伊藤に影響を与えている点が、特徴的である。

どこに留学して何を学ぶか、何を視察して研究するか、といったことは、山本に対する上田良武の指導にみられるように、監督にあたる駐在武官の裁量によるところが大きかった。(58) 山本は武官時代、渡米してきた伊藤整一と小林謙五、中野実に対して「伊藤、小林両君は、少佐でもあり、既にGrown upしておるので、今さら自分が敲き直すことも出来ぬので、自分は駐在員監督だけれども両人は放任する。しかし中野中尉は、いまだ若くて見込みがあるし、思い切り指導してやる」と述べ、中野にボストンに留学して電気工学を勉強するよう命じたが、伊藤と小林は身の振り方を自分で考えねばならず、補佐官の意見を聞きながら思案することとなった、と伊藤は回想している。(59) 実際、中野はＭＩＴで電気工学を学び、(60) 一九二九年三月には、駐在期間を六ケ月延長されているが、海軍省は

「本件ハ前任山本在米国大使館附武官ノ時ヨリノ懸案」であることなどを理由に、これを認めている。[61]

こうした過程を経て実践された学習や視察も、日米関係の壁に阻まれつつあった。日本にとってアメリカはすでに仮想敵国であり、カリフォルニアにおける日本人移民差別問題や排日移民法の制定、日本の中国大陸政策、アメリカ国内での黄禍論の台頭などをめぐって、日米関係には暗雲が漂いはじめており[62]、井出謙治が山本とともにアメリカを視察した一九二四年当時には、「我々を極度に警戒して、こちらが見たいと思ふ所は、仲々秘密にして見せてくれないし、先方で見せてくれるものは、こちらではどうでも良い所であつたりして苦心を要した」と井出は振り返っている。[63] 山本の生活はアメリカ政府からチェックされていたし、伊藤のスプルーアンスとの交流も、緊張をともなうものであった。彼らの情報収集活動は、かなりの困難を強いられるものであったに違いない。

さらに、一九三〇年代に入り、満洲事変の勃発以降、日米の利害が激しく衝突するようになってくると、それが海軍士官のアメリカ留学にも影響を与えていく。一九三二年一月に海軍少佐でアメリカ駐在を命じられた中澤佑（のち、軍令部作戦部長）は、「満洲事変以来、日米関係が悪化してきたので、私の駐在計画も変更され……西部に移ることとなった」と回想している。かくして、中澤は同年一〇月から、西部カリフォルニア州のスタンフォード大学に留学し、学生寮に入ってアメリカの憲法や経済、歴史を学びつつ、西部各地を視察して情報収集に努めた。[64] 自らも一九四〇年から海軍少佐でプリンストン大学に留学した実松譲によると、満洲事変の発端となる柳条湖事件によって日米関係が悪化し、海軍として太平洋のアメリカ艦隊の動向を察知する必要が生じたため、当初東海岸で語学やアメリカ事情の研究に努めていた中澤と鳥居卓哉少佐を、アメリカ太平洋艦隊の拠点である西海岸に駐在させることとなったのだという。[65]

さらに日本海軍は、中澤が帰国した一九三四年からアメリカでの情報収集活動に力を入れ、八月に山口が駐米日本大使館付海軍武官に着任すると、山口のもと、ワシントンDCに拠点を設けて諜報活動をさかんに展開し、アメリカ海軍情報部も山口サイドを監視していたといわれている。[66] もとより、こうした情報戦で山口に期待されていた要素の一つが、アメリカ留学経験であり、そこで身に付けた語学力であり、専門知識であったことは、いうまでもない。アメリカ軍側も、そのことをよく察知していた。当時、アメリカ海軍情報部極東担当だったエリス・M・ザカリアス（のち、アメリカ海軍情報部長）は、一九三五年に日独のスパイが協調しているのを確認したとして、「日本海軍武官は、山口多聞海軍大佐で、彼の人ざわりの良い態度と、アメリカに対する広い知識は、「語学将校」としての、永いアメリカ滞在期間中に身につけたものであった。……日本海軍がアメリカにおけるスパイ活動を強化しようと決めた時、彼らは山口をスパイ活動の中心人物とし、彼にワシントンの住宅区域にある上流アパート、アルバン・タワーの中の事務所に、スパイ組織の万端の用意をととのえさせた。もしアメリカにおける日本のスパイ活動強化の証拠が必要であるならば、ワシントンへの山口の到着が何よりの証拠である」と述べ、晩餐会で山口不在の夜、電気屋を使って山口の部屋に潜入し、密かに調査させていたと証言している。[67] ザカリアスは山本にも接触しており、山本とポーカーをしたが、「彼は諜報とポーカーの双方の困難な任務に対処すべく、人々を自宅に招待していた」として、その場で山本と情報交換の駆け引きをしていたと回顧している。[68]

一九〇〇年代、日米両国は、親日的世論を背景に、セオドア・ローズヴェルト大統領が日露戦争の終結を仲裁するなど、良好な関係にあった。その仲裁を導いた一因が、ハーバード大学卒業生の金子堅太郎が展開した広報外交にあり、金子がローズヴェルトを含めた同大学の人脈を頼ったことは、すでに松村正義が明らかにしている。(69) 一九一九年から一九二九年にかけては、そこから角逐と衝突の一九三〇年、四〇年代へと向かっていく狭間にあって、次第に緊張の度を高めていく過渡期にあたっていた。その時期にアメリカ留学経験を積んだ海軍士官たちが、その後の日米関係の悪化の中で、どのような役割を果たし、対米観を変化させていったか、あるいは変化させなかったのか、その点の検証は今後の課題としたい。

注

(1) この三名以外にも、ほぼ同時期に、百武源吾(開戦時、海軍省高等技術会議議長)、武井大助(開戦時、海軍省経理局長)、長谷川清(開戦時、台湾総督)、小林謙五(開戦時、第一艦隊参謀長)、中原義正(開戦時、海軍省人事局長)、保科善四郎(開戦時、海軍省兵備局長)などの海軍将校が、アメリカに駐在している(海軍歴史保存会編『日本海軍史』第九巻、海軍歴史保存会、一九九六年、五六—七、五九—六〇、二二三、三三三、三八六—七、五三一頁)。

(2) 吉田満『提督伊藤整一の生涯』(文藝春秋、一九七八年)、四二頁。吉田は東京帝国大学法学部から学徒出陣で海軍に入り、海軍少尉で伊藤の指揮する戦艦「大和」に搭乗して天一号作戦に参加した。吉田の生涯については、粕谷一希『鎮魂 吉田満とその時代』(文春新書、二〇〇五年)など、参照。

(3) 内山正熊「在外武官の研究」(『法学研究』第五四巻三号、一九八一年三月)、一七頁。この時期の日米関係、および日本海軍の対米政策については、麻田貞雄『両大戦間の日米関係—海軍と政策決定過程』(東京大学出版会、一九九五年)など、参照。

(4) 「附録 日本帝国の国防方針、用兵綱領」(中澤佑刊行会編『海軍中将中澤佑—海軍作戦部長・人事局長回想録』原書房、一九七九年)、二四七—六〇頁。この後、一九一八年に帝国国防方針は改定されているが、終戦直後に焼却あるいは散逸したため、その本文は発見されていない（朴完「大正七年帝国国防方針に関する小論—その改定過程及び内閣保存過程を中心に」『東京大学日本史学研究室紀要』第一七号、二〇一三年三月、三三—四四頁）。帝国国防方針については、黒野耐『帝国国防方針の研究—陸海軍国防思想の展開と特徴』（総和社、二〇〇〇年）など、参照。

（5）「帝国国防方針」JACAR（アジア歴史資料センター）Ref.C14061002700、帝国国防方針　大一二（防衛省防衛研究所）。

（6）高木不二『幕末維新期の米国留学—横井左平太の海軍修学』（慶應義塾大学出版会、二〇一五年）、中拂仁「資料　明治黎明期における米・アナポリス海軍士官学校日本人留学生」（『国士舘大学政経論叢』第一一二号、二〇〇〇年六月）、島田謹二『アメリカにおける秋山真之—明治期日本人の一肖像』（朝日新聞社、一九六九年）。

（7）田中宏巳『山本五十六』（吉川弘文館、二〇一〇年）、七二頁。

（8）前掲『日本海軍史』第九巻、七一頁。

（9）新渡戸稲造著／木下菊人訳『日米関係史』（新渡戸稲造全集編集委員会編『新渡戸稲造全集』第一七巻、教文館、一九八五年）、五四〇頁。

（10）森山優「永野修身—海軍「主流派」の選択」（筒井清忠編『昭和史講義　軍人篇』ちくま新書、二〇一八年）、二一六頁、前掲『日本海軍史』第九巻、五一—二頁。永野が帰朝命令を受けたのは一九二三年一二月であるため、本文後述の山口のアメリカ駐在中も駐在武官に在任していた（前掲『日本海軍史』第九巻、五一頁）。なお、永野は一九一三—一四年度、ハーバード大学大学院に一年生として在籍し、政治学を学んだ（*Harvard University Catalogue 1913-14* (Cambridge: Harvard University, 1913),p.137）。

（11）「大正八年」JACAR：B16080428600、帝国武官出張駐在及留学関係雑件／海軍之部　第三巻（6-1-6-1_2_003）（外務省外交史料館）。

（12）「8年5月8日　出発届の件」JACAR：C10100875800、大正8年　外国駐在員報告　巻6止（防衛省防衛研究所）、「8年6月9日　着任届の件」JACAR：C10100875900、大正8年　外国駐在員報告　巻6止（防衛省防衛研究所）、「8年6月14日　宿所届の件」JACAR：C10100876000、大正8年　外国駐在員報告　巻6止（防衛省防衛研究所）、「9年5月18日　転宿届の件」JACAR：C10100876400、大正8年　外国駐在員報告　巻6止（防衛省防衛研究所）。

（13）反町栄一『人間山本五十六—元帥の生涯』（光和堂、一九七八年）、二二三—五頁。

（14）長岡市立中央図書館文書資料室編『山本五十六の書簡—長岡市立中央図書館文書資料室所蔵資料を中心にして』（長岡市立中央図書館文書資料室、二〇〇六年）、六三頁。なお、山本は留学中、語学の勉強のためにウィリアム・シェイクスピアの全集を購入したという（山本五十六記念館『改訂版　山本五十六記念館展示図録』山本元帥景仰会、二〇〇一年、一五頁）。

（15）Harvard University. Faculty of Arts and Sciences Undergraduate Student Records. Student folder of Isoroku Yamamoto, Special Student 1919-1920. UAIII 15.88.10 Box 120. Harvard University Archives.

（16）前掲『山本五十六の書簡—長岡市立中央図書館文書資料室所蔵資料を中心にして』、一〇二頁。

（17）Harvard University. Faculty of Arts and Sciences Absence Records. Absence Record of Isoroku Yamamoto, Special Student 1919-1920. UAIII 15.2.10 Box 2. Harvard University Archives. 本資料および注15の資料の提供、および掲載許可をいただいたハーバード大学アーカイブスのご好意に感謝申し上げる次第である。

（18）*Harvard University Catalogue 1919-20*（Cambridge: Harvard University, 1920）,p.350. このカタログに収録されている学生名簿の「Special Students under the Faculty of Arts and Sciences」の項目にも、「Yamamoto, Isoroku, Tokyo, Japan, 157 Naples R'd B'kline」と記載されており、身分と専攻については、「Naval Officer. English.」と記されている（*ibid.*, p.167）。

（19）前掲『山本五十六の書簡—長岡市立中央図書館文書資料室所蔵資料を中心にして』、一〇四頁。

（20）森村勇「強い犬は吠えない」（山本元帥編纂会『噫山本元帥』文藝春秋、一九四四年）、一一三—六頁。

（21）小熊信一郎「山本元帥と将棋」（前掲『噫山本元帥』）、一一七—二一頁。

（22）三戸由彦「山本元帥ボストン滞在中の思い出」（新人物往来社編『追悼 山本五十六』新人物文庫、二〇一〇年）、一〇八—一一二頁。初出は『水交社記事』第四一巻三号（一九四三年九月二五日）。三好彰『ボストン日本人学生会の記録』（三好彰、二〇二〇年）によると、一九一九年一二月二〇日に開かれたボストン日本人学生会の会合に、山本は参加しており、海軍技師の竹内孝一郎も同席していた（三〇—一頁）。こうした機会を通じて、日本人同士、海軍関係者同士の親交を深めていたのであろう。

（23）阿川弘之『新版 山本五十六』（新潮社、一九七五年）、七七頁。このほか、山本一生『水を石油に変える人—山本五十六、不覚の一瞬』（文藝春秋、二〇一七年）は、ハーバード大学所蔵資料は用いていないものの、山本のアメリカ留学について、本論で利用した山本の高野宛書簡や柄内次官への報告書などを用いて、比較的詳しく記述している（五四—六四頁）。

（24）Seymour Morris Jr., *American History Revised: 200 Startling Facts That Never Made It into the Textbooks*（Portland: Broadway Books, 2010）, p.162.

（25）「9年1月1日　任務実行に関する報告」JACAR：C10100876200、大正8年　外国駐在員報告　巻6止（防衛省防衛研究所）。

(26)「9年5月18日　転宿届の件」JACAR：C10100876400、大正8年　外国駐在員報告　巻6止（防衛省防衛研究所）、「10年1月1日　任務実行に関する経過及予定報告の件」JACAR：C10100876600、大正8年　外国駐在員報告　巻6止（防衛省防衛研究所）、「10年3月1日　視察報告提出の件　米戦艦「テネシー」」JACAR：C10100876700、大正8年　外国駐在員報告　巻6止（防衛省防衛研究所）、「10年7月30日　帰朝届の件」JACAR：C10100876800、大正8年　外国駐在員報告　巻6止（防衛省防衛研究所）、一九二〇年四月二六日付高野季八宛山本五十六絵葉書（前掲『山本五十六の書簡―長岡市立中央図書館文書資料室所蔵資料を中心にして』、一〇四頁）。

(27)　前掲『人間山本五十六―元帥の生涯』、二三六―九頁、前掲『山本五十六』、七五―七頁。山本は帰国後の一九二三年から翌年にかけて、海軍次官の職を解かれて欧米視察に出た井出謙治に随行しているが、その際にも、井出をテキサスの油田に案内している（井出謙治「欧米視察を共に」前掲『噫山本元帥』、九九―一〇一頁）。この油田視察については、前掲『人間山本五十六―元帥の生涯』、二四八―五〇頁、前掲『改訂版　山本五十六記念館展示図録』、一五頁、前掲『山本五十六』、八二―三頁、も参照。

(28)　前掲『日本海軍史』第九巻、七〇頁。山本の長男・義正によると、一九二〇年二月七日付で、進級祝いのために海軍の仲間と日本料理を食べに行くといった書簡を、山本は妻・礼子宛に送っている（山本義正『父　山本五十六』朝日文庫、二〇一一年、一五四―五頁）。

(29)　前掲『山本五十六』、七四―五頁。

(30)　朝日新聞社編『元帥山本五十六伝』（朝日新聞社、一九四三年）、八〇頁。

(31)　前掲『日本海軍史』第九巻、七〇頁。

(32)　三和義勇「山本元帥の思い出」（前掲『追悼　山本五十六』）、一九〇―二頁。初出は『水交社記事』第四一巻三号（一九四三年九月二五日）。

(33)　前掲『両大戦間の日米関係―海軍と政策決定過程』、二一九―二〇頁。最初のアメリカ駐在中に山本が航空機および石油に寄せた関心については、ジョン・D・ポッター著／児島襄訳『新装版　太平洋の提督―山本五十六の生涯』（恒文社、二〇〇八年）、一九―二一頁、も参照。山本は一九二〇年頃、アメリカ海軍将官会議が潜水艦・飛行機を海戦上の重要兵器とみなし、その発達のための研究の促進を要望している、といった報告書を記している（日本海軍航空史編纂委員会編『日本海軍航空史（一）用兵篇』時事通信社、一九六九年、九三―四頁）。なお、ディック・レイア著／芝瑞紀・三宅康雄・小金輝彦・飯塚久道訳『アメリカが見た山本五十六―「撃墜計画」の秘められた真実』上（原書房、二〇二〇年）も、二度のアメリカ駐在を通して山本が航空戦力重視の考え方を固めたこと、アメリカ国内の石油精製工場を視察したことなどに言及している。また レイアは、「山本がハーヴァード大学に留学し、経済学と外国人向けの集中的な英語の授業（「イングリッシュE」と呼ばれていた）を受講した」（七二―五頁）としているが、本文の通り、山本がハーバードで英語以外の科目を学んだ記録は残されていない。

（34） 前掲『日本海軍史』第九巻、七〇―一頁。

（35） 前掲『日本海軍史』第九巻、四四九頁。

（36） 「大正十年」JACAR：B16080428800、帝国武官出張駐在及留学関係雑件／海軍之部　第三巻（6-1-6-1_2_003）（外務省外交史料館）。

（37） 星亮一『果断の提督 山口多聞―ミッドウェーに消えた勇将の生涯』（光人社NF文庫、二〇一六年）、二八―三〇頁。

（38） プリンストン大学東アジア図書館の野口契子氏のご教示による。

（39） Japanese Students; 1884-1949; Historical Subject Files Collection, Box 383, Folder 16; Princeton University Archives, Seeley G. Mudd Manuscript Library, Special Collections, Princeton University Library. この資料によると、山口と同時期に、九州帝国大学農学部助教授の大島広が、訪問教授としてプリンストンに滞在していた。

（40） 前掲『果断の提督 山口多聞―ミッドウェーに消えた勇将の生涯』、三〇頁。

（41） 「大公使館附武官報告」JACAR：C08050383900、大正一一年　公文備考　巻2　官職2（防衛省防衛研究所）。一九四四年二月刊行のプリンストン大学の同窓会誌も、山口がプリンストンの大学院で学んでいたのは、アメリカの歴史である、としている（*Princeton Alumni Weekly*, Vol.XLIV, No.16, February 1944, p3）。山口はプリンストンを離れたあと、三ケ月間ヨーロッパ各国を視察し、日本への帰国の途上、バルカン半島を中心としたヨーロッパ情勢分析を『The Daily Princetonian』一九二三年四月三日号で語っている（"Balkan War Imminent, Says Japanese Officer", *The Daily Princetonian*, Volume 44, Number 26, April 3, 1923, pp.3-4）。

（42） 麻田貞雄「ワシントン海軍軍縮の政治過程―ふたりの加藤をめぐって」（『同志社法学』第四九巻三号、一九九八年三月）、九二―一二一頁、前掲『両大戦間の日米関係―海軍と政策決定過程』、一五四―六〇頁、松田十刻『山口多聞―空母「飛龍」と運命を共にした不屈の名指揮官』（光人社、二〇一〇年）、一〇五―八頁。なお、平松良太は、加藤全権は海軍全体の支持を得て条約調印に踏み切っており、両加藤の対立も激しいものではなく、海軍の団結を引き裂くことはなかったとしている（平松良太「第一次世界大戦と加藤友三郎の海軍改革（二）―一九一五～一九二三」『法学論叢』第一六八巻四号、二〇一一年一月、一一一―二〇頁)。
(43) 松田十刻『ミッドウェー海戦の闘将 山口多聞』(学研M文庫、二〇〇二年)、七六―七頁。
(44) 山口宗敏『父・山口多聞―空母「飛龍」の最後と多聞「愛」の手紙』(光人社、二〇〇二年)、三五―六頁。
(45) 前掲『日本海軍史』第九巻、四四九頁。
(46) 前掲『日本海軍史』第九巻、六―七頁。
(47) 伊藤整一「故山本元帥の追憶」(前掲『追悼 山本五十六』)、九五―一〇〇頁。初出は『水交社記事』第四一巻三号(一九四三年九月二五日)。
(48) 前掲『日本海軍史』第九巻、七、二四八頁。
(49) 「ヱール大学日本学生名簿」(Yale University, Sterling Memorial Library, Manuscripts and Archives Group Number 40, Kan'ichi Asakawa Papers, Series No.III. Box. 60, Folder No.296)。
(50) 山内晴子『朝河貫一論―その学問形成と実践』(早稲田大学出版部、二〇一〇年)、六二四―五頁。
(51) Ito Seiichi (Alumni Records RU 830). Manuscripts and Archives, Yale University Library.
(52) 中田整一『四月七日の桜―戦艦「大和」と伊藤整一の最期』(講談社、二〇一五年)、七四―七頁。
(53) 前掲「故山本元帥の追憶」、一〇〇―一頁。
(54) 前掲『四月七日の桜―戦艦「大和」と伊藤整一の最期』、七七―八四頁、トーマス・B・ブュエル著/小城正訳『提督・スプルーアンス』(読売新聞社、一九七五年)、七三―四頁。
(55) 前掲『提督伊藤整一の生涯』、四九―五三頁。
(56) 前掲『山本五十六』、一〇五頁。
(57) 前掲『日本海軍史』第九巻、七頁。
(58) 前掲『山本五十六』、一〇四頁。
(59) 前掲「故山本元帥の追憶」、九五―六頁。
(60) 前掲『山本五十六』、一〇五頁。
(61) 「米海秘第1号の2海軍大尉中野実駐在期間更に6ケ月延長の件」JACAR:C04016645800、公文備考 E 教育 演習 検閲 巻11(防衛省防衛研究所)。
(62) 五百旗頭真編『日米関係史』(有斐閣、二〇〇八年)、二九―一〇九頁。

(63) 前掲「欧米視察を共に」、一〇〇頁。

(64) 前掲『海軍中将中澤佑―海軍作戦部長・人事局長回想録』、一―一〇頁。中澤は渡米にあたり、長くアメリカに勤務した長谷川清（海軍少将）から、山口を例に、語学の勉強に重点を置くこと、そのために大学の学生寮に入ることなどをアドバイスされたという（同前、五―六頁）。

(65) 実松譲『米内光政秘書官の回想』（光人社、一九八九年）、一二〇―四一頁。

(66) 前掲『四月七日の桜―戦艦「大和」と伊藤整一の最期』、八〇頁、前掲『山口多聞―空母「飛龍」と運命を共にした不屈の名指揮官』、一三〇頁。軍令部では、ワシントンの駐在武官を通じて、アメリカの「オレンジ・プラン」についてかなり正確な情報を入手し、一九三〇年代半ばには、アメリカの海軍拡充を対日敵視政策の一環ととらえていたという（前掲『両大戦間の日米関係―海軍と政策決定過程』、二二八―九頁）。

(67) エリス・M・ザカリアス著／日刊労働通信社訳『日本との秘密戦』（朝日ソノラマ、一九八五年）、六二―九七頁。

(68) Ellis M Zacharias, *Secret Missions: the Story of an Intelligence Officer* (New York: G.P. Putnam's sons, 1946), pp.93-94.

(69) 松村正義『日露戦争と金子堅太郎―広報外交の研究』（新有堂、一九八〇年）、参照。

追記 本稿執筆にあたり、ハーバード大学アーカイブスのジュリアナ・クイパーズ氏、プリンストン大学東アジア図書館の野口契子氏、山本五十六記念館の荒木美和子氏から、貴重な資料のご提供やご教示を頂戴した。記して感謝申し上げたい。

あとがき

明治期に慶應義塾からアメリカに留学した学生たちには、田尻稲次郎（大蔵次官・東京市長）や岡部長職（外務次官・司法大臣）のように官僚・政治家として活躍した人物もいるが、その多くが、本書で取り上げたような、研究や教育、ジャーナリズム、実業などの現場に先駆的知識を持ち帰った学者、教育者、実務家たちである。

彼等は福沢諭吉の薫陶や愛情を受け、留学先でそれぞれの「実学」を身に付け、帰国後、日本の近代化に貢献し、福沢の唱える華族の社会貢献や「知識交換世務諮詢」、「独立」や「実業」の促進・発展といった課題と向き合い、各界に少なからぬ業績を残した。とりわけ、福沢の子どもや孫たちは、その遺産をどう受け継ぐかという重い課題を背負いながら、慶應義塾の経営などに参画している。こうしたアメリカ帰りの学者や教育者、実務家を抜きにして日本の近代化を語り得ないことは、義塾の歴史一つをとっても十分に理解されよう。

本書は、筆者が二〇一三年から翌年にかけて、ハーバード大学ライシャワー日本研究所、マサチューセッツ工科大学（ＭＩＴ）歴史学科の客員研究員としてアメリカで研究活動に取り組んで以来、各誌に発表してきたアメリカ留学生関連の論文を大幅に加筆・修正し、集成したものである。各章ごとに初出を示せば、左記の通りである。

第一部

第一章「奥平昌邁の米国留学と福沢諭吉」（『法学研究』第九三巻八号、二〇二〇年八月）

第二章「津田純一の米国留学―イエール大学・ミシガン大学所蔵資料から」（『福沢手帖』第一八八号、二〇二一年三月）

第三章「福沢一太郎の米国留学と慶應義塾」（『法学研究』第九五巻五号、二〇二二年五月）

第四章「福沢捨次郎の米国留学について―マサチューセッツ工科大学所蔵資料から」（『福沢手帖』第一六三号、二〇一四年一二月）

第五章「福沢八十吉のハーバード大学留学―ボストン三田会の開催事例から」（『福沢手帖』第一九〇号、二〇二一年九月）

第二部

第六章「慶應義塾とイエール大学―世紀転換期における法学・社会学・哲学の継受」（『法学研究』第九四巻五号、二〇二一年五月）

第七章「同志社とイエール大学―一九〇一年前後の留学をめぐって」（『同志社談叢』第四二号、二〇二二年三月）

第八章「東京専門学校とイエール大学―朝河貫一を中心に」（『早稲田大学史記要』第五四号、二〇二三年三月）

補　論「大正・昭和初期における海軍士官の米国留学―山本五十六、山口多聞、伊藤整一を中心に」（『法学研究』第九四巻八号、二〇二一年八月）

これらの論文の執筆にあたっては、ニューヨーク大学、イエール大学、ミシガン大学、コーネル大学、マサチューセッツ工科大学、ハーバード大学、プリンストン大学のそれぞれアーキビスト、ライブラリアンの方々のお世話になり、大変貴重な資料を利用させていただいた。関係各位のお名前は、各章末の付記および注の中で挙げさせていただいた。改めて、各位に深甚なる謝意を表する次第である。

第二部を構成しているイエール大学関連論文は当初、新型コロナウイルスの感染拡大の影響もあり、基本的に日本側の資料のみによって執筆せざるを得なかった。その際、資料調査にご協力いただいた慶應義塾福沢研究センター、同志社大学同志社社史資料センター、早稲田大学歴史館の関係各位に、厚く御礼申し上げたい。

こうした資料上の不足を補うべく、二〇二二年八月に渡米し、イエール大学で本格的な資料調査を実施してくださったのは、二〇二二年度福沢諭吉記念慶應義塾学事振興基金「近代日本におけるイエール大学日本人留学生の研究」（研究代表者・小川原正道）の研究分担者であった姜兌玧氏（慶應義塾福沢研究センター調査員）である。姜氏が収集した膨大な留学生関係資料によって、第二部を大幅に加筆・修正することを得た。姜氏、および、その資料調査を支援して下さったイエール大学のダニエル・ボツマン教授に、心より感謝申し上げる次第である。

姜氏は韓国人留学生として、筆者のもとで福沢諭吉研究に取り組み、慶應義塾大学より博士の学位を取得した。同氏をはじめ、筆者の研究室には中国、韓国のような東アジアからトルコ、レバノンといった中東の国々まで、多くの留学生や訪問学者を迎えてきた。本書をほかならぬ留学生の協力を受けて刊行できたことは、研究者として、また教育者として、感に堪えない。

二〇二三年度の一年間、筆者は慶應義塾大学法学部よりサバティカルを頂戴し、東京大学大学院法学政治学研究科に客員研究員として在籍して、本書の加筆・修正、校正作業に取り組んだ。貴重な研究の期間と機会を与えて下さった慶應義塾大学の堤林剣法学部長、東京大学の苅部直教授をはじめとする関係各位に、謝意を捧げたい。

本書の企画の立ち上げから編集にいたるまで、筆者を適確に導いて下さったのは、慶應義塾大学出版会の前島康樹氏である。前島氏には、筆者が博士論文を単行本として刊行して以来、長年お世話になっているが、今回も同氏なくして本書はなり得なかった。ここに御礼申し上げる。なお、本書は福沢諭吉記念慶應義塾学事振興基金、慶應義塾学事振興資金および大学特別研究期間適用による特別研究費による研究成果である。

二〇二三年五月
本郷にて

小川原正道

人名索引

さ行

た行

な行

は行

ま行

や行

ら行

わ行

著者紹介
小川原正道（おがわら　まさみち）
慶應義塾大学法学部教授。東京大学大学院法学政治学研究科客員研究員。専門は日本政治思想史。
1976年生まれ。慶應義塾大学大学院法学研究科政治学専攻博士課程修了。博士（法学）。
著書に『評伝 岡部長職―明治を生きた最後の藩主』『福澤諭吉の政治思想』『西南戦争と自由民権』（以上、慶應義塾大学出版会）、『西南戦争―西郷隆盛と日本最後の内戦』『小泉信三―天皇の師として、自由主義者として』（以上、中公新書）、『近代日本の戦争と宗教』（講談社選書メチエ）、『福沢諭吉―「官」との闘い』（文藝春秋）、『明治日本はアメリカから何を学んだのか―米国留学生と『坂の上の雲』の時代』（文春新書）、『日本政教関係史―宗教と政治の一五〇年』（筑摩選書）など。

慶應義塾の近代アメリカ留学生
――文明の「知」を求めた明治の冒険

2023年7月25日　初版第1刷発行

著　者――――小川原正道
発行者――――大野友寛
発行所――――慶應義塾大学出版会株式会社
〒108-8346　東京都港区三田2-19-30
TEL〔編集部〕03-3451-0931
〔営業部〕03-3451-3584〈ご注文〉
〔　〃　〕03-3451-6926
FAX〔営業部〕03-3451-3122
振替 00190-8-155497
https://www.keio-up.co.jp/
装　丁――――耳塚有里
印刷・製本――中央精版印刷株式会社
カバー印刷――株式会社太平印刷社

Printed in Japan　ISBN978-4-7664-2900-8